作者简介

刘小鲁　男，1981年7月出生，经济学博士，现为中国人民大学经济学院副教授，主要方向为产业组织理论。在Industrial and Corporate Change、Telecommunications Policy、《经济研究》、《管理世界》、《世界经济》等学术期刊上发表论文数十余篇。

中国书籍·学术之星文库

技术创新路径与政策选择

刘小鲁◎著

图书在版编目（CIP）数据

技术创新路径与政策选择/刘小鲁著．—北京：中国书籍出版社，2017.3

ISBN 978－7－5068－6049－9

Ⅰ.①技… Ⅱ.①刘… Ⅲ.①企业管理—技术革新—研究—中国 Ⅳ.①F279.23

中国版本图书馆CIP数据核字（2017）第026453号

技术创新路径与政策选择

刘小鲁 著

责任编辑 刘 娜

责任印制 孙马飞 马 芝

封面设计 中联华文

出版发行 中国书籍出版社

地　　址 北京市丰台区三路居路97号（邮编：100073）

电　　话 （010）52257143（总编室） （010）52257153（发行部）

电子邮箱 eo@china.com.cn

经　　销 全国新华书店

印　　刷 北京彩虹伟业印刷有限公司

开　　本 710毫米×1000毫米 1/16

字　　数 208千字

印　　张 15

版　　次 2017年4月第1版 2017年4月第1次印刷

书　　号 ISBN 978－7－5068－6049－9

定　　价 68.00元

目 录
CONTENTS

第一章

导　论

我国20世纪80年代自汽车产业开始的"市场换技术"策略大多没有实现核心技术上的突破,反而在外商由合资变独资的并购策略中,丧失了诸多行业中比较有竞争力的企业。目前,国际化竞争程度越来越高,而核心技术在竞争中起主导作用。在这种环境下,我国在技术基础相对薄弱的背景下,如何处理好自主研发与技术引进的关系,将具有重要的理论和实践意义。2006年,我国《国家中长期科学和技术发展规划纲要》确立了创新型国家的战略目标,在此背景下,就最优技术进步路径问题作进一步深入的探讨就更具现实意义。本书写作的基本出发点即在于探讨厂商这一微观主体的最优技术进步方式。即厂商如何在技术进步过程中,决定自主研发和引进技术的比重,并在此基础上确定技术进步目标。

在增长理论中,技术进步逐渐被视为经济增长的动力与源泉。由于一国的稳态增长由技术进步来决定,因此促进社会技术进步平稳持续发展将是保证可持续增长的关键性因素。发展中国家的技术进步问题可能更受关注,因为既然增长速度最终由技术进步率来决定,那么技术进步就将决定各国经济增长的收敛趋势。

技术上的落后使得发展中国家在技术进步方式上有更广泛的选择空间。除了普遍讨论的技术外溢与模仿之外,发展中国家还可以通过技术引进的方式来规避研发风险,并在短期内实现技术层次的较快提升。尽管技术转让与专利许可在发达国家之间同样存在,但对发展中国家普遍面临的增长问题和技术赶超目标而言,其意义则更加重要。

虽然技术引进为发展中国家提供了技术进步的便捷路径,但是这显然并非一定是最佳且唯一的技术进步方式。关于如何处理自主研发与技术引进之间关系的讨论与实践,在我国已经经历近 20 年的历史。① 然而,相关的讨论多限于政策层面上的讨论,关于市场微观主体的最优技术进步方式问题,则几乎没有深入的理论研究。自主研发和技术引进的权衡问题,在本书的分析中被概括为"企业的最优技术进步路径"。对此问题的讨论在我国经济学界一直是一个比较重要的问题,因此可以很容易检索到数量可观的文献。例如,冯晓琦和万军(2006)指出,发展中国家由于企业技术水平的落后必须逐次经历引进、吸收、模仿和创新的过程,并逐渐积累技术能力。而这种技术能力积累的来源为技术引进过程中的学习、科研机构研发过程中的学习以及干中学。他们还就此指出了"技术依赖"和"技术超越"两种可能出现的发展路径。张明星(2006)则研究了企业在技术模仿引进与自主创新中的战略选择,并将企业的竞争力以技术进步能力来体现。技术进步能力分为技术模仿能力函数与自主创新能力函数之和,而这两者又是企业资本、人力资本、人均资本以及人均人力资本的函数。企业采用何种战略取决于这两种函数所对应的技术进步成本的数值比较。林毅夫(2003)、赵兰香(2003)、丁树桁(2005)和宋晓梅(2005)等人认为,由于目前中国企业的技术水平与发达国家的企业存在着较大的差距,通过技术引进和合作创新实现技术进步能够获得成本上的节约,并能够通过技术引进过程中的外溢效应在较短的时间内缩短与发达国家的技术差距。而丁云龙(2001)、卢文鹏(2003)、李斌(2003)以及陶冶和齐中英(2005)等人则认为不断的自主研发使发达国家能够持续地强化自身在技术竞争中的绝对优势;由于技术进步有路径依赖效应,国内的企业要想实现技术赶超,就必须选择自主研发。高粱(2005)和杨克泉(2005)则认为,技术引进只能实现设备上的升级,却不能提升企业的组织能力,因此科技进步战略应当以自主研发为核心。黄莉

① "自主研发"(以及"自主创新")是我国的特有名词。在国外的研究中,一般称其为"技术研发"。

(2005)在对我国现阶段国情分析的基础上,通过比较各种技术进步模式的成本与收益指出,我国应当从模仿创新模式向领先创新模式过渡。当然,也有学者认为企业应该同时注重市场份额的扩张与自主研发的投入。例如,龚毅等人(2004)认为,对于厂商而言,引进技术的重要意义在于获取市场份额和利润上的扩张,而自主研发的战略出发点则更侧重于长远的市场收益;这两种技术进步方式并不相互冲突,而企业需要在这两者之间寻找一个合适的平衡点。

尽管这些研究在讨论的宽度上覆盖面较广,但是却普遍缺少必要的微观主体的最优化分析。在以上文献中,涉及厂商最优化决策分析的只有龚毅等人(2004)以及张明星等人(2006)的研究工作。在龚毅等人的研究中,企业自主研发的收益更多地表现在未来市场收益的贴现,而引进技术则可以帮助企业在现阶段扩张市场份额。从分析方法上来看,他们的分析仍然属于静态的最优化分析框架。张明星等人意识到厂商技术进步方式的选择从根本上来说需要建立在成本与收益比较的最优化分析之上。不过,在他们的分析中,厂商的决策被划分为五个类型:完全的技术引进、完全的自主研发、完全不实行技术进步、侧重于自主研发以及侧重于技术引进。这种设定意味着厂商的决策是离散的——它只能在既有的五种模式中进行选择,因此无法在模型里纳入衡量厂商在自主研发和技术引进之间侧重程度的连续变量。

在西方的理论研究中,企业技术进步的核心问题在微观上体现为专利竞赛中的最优研发投入,而在宏观上则表现为内生增长过程中的知识创造。在专利竞赛这一研究领域内,比较有影响力的早期文献是 Scherer (1967)关于市场结构与厂商最优 R&D 投入关系的研究。① 在其分析过程中,Scherer(1967)应用静态博弈的分析方法讨论市场集中度的变化对厂商最优专利研发投入的影响。他指出,增加单位时点上的研发投入可

① 此问题的提出可以追溯至 Schumpeter(1934)的创造性毁灭理论。该理论直接引出了关于何种市场结构能够为企业研发提供最佳激励的问题。正是因为有此分析起点,大部分关于专利竞争的分析文献都会(甚至专门)讨论市场结构与最优研发时间(投入)的关系。

以缩短研发时间,但是研发总成本(各时点上投入之和)的变化是不确定的。当单位时点上的研发投入超过规模经济数额时,研发时间缩短所减少的成本将不足以抑制由于各时点研发投入增加所带来的新增成本。造成这种现象的原因被归纳为如下三点:(1)技术研究有累积性效果。以往的研究投入以及获取的经验能够作为之后研究的平台。但这种累积性也意味着,随着研究的深入,犯错误的代价是逐渐递增的,因为它意味着之前的相关努力在很大程度上可能是一种浪费;(2)技术研发可以采取逐一进行的方式开展,但这需要花费很长的时间。另一种方式是同时进行多种研发,但这增加了企业的成本,因为可能事后会发现有很多研究是没有必要进行的;(3)企业可以投入更多的人力物力到研发中去,但这受到边际收益递减规律的制约。受这些因素的影响,企业缩短研发时间的投资必然呈现出边际报酬递减趋势,而厂商的最优化问题则进一步被归结为最优研发时间的选择。

Scherer(1967)的研究构成了西方专利竞赛研究的基础。但是,由于在他的模型中,厂商可以直接选择专利实现的时点,因而无法反映研发过程中可能存在的风险。为弥补这一缺陷,Kamien 和 Schwartz(1972,1976)希望能够将厂商最优研发时点的选择拓展至包含失败风险的情形。不过,从本质上来说,他们界定风险仅表现为市场风险,即其他厂商可能抢先注册专利。由于专利保护的存在,一旦某厂商抢先注册专利,那么其他厂商在获取市场收益上将处于不利地位。① 相比而言,Loury(1979)则完整地界定了厂商技术研发过程中的风险。他认为这些风险集中体现在两个方面:(1)技术风险,即研发投入与成功实现研发之间的概率关系;(2)市场风险,即由于竞争对手的存在,每个厂商都不能确定自己能否第一个成功实现研发并获取专利。

一旦在模型中引入研发的技术风险,那么继续采用研发时间作为厂商的决策变量就不再可行了,因为受技术风险的影响,厂商的研发随时可

① Kamien 和 Schwartz(1972,1976)假定没有赢得专利的厂商还可以通过模仿获得一定的市场收益。

能失败。因此,对研发风险的完整界定使得专利竞赛模型中厂商的决策变量逐渐由研发时点转向研发投入。在常见的模型设定中,增加研发投入将提高创新的期望收益,但也会造成研发成本的上升。当增加研发投入的边际报酬递减时,厂商将根据期望边际收益等于边际成本的原则寻找到一个唯一的最优研发投入水平。

Loury(1979)模型的特点在于,厂商在事前进行一次性的研发成本支出,而这将决定研发过程中每个时点上研发成功的概率。Lee 和 Wilde(1980)认为,这种关于研发投入的设定必然使得代表性厂商的最优 R&D 投入与市场集中度负相关,因为厂商数量的增加将强化专利竞争的强度并减少厂商研发的期望收益,而研发投入一旦支付便永远沉淀,无法收回。因此当市场集中度下降时,厂商倾向于减少最优研发投入。在此基础上,Lee 和 Wilde(1980)在保留 Loury(1979)模型其他设定不变的基础上,通过允许厂商在研发过程中以流量形式支付研发投入提出了新的分析模型。

需要指出的是,在 Loury(1979)以及 Lee 和 Wilde(1980)的研究中,虽然厂商研发投入的选择会影响各时点研发成功的概率,但他们的模型并未脱离静态分析的范畴,因为他们仍然规定厂商只能在研发开始前做一次性的决策。与 Loury(1979)的模型不同的是,由于研发投入具有流量性质,因此在 Lee 和 Wilde(1980)的分析中,一旦某个厂商赢得了专利,那么所有厂商都可以停止在研发上的进一步投入以避免更多的损失。从这一点也不难看出,厂商所需支付的研发投入的流量贴现和实际上与期望支付具有相同的概率分布性质,因为这一贴现和的具体数值受厂商研发成功时间的影响,而后者是一个随机变量。显然,当厂商数量增加时,每个厂商抢先研发成功的概率均会下降,此时厂商研发投入的期望收益贴现和及期望总成本贴现和将同时呈现下降趋势,故而由此得出厂商数量与最优研发投入成正相关关系的结论也不无可能。Loury(1979)模型的结论之所以正好相反,是因为其设定的事前一次性总付型研发投入完全不受厂商率先实现研发的概率的影响,从而厂商数量的变化能够影响期望收益,但不会影响研发的成本。

相比而言,Dasgupta 和 Stiglitz(1980)的分析则更加系统。他们的分析在形式上完整地囊括了厂商的产品市场决策和研发竞争决策。在他们的模型中,新技术的作用在于降低产品生产的不变边际成本。不过,由于新技术的作用是模型事先设定好的,而不是厂商选择的结果,因此厂商产品市场的决策(即利润最大化的产量、价格决策)与其技术市场竞争决策完全独立。① 在此情形下,产品市场决策尽管内生地给出了厂商赢得专利竞赛的市场收益,但它对厂商研发决策的影响与外生设定一个收益值完全相同。②

在专利竞争市场的均衡分析中,Dasgupta 和 Stiglitz(1980)分别考虑了确定性情况下和不确定情况下厂商专利竞争的形式,因此可以看作是对前人分析的一个总体概括。该模型的一个特点是,它考虑了产品市场和专利竞争市场的完全竞争情形,而这意味着专利给厂商所带来的净利润为0。正是在此种设定下,借助古诺推测假设,Dasgupta 和 Stiglitz(1980)得出一个有趣的结论:在确定性的研发竞争中,研发具有自然垄断性质。具体来说,研发的完全竞争性质使得确定性条件下的研发具备以下两个特点:(1)只有一个厂商会从事研发;(2)研发成功的厂商只能获得0利润。形成这两个结论的原因在于,只要正的利润存在,就会诱使新的厂商加入研发竞争。由于现有技术的产品市场是完全竞争的,因此如果厂商不能获得技术突破,那么加入专利竞争就只能获得负的支付(0市场利润减去研发投入)。而这意味着,如果有多个厂商参与了专利竞争,那么在古诺推测下的均衡中,总有一个厂商能够通过增加投入的方式

① 即厂商对某项特定技术进行研发,而且技术研发的成功在降低厂商边际成本上的功效也是唯一的。在这种设定下,厂商没有办法对需要研发的技术进行选择,因此也就无法改变其所能实现的市场收益。对厂商而言,他所面临的市场收益只有两种可能——未获取新技术时的市场收益以及技术研发成功后的市场收益。

② 引入市场竞争分析的唯一好处是可以将市场结构问题进一步细分为产品市场上的市场结构以及专利竞争中的市场结构。在既有技术可以共享以及研发过程不存在进入壁垒的前提下,这两种市场结构还是可能存在差异的,因为这意味着现有产品市场外的厂商亦有可能进入专利竞争之中。

率先实现研发,并且该厂商只能获得 0 利润。

因此,竞争性的研发只可能在不确定性的情形下出现,因为在事前没有厂商能够确定性地赢得专利,从而也就没有厂商会确定性地面临竞争损失——不确定性使得每个厂商都存在获利的期望。Dasgupta 和 Stiglitz(1980)关于不确定性下专利竞争的研究在结构上与 Loury(1979)的设定相类似,在此不再赘述。

自 Loury(1979)对研发风险进行完整的定义之后,静态最优 R&D 投入的博弈分析框架已经显得比较成熟,这也使得西方学者开始逐渐将视角转向动态领域内的研究。Futia(1980)提出了一个研究动态的研发及市场集中度决定机制的分析框架。不过,在其模型中,厂商的研发决策并不具备动态最优化的特性。具体来说,Futia 考虑了如下的动态市场变化过程:在每个时期,市场中的在位厂商参与一个研发竞争博弈(n,j_t)(其中,n 为在位厂商数量,j_t 为市场当期技术水平);在每个研发博弈中,如果有厂商成功实现研发,那么市场技术水平被提高 1 单位水平;技术模仿被假定是可行的,故市场集中度会随着技术扩散而逐渐改变。对市场中的每个厂商来说,参与研发博弈都面临着如下三种可能性:(1)赢得专利;(2)专利由其他厂商获得;(3)没有厂商成功实现研发。由于专利能够保证厂商的市场势力,因此第 t 期的研发结果将对第 $t+1$ 期的市场结构产生影响:如果第 t 期研发博弈中有某个厂商胜出,那么在第 $t+1$ 期,只有该厂商肯定能够继续停留在市场中,并且竞争对手的数量将取决于技术模仿基础上的市场进入条件;反之,如果第 t 期博弈中没有厂商实现研发新技术的研发,那么在第 $t+1$ 期,原先的在位者将继续存在,而它们的竞争对手数量同样要视技术模仿的特性而定。在确定市场进入条件的基础上,该模型给出了一个市场集中度的动态内生决定机制。不过,在 Futia 的模型中,厂商专利竞争的引入只是为确定各技术竞争结果出现的概率寻找微观基础。在第 t 期的研发博弈中,厂商根据各种可能出现的研发结果及相应的市场集中度变化趋势来确定第 $t+1$ 期的利润变化量。该变化量的期望值构成了单位时期厂商的期望支付,而结合特定的研发成本函数,便可在此基础上求解最优研发投入以及均衡时市场集中度变化的可能趋势。但是,由于在各个研发博弈之间,厂商的研发收益不具有相关性,因此研发投入不具有长期的动态效应。从这个意义上来说,Futia并未将对厂商专利竞争的分析拓展至动态最优化的分析范畴内。

在此之后,Takeo Nakao(1982)和 Reinganum(1982)几乎是同时提出了各自的动态最优化分析框架。不过,或许是出于简化动态分析的考虑,Takeo Nakao(1982)的模型将技术进步界定为产品质量的提升,并且厂商所需付出的研发成本被设定为产品质量增量的线性函数。这种设定暗含着厂商提升产品质量的努力不存在不确定性。

Reinganum(1982)则继承了 Loury(1979)关于研发风险的界定,并进一步融入了动态最优化的分析方法。在她的模型中,厂商需要判断研发过程中每个时点上能够抢先研发成功的可能性,并相应地决定最优研发投入的动态变化路径。

Reinganum(1982)的分析构建了关于单项专利竞争的完整刻画,而在她之后的专利竞争研究方向开始逐渐出现了调整,其中比较主要的两个研究方向是连续研发以及技术研发基础上的专利授权。① 值得注意的是,后一个研究方向可以认为是初步涉及了自主研发和技术引进的选择问题,因为它的分析允许厂商放弃自主研发而选择通过技术授权获取必要的技术。

对连续研发的早期研究表现为将一个完整的研发过程拆分成彼此衔接的若干阶段。这样处理主要是为了允许厂商在专利竞争中处于暂时领先的地位,以便拓展对厂商研发策略的分析。这种设定的特点在于,尽管厂商进行了一系列的研发,但是只有当它率先完成最后一个研发阶段时,它才能赢得专利,而之前的各项研发只是必要的中间阶段。Fudenberg 和 Gilbert 等人(1983)、Harris 和 Vickers(1985,1987)、Grossman 和 Shapiro

① 这并非是仅有的两个发展方向。比如说,Reinganum(1983b)开始考虑不完美信息下的技术应用问题。在这一分析中,厂商需要就采用一项新技术进行决策,但该项新技术的功效是不确定的。这意味着,厂商的技术应用决策不仅需要考虑市场风险(即其他厂商抢先应用技术的可能),还要面对新技术的不确定性。

(1987)以及 Lippman 和 McCardle(1987)均讨论了此背景下厂商的策略性研发行为。

Fudenberg 和 Gilbert 等人(1983)以及 Harris 和 Vickers(1985)分析的共同特点在于,在传统理论中被处理为单一研发过程的专利竞争被拓展至多个阶段。厂商只有依次完成中间阶段的研发才能最终获得相应的技术。他们分析的另外一个特点是引入了厂商积累研发经验的可能性,即随着厂商经历的研发阶段数量的增长,厂商越来越善于从事技术开发。然而,他们分析的最大问题在于忽略了专利竞争中的不确定性,因而厂商能否赢得专利就直接取决于它们对专利价值的评价、研发能力、贴现率以及竞争的初始状态(每个厂商离终点的距离)。在这种背景下,模型的结论是很直接的:由于不存在不确定性,每个厂商事先就能推算出自己能否赢得专利,因此胜者的行为会与其他厂商的行为无关,而其对手则会在一开始就退出竞赛。

Grossman 和 Shapiro(1987)的模型则开始进一步引入不确定性。① 在此过程中,他们采用了 Lee 和 Wilde(1980)模型的设定。不确定性的引入使厂商在动态规划过程中需要考虑各种可能的支付情形。在他们的模型中,研发过程被拆分为两个相互衔接的阶段。如果尚未有人赢得专利,那么当某厂商进入了第二个研发阶段时,他将面临两种可能的情况:(1)它处于暂时的领先地位,即其对手尚未完成第一个阶段的研发;(2)它和对手均已完成阶段一的研发。由于指数分布具有非记忆性,因而由此定义的研发风险使第二种情形不仅适用于处于领先地位的厂商,也适用于一度落后但成功实现追赶的厂商。在研发概率分布基础上,基

① 值得一提的是,在另一篇论文中,Grossman 和 Shapiro(1986)的分析同样结合了多个研发阶段的分析背景以及技术的不确定性。但是,在这篇文章中,他们分析的是垄断厂商的技术研发问题,因此,不存在专利竞赛。当技术没有不确定性时,厂商确切地知道自己需要进行研发的中间阶段数量,因此它的最优化问题就仅仅表现为研发投入时间成本的最小化。当技术存在不确定性时,Grossman 和 Shapiro 假设这主要反映在厂商并不知道确切需要经过多少个阶段才能实现研发,而是仅仅掌握了某个概率分布函数。在此前提下,厂商的最优化决策就变为寻求期望研发净收益的最大化。

于这两种可能性所分别推导的厂商的期望收益贴现值构成了厂商在第一个阶段研发后的支付情形。而按照相同的逻辑,亦可以得出厂商在博弈开始前所能获得的各种支付情形。通过逆向求解,便可以得出厂商在各个研发阶段上的最优研发策略。

Harris 和 Vickers(1987)的分析在研发的概率分布及支付结构上仍然采用了与 Lee 和 Wilde(1980)相似的设定。在刻画厂商的研发竞争上,他们提出了两种分析模型。在第一种模型中,两个厂商(A 和 B)进行着一种"拔河"(tug-of-war)式的研发竞赛:厂商距离研发成功的远近由某参数 n 来表示;当 $n=N$ 时,厂商 A 成功地实现了研发,而当 $n=0$ 时,厂商 B 成功实现研发;给定初始参数 n,如果厂商 A 完成一个阶段的研发,则该参数改变为 $n+1$,即 A 离成功更近一步,而 B 则离成功更远。在另一种模型中,反映研发程度的参数被拓展至(m,n)。其中,m 和 n 分别反映了厂商 A 和 B 到达成功的距离。厂商赢得专利的前提是使其参数首先达到 N 的水平。由以上模型设定不难看出,Harris 和 Vickers 的分析实际上是对前文 Grossman 和 Shapiro(1987)两阶段模型向 N 阶段的拓展。

尽管 Harris 和 Vickers(1987)以及 Grossman 和 Shapiro(1987)考察了研发的不确定性,但是与 Fudenberg 和 Gilbert 等人(1983)以及 Harris 和 Vickers(1985)的分析相比,这些模型忽略了厂商在研发过程中积累经验的可能。对这两个方面的综合由 Lippman 和 McCardle(1987)完成。他们的模型继承了将单一研发过程划分为多个中间阶段的分析背景,并且在保持研发不确定性假设的同时允许厂商积累研发经验,这些经验可以帮助厂商在之后的研发中以更高概率胜出。但从基本结构来说,他们的模型并未超出前人的分析框架。

Reinganum(1985)的研究则不同于前人。她的模型希望刻画一种创造性毁灭的创新过程。在其动态最优化模型中,厂商进行 t 次研发,每次研发所形成的技术都将对之前的技术产生替代;在模型的初始阶段,市场中有一个垄断性的在位厂商和许多潜在进入者;在每个时期内,专利竞赛的胜者都将获取当期市场的垄断地位。① 由于专利竞争的结果是不确定的,并且是一个动态的连续过程,因此厂商的垄断势力(一旦某厂商获得的话)将持续地面临之后各项专利竞争的挑战。在单项研发竞争中,Reinganum 同样采用了 Lee 和 Wilde(1980)的设定。在此基础之上,采用动态规划的分析方法可以描述厂商的动态竞争路径。虽然在各阶段研发结果的设定上,Reinganum 的模型与前人有较大差异,但是从动态最优化问题的结构上来说,这些分析是基本一致的。

而在策略性专利授权方面,Gallini(1984)指出,技术落后厂商可能会研发出比领先厂商现有技术更好的新技术,因此技术领先厂商有动机通过现有技术的使用授权来消除技术落后厂商从事新技术研发的动机。而从技术落后厂商的角度来看,它面临着继续进行研发还是接受专利授权并放弃进一步研发的抉择。从问题的实质来看,这等于技术落后厂商需要在自主研发和技术引进之间进行选择。

厂商研发策略的研究构成了宏观增长理论的研究基础。自新增长理论以来,技术进步就在增长理论中处于重要地位,因为新增长理论的政策含义意味着,资本量的变化只有水平效应,而增长率的改变根本上取决于技术增长率。然而,在新增长理论中,技术的"增长"是外生设定的,这就使得模型关于增长的结论建立在增长的假设上。对于这一设定的不满足使西方学者开始考虑技术的内生化,并推动了内生增长理论的产生与发展。

由于内生增长理论需要解释技术进步是如何产生的,因此相关理论大多需要讨论和界定技术进步。在新古典增长理论中,为了保证市场的完全竞争性,就只有假设生产要素的边际报酬递减性质(具体表现为 Inada 条件),以便使各市场主体的最优化决策问题具有正则性质。该假设意味着,从长期来看,仅仅依赖于要素投入的经济增长是不可持续的。为

① 从分析背景的设定来看,这一模型是对 Reinganum(1983a)模型的进一步发展。在该模型中,Reinganum 考察了市场在位者与其他潜在进入者的一期博弈。Reinganum(1985)的分析则将该模型拓展至多期的动态最优化情形。

了在长期中保证经济的持续增长，新古典增长模型假定社会中存在外生的技术变化，而这引发的一个问题是，经济的持续增长必须通过一个外生假定的技术变化才能实现，从而所谓的增长实际是人为假设的结果。

为了解决这一问题，就必须实现技术进步的内生化。在这一问题上，有两种处理的方式。一种方式是继续假定知识不是一种经济产品(即像新古典模型中假设的那样)，因此也不参与要素的分配。在这种假设下，知识显然无法由竞争性市场主体生产出来，而只能通过假定知识是某种其他要素投入的派生物来解释知识的产生(从而实现对知识的内生化)。Arrow(1962)把这种派生过程界定为“干中学”，即随着产品生产的进行，人们可以积累与生产相关的知识。在这种意义上，知识的来源及积累的原因可以看做是被内生化地解释了。随后的许多学者都继承了这种研究方法。例如，Romer(1986)在他的增长模型中，继续使用了知识作为投资派生物的假设，并假定知识具有如下几种特性：(1)知识作为一种生产要素，其本身的边际报酬是递减的；(2)从社会角度来看，知识是边际报酬递增的；(3)知识具有外部性。这样的设定，既保证了生产函数对各要素投入的凹性，也使得增长具有长期的可持续性。Greiner 和 Semmler(2002)对 Romer(1986)的拓展性分析也仍然没有脱离对知识是生产性投资的派生品的假定。

在 Romer(1986)的模型中，由于知识是投资的派生物，因而并不是有意识的 R&D 的产物。这主要是因为，在不假定知识具有某种意义的排他性基础上，无法想象它能够由竞争性市场自觉地生产出来。在稍后的研究中，Romer(1990)开始考虑在产品生产过程中引入知识的排他性。在这种假设下，知识在研发领域中具有外部性和非排他性，即新的知识增量将增加社会总的知识存量；但在生产领域中，由于专利的存在，知识在其应用上具有排他性。研发领域和知识的直接应用在模型中分别对应于研发部门和中间品生产部门。在研发领域中，知识增量的生产函数是知识存量和用于生产知识(基础研发)的劳动投入的增函数。在稍晚出现的 Lucas(1993)的分析中，这种生产函数形式被继续使用，而其累积产出是产品生产函数的直接生产要素之一。这一点与 Romer(1990)的分析稍有不同。在 Romer 的模型中,存在着专门的中间品市场。中间品的生产实际上类似于专利生产,它是最终产品生产的要素之一。最优的中间品产量取决于中间品生产厂商的利润最大化决策。

Solow(1997)的增长模型在处理研发问题上更进一步,因为他的分析引入了研发风险。在其模型中,创新被假定为以泊松流的方式实现。他的分析实际上是对 Arrow(1962)理论的拓展。在具体的模型构建中,增长来源于两个方面:突发性(非连续的)的创新以及持续的基于“干中学”基础上的技术改进。在 Arrow 的分析中,“干中学”的效果被假定为可以使生产所需的劳动无限制地趋向于0,即“干中学”的效果是无限的。这显然不是一个合乎现实的假设。为了对此进行改进,Solow 的分析假定“干中学”的效果是有限的,而这意味着仅仅依赖于持续发生的“干中学”将不可能保证经济的无限增长。非连续创新的引入即在于保证经济增长的持续性,因为每次创新的出现将提升要素的边际生产率。

Aghion 和 Howitt(1992)的分析同样假定了创新出现的不确定性。他们的分析与 Romer(1990)的模型有相似之处,即他们假设创新表现为中间产品的增加,而中间产品是最终产品生产的必备要素。创新之处则在于,他们的模型引入了创造性毁灭的概念,即新的创新会对现有知识产生替代。这具体表现在,创新的作用在于实现一项新的中间品,而这一中间品将对原有中间品产生替代。中间品的生产被假定为劳动力的线性函数,而且其出现过程是一个随机的泊松流。

Dinopoulos 和 Syropoulos(2003)的模型中,知识的增长则表现为在位厂商和潜在竞争者的研发成果总和。在位企业希望不断通过研发提高其产品的最高质量,并且力图拓展其专利范围,以便维护自己的市场势力。由于专利的实现被假定为泊松过程,因此在位者和潜在进入者的研发竞争类似于最优 R&D 文献中所描述的专利竞争的随机微分博弈。

增长理论中与技术进步密切相关的另外一个主题是在技术进步基础上,各国的经济增长能否收敛。其中,一个主要的问题是技术扩散中的模仿与技术引进能否帮助发展中国家实现经济增长和收入水平的收敛。在这些研究中，Teece(1977)以及 Mansfiled、Schwartz 和 Wagner(1981)等指出，对发展中国家而言，与通过研究和开发实现技术进步相比，模仿或者引进的方式在成本上具有明显的优势，因此可以通过技术扩散过程中的模仿与引进实现经济增长的收敛，从而肯定了发展中国家技术引进与模仿战略的可行性。Barro 和 Salai Martin(1997)则假设对技术领先国而言，与自主研发相比，模仿的成本高昂，而对技术落后国而言，模仿成本则较低，技术落后国能否通过模仿实现赶超，则取决于落后国的初始技术水平以及模仿成本等因素。另一种分析模式则进一步引进了技术的适宜性问题。较早的分析来自 Atkinson 和 Stiglitz(1969)。他们认为技术进步可能并不会使生产函数整体上移，而是仅仅适用于某特定的资本——劳动比例范围内。因此，技术进步决策具有专用性，并决定了未来技术进步的方向，故而需要考虑现在及未来的要素价格。技术进步的局部有效性意味着对技术后进国而言，尽管引进技术能够提高效率，但由于发达国的技术进步通常呈现出与发展中国家不同的资本密集性特征，因此需要与在本国开展自主研发的未来收益进行比较(需要考虑现在与将来的要素禀赋价格)。Basu 和 Weil(1998)则明确提出了适宜技术(appropriate technology)的概念。他们认为发达国家的技术进步是与其高资本存量相匹配的，因而并不适合发展中国家，即使引进，也不能充分发挥作用，因此发展中国家充分利用技术引进实现技术进步和经济赶超的前提是能够提高自身的储蓄率。Acemoglu 和 Zilibotti(1999)则指出，发展中国家缺少熟练劳动力，而发达国家开发的技术则大多适用于熟练劳动力，因此，发展中国家如果只是简单地引进技术，那么会产生劳动技能和技术不匹配的现象。在这些分析的基础上，我国学者如林毅夫(2002)、邹薇和代谦(2003)以及杨俊等(2007)均分析了技术适宜性问题下以技术引进实现技术进步的策略。林毅夫的分析认为，对发展中国家而言，技术引进比自主研发成本更低，但需要引入与发展中国家资源禀赋相适应的技术。由于存在技术的适宜性问题，如果不根据比较优势来引入技术，则新形成的行业必然没有自生能力,需要补贴等一系列扭曲市场的措施来维持,相应的经济效率不高。邹薇和代谦则从内生增长理论的角度分析了技术引进对发展中国家经济赶超的影响。其基本思想是,西方发达国家的技术进步是以这些国家的基本国情(充沛的物资资本和人力资本)为基础的,因而发展中国家在应用这些技术时,通常不可能最大程度上发挥这些技术的功效,进而基于技术引进基础之上的发展中国家的经济增长速度,就取决于其人力资本储蓄率与物质资本储蓄率。这两者越高,则经济越可能实现赶超。杨俊则以技术模仿的适宜性问题为切入点,采用计量方法分析了我国人力资本积累在提高技术吸收能力方面的效果,以及我国人力资本积累是否达到了自主研发的要求。

从上文不难看出,现有西方理论并未提出解释企业技术进步选择问题的完整框架。就内生增长理论的研究而言,技术进步的界定并不涉及企业乃至一国在技术进步方式上的选择,而是旨在引入技术进步机制的基础上实现对增长源泉的内生化讨论。在这些分析中,技术与知识要么被视为实物投资的派生物,要么被视为企业研发活动和中间品生产的产物。在第一种处理方法中,可以认为技术进步被界定为以资本为要素的一种产出结果(投资的副产品),而在采用第二种研究方法的早期文献中,则可以视为既有技术与劳动投入的产出结果。这两种界定方法实际上均假设技术是某种投入的确定性产出。这和早期最优 R&D 竞争研究在忽略技术进步不确定性上有相似之处。而在采用第二种研究方法的后期文献中,创新的泊松分布开始被广泛地引入模型。可以说,采用这种方法的增长模型在刻画研发活动上开始向标准的最优 R&D 竞争模型靠拢。然而,无论采用何种方式来定义技术进步,增长理论并未涉及技术进步方式的选择问题。技术进步在增长理论中的作用只是为持续的长期增长提供原动力,而对技术进步的界定则是为了保证这种增长来自经济系统的内部,而不是外在的人为设定。

而在技术进步与经济增长收敛方面,从前文的简略叙述不难发现,很多文献的分析涉及了自主创新成本与技术引进成本的比较问题,但这两个因素仅仅是作为分析的出发点,而非分析对象。这些分析并不关注厂商在自主创新和技术进步上的决策,因而所谓的自主创新与技术引进成本的界定缺少必要的微观基础。它们被引入分析的目的在于为分析发展中国家实现技术赶超的能力提供出发点:在早期的分析中,各国经济增长(发展中国家与发达国家)是否收敛以及相应的收敛速度取决于自主创新与技术引进(或模仿)的成本比较;而在稍后的"适宜技术"文献中,技术的适宜性决定了发展中国家通过技术引进和模仿实现赶超的能力,因而也可以视为影响技术引进和模仿成本的因素,并进而决定着发展中国家经济增长的赶超速度。因此,在技术进步与经济增长的相关文献中,自主创新和技术引进主要被用来分析经济收敛的趋势和速度,尽管相关结论可能表露出对自主创新或者技术引进的支持,但自主创新和技术引进之间的最优权衡问题并不是这些分析所要讨论的主题。

西方的专利竞赛研究则只是详细地说明了技术进步的一个方面的问题,即如果企业想通过自主研发实现某项(或某些)技术进步,那么在研发竞争背景下,它的最优投入是什么。这种技术进步的过程,通常被形象化为众多厂商围绕某项(或某些)专利而展开的研发竞争。竞争的特点表现在技术研发具有市场和技术上的不确定性。

可以说,引入专利研发的不确定性在模拟现实研发活动上是一大进步,但在模型分析的灵活性上却带来了许多制约。不确定性的引入使得模型的形式变得更为复杂,而随后出现的动态最优化分析更是增加了分析的难度。为了在这种复杂的背景下得出有意义的结论,经济学家就不得不在其他方面对假设进行简化。这种简化性的设定通常表现在厂商没有选择研发目标的能力。在标准的 R&D 策略研究中,厂商一般是围绕某项特定的技术展开竞争,而无法挑选它希望获得的技术特性。尽管在之后的理论发展中,厂商的研发背景被拓展至一系列专利竞争[例如 Reiganum(1985)的分析],但这些技术路径仍然是外生给定的。这种简化的意义在于,它可以保证模型支付形式上的简单性,因为如果允许厂商任意选择自己所要研发的技术,那么模型分析首先需要面临的问题是,不同厂商任意选择的各项技术在专利法意义上有多大的相似性,而这会影响厂商研发失败时所能获取的支付。此外,如果不同技术研发的风险也存在差异,那么限定厂商只能选择一种特定技术进行研发的假设,就可以保证所有同质厂商面临相同的研发不确定性,而这也能极大地简化模型的求解。从实际的假设效果上来看,这种限定意味着不仅所有厂商均对同一项技术展开研发,也意味着所有的厂商每次只对一项技术进行研发。

然而,如果从技术进步方式的选择这一更为广阔的视角来重新审视上述假设,便可发现这一假设所带来的局限性。由于厂商每次只能对一项技术进行研发,那么它在自主研发和引进技术(购买或获取专利授权)上的选择也受到限制。具体来说,由于厂商被限定于只对一项专利进行竞争,因此从技术进步方式的选择上来看,厂商只有两个极端的选择:参与竞争或者不参与竞争。参与竞争可以视为厂商选择通过自主研发的方式来实现技术进步,并愿意承担相应的风险和可能的损失;而不参与竞争则可以认为厂商希望通过引进技术的方式来实现技术进步。但是,无论如何,由于每次只有一项可以选择的技术,因此厂商在技术进步方式上的决策只可能是角点解。所谓的自主研发和技术引进的内点解组合是不存在的。

实际上,即便是对厂商技术进步选择的角点解的讨论,在最优 R&D 竞争的分析文献中也被回避了。这些分析并不允许厂商在事前选择技术进步方式,甚至连事后获取专利授权的情形也被排除在分析之外。稍晚出现的专利竞争模型开始将研发过程进行纵向拆分,在原有的单一研发阶段中加入中间阶段的研发,并在此基础上讨论厂商中途退出的可能。这在放松厂商的策略集合上是一个突破,但是,这些模型与本书所要讨论的问题还相去甚远。最优 R&D 竞争策略研究文献在假设上所造成的局限性也反映在策略性专利授权的文献中。可以说,策略性专利授权的研究与专利竞争研究存在逻辑上的一致性,因此多少也保留了一些相关的假设。严格来说,Gallini(1984)的研究只是在假设上去除了不允许厂商引进技术的设定,并将分析的重点转移至技术领先厂商和落后厂商在专利授权和研发上的策略选择。在不考虑混合策略均衡的前提下,由于保留了专利竞争研究关于厂商研发技术数量的设定,因此在 Gallini(1984)的模型中,落后厂商只有完全的自主研发和完全接受技术授权两种选择,从而无法完整地刻画企业技术进步上的选择机制。不过,这些研究的确为本书提供了宝贵的思路。

本书主要的研究目的在于讨论厂商如何选择最优的技术进步路径。研究这一问题的现实意义在于为理解微观主体技术进步决策提供分析的切入点,相应的结论也可以作为技术进步战略与政策制定的基本依据。在此论题下,厂商技术进步决策将主要体现为自主研发和技术引进之间的权衡和搭配。除此之外,由于技术进步方向可以大致划分为中性技术进步、劳动偏向型技术进步和资本偏向型技术进步。因此厂商的技术进步决策还应当体现技术进步方向上的选择。不过,在本书的叙述中,为避免表述上的歧视,“企业的最优技术进步路径”将特指企业为实现一系列技术进步目标所选择的最优自主研发比重。

厂商之所以会在自主研发和引进技术这两种技术进步方式之间进行选择和组合,通常是因为这样能够帮助它们最有效地实现某种技术进步目标。这种有效性可能表现在提高技术进步的成功率,或者是技术进步成本的最小化。在同一最优化目标下(比如说,技术进步的成本最小化),如果技术进步的目标发生变化,那么厂商关于技术进步方式的最优选择通常也应该相应调整。因此,如果希望全面地描述厂商技术进步方式的决策机制,特别是在动态最优化框架下探讨问题,那么就有必要允许厂商在一定范围内选择技术进步的目标。而这一拓展意味着基本的分析模型至少应该包含如下两个层面的问题:(1)厂商如何选择技术进步目标;(2)厂商如何选择最优的技术进步方式来实现这一目标。

一般来说,第一个层面的问题实际上是一个厂商的市场决策问题,即可以认为厂商是为了一定的市场利益(比如说市场利润)而选择其技术进步目标的。第二个层面的问题则类似于生产技术上的问题,即如何以最小的成本将厂商选定的技术进步目标“生产”出来。这两个层面的问题相辅相成:技术进步目标的差异决定了厂商需要选择不同的技术进步方式,而由于技术进步方式本身影响着技术进步的成本,因此它也会影响厂商关于技术进步目标的选择。

基于以上思路,本书在第二章至第四章中尝试着构建了分析企业技术进步方式决策的一般性理论框架。在这三章的内容安排上,第二章介绍了现有西方专利竞赛理论的基本思想,这构成了第三章和第四章模型构建的理论基础。在第三章中,本书在静态化的分析框架下构建了一个厂商技术进步方式选择的简单情景——厂商在静态的市场份额竞争中就自主研发和技术引进这两种基本的技术进步方式做一次性的选择。这一章节的分析表明,通过引入资金约束效应和学习效应,可以归纳出完全的自主研发、完全的技术引进以及两者相结合等多种技术进步模式。第四章则将分析拓展至动态的博弈场景。厂商将在一个有限期界市场中同时就技术进步目标和技术进步方式做动态最优化选择。而由此形成的最优自主研发比重的动态变化趋势则构成厂商的最优技术进步路径。

由于知识产权制度将直接决定厂商自主研发的期望收益和技术引进的成本,因此本书在第五章和第六章中,进一步讨论了知识产权保护强度对后发国家技术进步方式选择和经济增长的影响。其中,第五章介绍了最优专利制度的相关理论,而第六章则详细讨论了知识产权保护强度变化对发展中国家最优技术进步方式选择的影响。对于技术后发国家而言,强化知识产权保护固然能够激励本国企业进行研发投资,但也加强了对国外先进专利的保护,进而强化了国外已有专利对本国企业创新的阻碍作用。因此,对于技术后发国家而言,知识产权与自主研发比重之间并不是单纯的线性正相关关系,而是呈现出倒"U"形特征。

本书的第七章则进一步讨论了我国创新能力的积累问题。尽管林毅夫(2002)、赵兰香、穆荣平(2003)、宋晓梅(2005)以及张鹏飞(2005)等人认为技术引进及其所造成的外溢效应能够在较短时间内缩短后发国家与发达国家的技术差距,但也有许多学者指出,技术引进在实现技术赶超和经济增长收敛中的作用值得怀疑。例如,丁云龙和远德玉(2001)、卢文鹏(2003)以及陶冶和齐中英(2005)等人认为,技术进步有路径依赖效应,如不能在引进技术的同时提高创新能力,则技术进步路径将被固化在技术引进上。因此,尽管技术引进和 FDI 对生产率和经济增长的正向促进作用已被许多经验研究所证实,但人们对于技术引进是否可以作为后发国家技术进步的主要手段尚存疑虑,而其中的主要问题在于,单纯的技术引进是否能够在实现技术进步的同时提高我国的创新能力,从而实现经济的可持续增长。本书第八章以我国省级面板数据为基础,对自主研发、技术引进和 FDI 中的技术外溢对我国创新能力积累的影响进行了实证分析与检验。

本书第八章则涉及技术进步方向的选择。自改革开放以来,我国技术进步呈现出显著的资本偏向与技能偏向并存的特征,而这种有偏的技术进步又与劳动收入占比以及劳动市场内部工资分化等初次分配问题紧密关联。第八章从经验研究的角度解释了我国资本偏向型技术进步与技能偏向型技术进步之间的内在联系,并从要素价格扭曲和经济结构变化等角度讨论了偏向型技术进步的成因。在此基础上,本书还进一步分析了资本偏向型技术进步对我国实际工资长期变化趋势的影响。

第二章

研发决策与专利竞赛

R&D 是技术进步的主要方式。然而,从理论上准确地刻画企业 R&D 行为的特征却非易事。这主要是因为现实中的研发投入往往总和风险相联系。一方面,研发行为本身具有技术上的风险,即研发实验很有可能以失败告终。另一方面,在多个厂商同时开展竞争的情形下,研发还具有市场风险:如果其他厂商首先完成研发并注册专利,那么自身的研发努力就没有任何回报。

此外,现实的研发活动往往是一个动态的过程,即厂商需要在研发的每个时点上根据市场的竞争情况决定当期的最佳研发努力。这意味着如果希望对企业研发活动进行理论上的完整刻画,那么至少应当应用微分博弈的分析方法。如果在此基础上还希望进行更深入的拓展,那么还可以考虑研发活动中的暂时领先与赶超行为,而这无疑增加了分析的复杂程度。

现有的对企业 R&D 行为和专利竞赛的研究便呈现出从静态到动态,从简单的最优化分析到博弈分析,从无风险研发到引入市场风险和技术风险的逐步发展过程。这些文献普遍关注同一个问题:什么样的市场结构更有利于激励企业的研发?这一问题的提出可以追溯到 Shumpeter (1937)的“创造性毁灭”理论。该理论认为,垄断对于企业的创新行为有正向的激励作用,并且在动态视角下,每个在位厂商的垄断势力都会因为新技术研发所产生的进入行为而逐渐消退,而潜在进入厂商的研发动力则来自于潜在的垄断租金。

2.1 企业 R&D 决策的静态分析

研究企业 R&D 决策的一个简单视角是假设厂商进行静态决策。在早期的静态分析中，对企业创新决策的讨论存在明显的界限。较早的研究关注的是企业对于创新时点的选择，而非企业的最佳 R&D 投入。由于在这些分析中企业可以直接选择创新完成的时点，因此它们均暗含着企业创新不存在任何风险的假设。

引入研发风险后，企业便无法直接地控制创新结束的确切时点，而是只能通过调节研发投入来影响每个时点上成功赢得专利的概率。因此，随着研究的不断深入，当人们逐步认识到应当在模型中引入研发的一系列风险后，厂商的决策行为便转变为在特定的市场环境下选择最佳的 R&D 投入。下文的叙述便是遵循这样的理论演变顺序而展开的。

2.1-1 最佳的创新时点

2.1-1-1 研发时间的选择

在早期的最佳创新时点研究中，Scherer(1967)正式界定了研发的成本函数与创新时间之间的关系，因此本小节的内容将以其模型的基本思想为基础。当企业持续地开展研发时，他在研发过程中的每个时点上都将支付一定的成本，而研发总成本则表现为各时点研发投入之和。因此，在其他条件不变时，企业可以通过缩短研发时间或者减少单位时点上的投入来降低研发成本。

然而，在 Scherer(1967)看来，企业缩短研发时间通常会引起研发总成本的上升。这主要是因为：(1)技术研究有累计性效果。先前的研发投入以及获取的经验能够作为之后研究的平台。但这种累积性也意味着，随着研究的深入，犯错误的代价是逐渐递增的，因为它意味着一旦研发失败，则之前的相关努力在很大程度上是一种浪费；(2)技术研发可以采取逐一进行的方式开展,但这需要花费很长的时间。另一种方式是同时进行多种研发,但这增加了企业的成本,因为可能事后会发现有很多研究是没有必要进行的;(3)企业可以投入更多的人力物力到研发中去,但这受到边际收益递减规律的制约。

上述分析意味着,企业在创新过程中将面临权衡取舍:如果企业希望缩短研发时间,那么他可能必须承受更高的研发成本。因此,对企业研发过程中最优行为的描述便可以自然地归结为在特定的市场环境下,企业如何选择最佳的研发完成时间,而对此问题进行分析的基础则在于合理地界定研发成本与研发时间之间的函数关系。根据 Scherer(1967)所提出的三点理由,研发成本将表现为研发时间的凸函数,即如果厂商的目标是研发质量为 Q 的产品,则研发的总成本 C 可以写为:

$$C=\int_0^T c(t,T,Q)\,\mathrm{d}t,\partial C/\partial T<0,\partial^2 C/\partial T^2>0 \qquad (2.1)$$

为了简单地展示企业最佳创新时点选择的基本分析框架,这里我们可以进一步地引入如下假设:(1)我们可以假设研发目标 Q 为固定不变的常数,并且所有厂商都以该质量水平为研究目标。这一假设的合理性在于,大幅度的质量改进在技术上可能很难实现,而细微的质量差异又难以被消费者感知;(2)不存在研发竞争中的时滞,即不考虑有一些厂商故意推迟研发,以便利用先行者经验外溢的可能;(3)不存在技术许可。

接下来,考虑两个同质的在位厂商。① 其中,有一个厂商(令其为 L)将率先成功实现某项新技术的研发,并成为技术进步的领导者;另一个厂商(令其为 F)则可以通过技术模仿成为新技术的追随者。围绕新技术研发所展开的市场竞争则可能呈现出“市场份额”(Market Share)竞争和“新市场”(New Market)竞争两种不同的情形。

在市场份额竞争中,技术进步的领导厂商 L 通过引入新技术来抢夺其竞争对手 F 的市场份额,而这一过程由以下三种变化组成:首先,在领导厂商向市场投入新产品到追随厂商实现技术模仿这段时间里,领导厂

① 这里的同质性假设是指厂商研发的成本函数相同。

商的新产品逐步被市场接受,从而逐渐挤占追随者的市场份额;其次,当追随者成功实现技术模仿后,它可以通过模仿出的新产品逐渐夺回一部分其失去的市场份额;最后,尽管技术模仿能够帮助追随者夺回一些市场份额,但通常他仍会永久地失去一部分市场份额,这可能是由于领导者抢先投入新产品而获得了品牌优势。因此,在市场份额竞争中,技术进步领导者 L 的收益可以定义为:

$$V_L = \int_{T_L}^{T_F} [S_F - S_F e^{-\delta(t-T_L)}] V e^{-\rho t} dt + \int_{T_f}^{\infty} [S_F - S_F e^{-\varepsilon(T_F-T_L)}] V e^{-\rho t} dt + \int_{T_L}^{\infty} [-S_F e^{-\delta(T_F-T_L)} + S_F e^{-\beta(t-T_F)}] V e^{-\rho t} dt$$

其中,V 为整个市场所能提供的收益,S_F 为追随者原先的市场份额。在上式等号右边,第一项表示技术领导者在其领先时期内通过引入新产品而逐渐挤占对手市场份额(以 δ 的速度)所得的收益,第二项为由于追随者市场份额永久性下降(以 ε 的速度)而带给领先者的收益,第三项则为追随者通过技术模仿追回其原有市场份额(以 β 的速度)前领导者所得的收益。在"市场份额"竞争中,由于领导厂商的所得即为追随者的损失,因此追随厂商的收益恰好是 $-V_L$。

而在"新市场"竞争中,技术领导者的研发将开辟一个新的市场,而追随者则可以通过技术模仿来逐步参与新市场的竞争。因此,领导厂商的收益将由两部分构成:(1)在他开辟新市场后,由于产品逐渐推广所获得的市场收益;(2)由于追随者的技术模仿而逐渐失去的市场收益。"新市场"竞争中领导厂商的收益可以定义为:

$$V_L = \int_{T_L}^{\infty} [1 - e^{-\gamma(t-T_L)}] V e^{-\rho t} dt - \int_{T_F}^{\infty} S_F^* e^{-\varepsilon(T_F-T_L)} [1 - e^{-\mu(t-T_F)}] dt$$

上式等号右边第一项为在不存在其他竞争者时,领导厂商通过新技术逐步拓展新市场所得的收益;第二项则为追随厂商通过模仿而逐步获得其目标市场份额 S_F^* 所得到的收益,而这构成了领导厂商的损失。上式中,$e^{-\varepsilon(T_F-T_L)}$ 表示追随厂商由于技术后进而永久失去一定市场份额的过程,$[1-e^{-\mu(t-T_F)}]$ 则反映了追随厂商的产品逐渐占领市场的过程。显然,模仿者的收益函数 V_F 为:

$$V_F = \int_{T_F}^{\infty} S_F^* \mathrm{e}^{-\varepsilon(T_F - T_L)} [1 - \mathrm{e}^{-\mu(1-T_F)}] \mathrm{d}t$$

给定收益函数和成本函数，每个厂商都将在考虑对手可能的策略的前提下选择最佳的创新时间。如果所有厂商的决策均遵循“古诺”推测，则对于领导厂商而言，其在“市场份额”竞争中的最优选择 T_L^* 应满足：

$$\frac{\partial C_L}{\partial T_L} = S_F V \begin{bmatrix} \dfrac{-\delta \mathrm{e}^{-\rho T_L}}{\delta + \rho} + \left(\dfrac{\delta}{\delta + \rho} - \dfrac{\delta}{\beta + \rho}\right) \mathrm{e}^{-\delta(T_F - T_L) - \rho T_F} + \\ \left(\dfrac{\varepsilon}{\beta + \rho} - \dfrac{\varepsilon}{\rho}\right) \mathrm{e}^{-\varepsilon(T_F - T_L) - \rho T_F} \end{bmatrix}$$

而在“新市场”竞争中，领导厂商的最优选择 T_L^* 需要满足：

$$\frac{\partial C_L}{\partial T_L} = V\left[\frac{-\gamma \mathrm{e}^{-\rho T_L}}{\gamma + \rho} + \left(\frac{\varepsilon}{\mu + \rho} - \frac{\varepsilon}{\rho}\right) S_F^* \mathrm{e}^{-\varepsilon(T_F - T_L) - \rho T_F}\right]$$

由于始终有 $\partial C_L / \partial T_L < 0$ 且 $\partial^2 C_L / \partial T_L^2 > 0$，因而由以上一阶条件可知，给定竞争对手的策略选择 T_F，对于任意参数 $Z(Z \epsilon \{\rho, \delta, \gamma, \mu, \varepsilon, \beta, S_F\})$，$|\partial \mathrm{V} / \partial \mathrm{T_L}|$ 将随参数 Z 的增加而增加。由此可知 $\partial^2 V_L / \partial T_L \partial Z < 0$ 时，T_L^* 将下降；反之，则 T_L^* 会上升。

以上分析也可以拓展至存在多个追随厂商的情形。以“新市场”竞争为例，假设市场中存在 $(N-1)$ 个追随厂商，并且每个追随者均采取对称的行动。如果每个追随厂商都具有相同的目标市场份额 $S_F^* = 1/N$，则此时对于领导厂商 L 而言有：

$$V_L = \int_{T_L}^{\infty} [1 - \mathrm{e}^{-\gamma(t - T_l)}] V \mathrm{e}^{-\rho t} \mathrm{d}t - \int_{T_F}^{\infty} \frac{N-1}{N} \mathrm{e}^{-\varepsilon(T_F - T_L)} [1 - \mathrm{e}^{-\mu(t - T_F)}] \mathrm{d}t$$

在上式基础上，求解领导厂商最佳创新时间选择问题可得如下一阶条件：

$$V\left[\frac{-\gamma \mathrm{e}^{-\rho T_L}}{\gamma + \rho} + \left(\frac{\varepsilon}{\mu + \rho} - \frac{\varepsilon}{\rho}\right) \frac{N-1}{N} \mathrm{e}^{-\varepsilon(T_F - T_L) - \rho T_F}\right] = \frac{\partial C_L}{\partial T_L}$$

上式的等号左边反映了领导厂商减少创新时间的边际收益，等号右边则为相应的边际成本。由于 $(N-1)/N$ 是 N 的增函数，因此上式意味着，给定竞争对手的策略 T_F，市场中厂商数量的增加（或者说，竞争程度的增加）将使得领导厂商倾向于更快地完成研发。

此外,通过对减少创新时间的边际收益进一步求导可得:

$$\frac{\partial V^2}{\partial T_L \partial T_F} = \frac{V(N-1)}{N}\left[\frac{\varepsilon(\varepsilon+\rho)}{\rho} - \frac{\varepsilon(\varepsilon+\rho)}{\mu+\rho}\right]e^{-\varepsilon(T_F-T_L)-\rho T_F}$$

从上式可以看出,$\partial V^2/\partial T_L \partial T_F$ 是 N 的增函数。这意味着当市场竞争程度更高时,创新的领导厂商会对追随的加速研发行为做出更强烈的回应。

2.1－1－2 一次性支付的研发成本

在前文的分析中,厂商被假定在研发的每个时点上都将支付一定的研发投入。但是,在某些情况下,新技术的应用可能只需要一定的初始固定投入。例如,Barzel(1968)讨论了一项创新应在何时被应用于实际生产。他指出,从技术研发到技术应用之间,往往可以区分为多个阶段。如果某个厂商已经通过研发获取了某项新技术的蓝图,那么他还需要进一步支付一定的费用来实现新技术向生产活动的转化。在这种情形下,由于新技术应用的费用是一次性支付的,因而企业技术进步的成本将与前文式(2.1)所界定的成本函数存在显著差异。

首先,假设市场中只存在一个厂商。为应用新技术,他需要支付 I 单位的固定费用。一旦新技术在实际应用上是可行的,则每单位产品的生产成本将下降 h 个单位。如果在 t 时点上的市场需求为 $X_t = X_0 e^{pt}$(其中 X_0 为初始需求水平),则在该时点上厂商从创新应用中获得的收益就为 hX_t。参数 p 则反映了市场发展状况。如果 $p<0$,则市场处于衰退状态;如果 $p>0$,则市场趋于繁荣。在这里的讨论中,我们只关心 $0<p<r$ 时的情形。其中,r 为贴现率。

厂商所需要考虑的问题在于在何时进行新技术的应用性投资。根据前文的设定,如果厂商在 t 时刻支付新技术的应用投资 I,则他从中能获得的净收益为:

$$R_0 = \int_t^{\infty} S_0 e^{-(r-p)\tau} d\tau - Ie^{-rt} = \frac{S_0 e^{-(r-p)t}}{r-p} - Ie^{-rt} \tag{2.2}$$

上式中,$S_0 = hX_0$。从上式可以看出,厂商调节新技术应用时点的成本主要来自于时间价值:如果厂商提前应用新技术,那么他可以更早地获取新技术所能带来的市场收益，而相应的代价则表现为更早支付投资 I 所形成的时间成本。显然，厂商最优的创新应用时点（令其为 t_m）需满足使 R_0 取得最大值的一阶条件，即

$$t_m = \frac{\ln r + \ln l - \ln S_0}{p}$$

该最优决策的经济含义在于，在边际量上，创新所带来的成本节约 $[S_0 e^{-(r-p)t}]$ 必须等于由于投资 I 所造成的机会成本（rIe^{-rt}）。在 t_m 时点之后，创新带来的边际收益将超过投资所造成的边际成本。

此外，如果在 t_z 点上 $R_0 = 0$，那么根据 R_0 的定义式(2.2)计算可知：

$$t_z = \frac{\ln(r-p) + \ln I - \ln S_0}{p}$$

由于 $p < 0$，因而比较 t_m 和 t_z 可以判断 $t_z < t_m$。

假定市场中只存在一个厂商的目的并非是分析的简化，而是导出满足社会福利最大化要求的最优创新时间。由于创新过程被假定不会存在外溢效应，因而 t_m 所代表的最优创新应用时点与社会福利最大化所要求的时点一致。通过将竞争状态下厂商最优的创新时点与 t_m 进行比较，便可以判断出竞争对社会福利的影响。

可以预见，当市场中存在众多竞争者时，t_m 就不再会是竞争下的均衡时点：由于首先应用专利可以获得所有的市场收益，当市场中存在竞争者时，每个厂商都会倾向于比对手先实现新技术的应用。这种趋势会一直持续到 t_z 点，此时所有的厂商获得 0 收益，相应的社会福利也为 0。与社会福利最大化状态相比，竞争下创新发生的时点过早。相应的福利损失并非来自专利的模仿，而是竞争所导致的“非成熟性”创新。

2.1－1－3 引入创新的市场风险

在前文介绍的创新时点模型中，厂商的创新没有任何风险。在 Scherer(1967)提出的领导厂商和追随厂商的创新竞争中，每个厂商在事前就可以确定自己将会成为领导者或者追随者，而在 Barzel(1968)提出的最优技术应用时点模型中，厂商在事前进行一次性的固定支付就一定能够获得相应的市场收益。

Kamien 和 Schwartz(1972)最早关注到创新活动中可能存在的风险。在他们的分析中,创新的风险并非来自技术方面的障碍,而是表现为竞争对手率先完成研发并抢先注册专利的威胁。在这种研发风险下,厂商的创新收益将表现为期望支付的形式。假定在 t 时点,给定竞争对手研发成功的时间 v 以及代表性厂商研发成功的时点 T,则该厂商的支付情况如下:

$$\begin{cases} e^{gt}P_0, T \leqslant t < v \\ e^{gt}P_1, T < v \leqslant t \\ e^{gt}P_2, v < T \leqslant t \end{cases}$$

其中,参数 g 反映了市场的变化状况:$g > 0$ 时市场处于扩张阶段。此外,通常情况下应该有 $0 < P_0, 0 \leqslant P_1 \leqslant P_0, 0 \leqslant P_2 \leqslant P_0$。这些支付的假定意味着市场中存在技术模仿的可能性。

为进一步描述研发的不确定性,假设代表性厂认为对其对手研发成功的时间将服从如下分布:

$$F(v) = \begin{cases} 1 - e^{hv}, 0 \leqslant v < T \\ 1 - e^{(k-h)T - kv}, v \geqslant T \end{cases}$$

这一概率分布描述了厂商对其对手在研发和模仿两种不同情形下实现技术进步的主观判断。在该分布函数基础上计算可得:

$$\frac{F(v)}{1 - F(v)} = \begin{cases} h, 0 \leqslant v < T \\ k, V \geqslant T \end{cases}$$

上式实际上反映了竞争对手在 v 时刻之前还未研发成功时,其在下一时点研发成功的概率。

给定以上设定,我们便可以尝试着写出代表性厂商研发的期望收益。厂商在任意时点 t 均面临三种可能的情况:(1)在自身率先研发成功的前提下对手仍未成功($T \leqslant t < v$);(2)自己先研发成功后,对手也已模仿成功($T < v \leqslant t$);(3)对手先研发成功($v < T \leqslant t$)。结合这三种情况可知代表性厂商研发的期望收益 $W(T)$ 为:

$$W(T) = \int_T^{-\infty} e^{-(r-g)t} \begin{matrix} P_0[1 - F(t)] + P_1[F(t) - F(T)]dt + \\ F(T)\int_T^{\infty} e^{-(r-g)t} P_2 dt \end{matrix}$$

在研发成本上，Kamien 和 Schwartz（1972）采用了与 Barzel（1968）相类似的设定，即他们同样假定研发完成需要的总投入为某固定常数 A。稍显不同的地方是，Kamien 和 Schwartz 允许厂商在一段时间内完成这一投入，而不必进行一次性支付。令每个时点上厂商的投入为 $m(t)$，而相应时点上投入在研发中所起的累加效果为 $z(t)$，且 $z' = [m(t)]^{\alpha}$，则厂商研发的成本函数 $C(T)$ 为：

$$C(T) = \min\int_0^T m(t)\mathrm{e}^{-rt}\mathrm{d}t = A$$

其边界条件为 $z(0) = 0, z(T) = A$。运用动态最优化方法求解可得：

$$m^*(t) = [Anr/(\mathrm{e}^{nrt} - 1)]^{1/a}\mathrm{e}^{rt/(1-a)}$$

$$C(T) = A(Anr)^{1/n}(\mathrm{e}^{nrt} - 1)^{-1/a}$$

其中，$n = a/(1 - a)$。

由此，我们便完成了对厂商创新的收益函数和成本函数的界定。从中可以看出，它们均为 T 的函数，而厂商需要就此选择一个最大化其利润的创新时间。从收益函数和成本函数的形态可以发现，如果其他厂商的决策不变，则较早地实现创新可以提高厂商创新的期望收益，因为此时它有更高的概率首先完成研发。但是，较早地创新意味着厂商必须增加每一期的研发投入，以便尽早地使总投入累积到 A 的水平。由于 $0 < a < 1$，这一过程受到边际报酬递减的限制。因此，厂商选择最优创新时点实际上是在增加期望收益和控制研发成本之间进行权衡，相应的一阶条件为：

$$-(r-g+h)\mathrm{e}^{-(r-g+h)T^*}\left[\frac{P_0 - P_1}{r-g+k} + \frac{P_1 - P_2}{r-g}\right] - \mathrm{e}^{-(r-g)T^*}P_2 = C'(T^*)$$

为确定福利分析的比较基准，可以假设所有厂商以联合利润最大化为目标。在卡特尔下，由于所有厂商进行联合行动，因此不存在研发收益上的不确定性和技术模仿所造成的浪费，并且 $P_0 = P_1 = P_2$。如果此时创新的最佳实现时间为 T_s，则 T_s 满足：

$$-\mathrm{e}^{-(r-g)T_s}P_0 = C'(T_s)$$

显然，T^* 与 T_s 的比较并没有确定性的结论，具体的结果将取决于各参数的取值。因此竞争对于创新所引致的社会福利的影响是不确定的。

将以上模型加以限定，则可以用来分析 Barzel（1968）所讨论的情形。

由前文的叙述可知,在 Barzel(1968)所讨论的情形中,厂商一旦应用新技术便可以获得所有的创新收益,因而也就意味着不存在其他厂商通过模仿获益的可能;此外,在那里的分析中,厂商的研发成本为投资的时间成本。在这里的分析中,对此情形的描述可以通过令 $P_0=P_1, P_2=0$ 且 $C(T)=e^{-rT}I$(I 为固定常数)来实现。此时,在 $r>g>h$ 的前提下可以解得:

$$T^* = \frac{1}{g-h}\ln\frac{rI(r-g)}{(r-g+h)P_0}$$

如果 T_b 代表 0 利润时点,则 T_b 满足:

$$T_b = \frac{1}{g}\ln\frac{(r-g)I}{P_0}$$

当 $r>g>h$ 时,由于 $r>r-g+h, g-h<g$,因而可以判断 $T^*>T_b$。这一点与 Barzel(1968)的分析结论有所不同:尽管竞争使得均衡下的创新时点小于卡特尔解,但该均衡时点总是大于 0 利润点,即竞争不会使社会福利为 0。当然,如果 $h>g$,则每个厂商都会认为对手的研发投入很密集。此时,最优化的二阶条件不能满足,厂商将选择角点解 $T^*=\infty$,即放弃研发。

2.1-2 最佳的研发投入

前文介绍的 Kamien 和 Schwartz(1972)的研究考察了研发过程中的市场风险,即竞争对手可能抢先完成研发并获取专利。但是,在他们的研究中,厂商仍然可以选择创新完成的时间,这意味着创新的进展程度完全在厂商的控制之下。但是,Loury(1979)指出,现实中的技术研发本身就具有失败的可能,因此厂商的创新还面临技术上的风险。他的研究较为完整地界定了厂商研发过程中的风险:(1)技术风险,即研发不一定总能成功;(2)专利竞争中来自市场竞争的风险,即由于竞争对手的存在,每个厂商都不能确定自己能否成为第一个成功实现研发的厂商。技术风险的引入意味着研发时点不应继续作为厂商的决策变量,因为既然研发随时可能失败,厂商就无法确定何时能够实现预定的研发目标。因此,在

Loury(1979)界定研发的技术风险之后,专利竞赛方面的研究开始转而讨论厂商的最优研发投入。

在具体的模型设定上,考虑 n 个同质厂商对一个存在确定且持续的市场收益 V 展开竞争的情形。厂商的竞争手段在于抢先获取某特定的技术专利。第一个研发成功的厂商将获得该项专利,并取得全部的市场收益。

为了进行技术研发,代表性厂商 i 需要在研发开始前一次性支付研发投入 x_i。该研发投入将决定厂商研发成功的时间 $\tau(x_i)$。由于研发中的技术风险,$\tau(x_i)$ 被假设服从以下分布:

$$\Pr[\tau(x_i) \leqslant t] = 1 - e^{-h(x_i)t}, E\tau(x_i) = h(x_i)^{-1}$$

由此概率分布可以计算出下面的条件概率:

$$\Pr[t \leqslant \tau(x_i) \leqslant t + dt | t \leqslant t(x_i)] = h(x_i) dt e^{-h(x_i)t} / e^{-h(x_i)t} = h(x_i) dt$$

该条件概率给出了厂商 i 在时刻 t 没有成功实现研发时,他在下一个时点时能够完成研发的可能性。以上设定意味着通过在研发开始时选择一个一次性支付的研发投入,厂商在之后研发的任意一个时点上研发成功的条件概率均为 $h(x_i)$。$h(x_i)$ 被假定满足:

$$h(0) = 0 = \lim_{x \to \infty} h'(x), h'(x_i) > 0, h''(x_i) \leqslant 0$$

技术的不确定性进一步决定了专利竞争的市场不确定性——由于厂商无法确定何时能研发成功,因而在研发中的每个时点上,竞争对手都有可能抢先赢得专利。为了对此进行说明,定义 $\hat{\tau}_j$ 为厂商 i 所估计的其所有竞争对手首先完成研发所花费的最短时间,即

$$\hat{\tau}_j = \min_{j \neq i} \{\tau(x_j)\}$$

假定研发过程不存在知识外溢,则各厂商将独立地面对技术风险,因此计算可得:

$$\Pr(\hat{\tau}_j \leqslant t) = 1 - \Pr(\tau_{j \neq i} > t) = 1 - \exp\{-t \sum_{j \neq i} h(x_j)\} = 1 - \exp\{-at\},$$
$$a \equiv \sum_{j \neq i} h(x_j)$$

厂商的最优化问题是选择最优的研发投入来最大化其期望利润,而给定如上研发概率分布(及相应的密度函数),厂商的期望收益可以表

示为：

$$EB_i = \int_0^\infty \Pr(\hat{\tau}_j = t)\left[\int_0^t \Pr(\tau_i = s)V\mathrm{e}^{-sr}\mathrm{d}s\right]\mathrm{d}t$$

$$= \int_0^\infty a\mathrm{e}^{-at}\left(\int_0^t h\mathrm{e}^{-hs}\mathrm{e}^{-sr}\mathrm{d}s\right)\mathrm{d}t = \frac{Vh(x_i)}{a + h(x_i) + r}$$

因而厂商的利润最大化问题可以表示为：

$$\max_{x_i}\frac{Vh(x_i)}{a+h(x_i)+r} - x_i \tag{2.3}$$

由于厂商被假定为同质的，因而在均衡时它们将采取相同的策略。求解可知代表性厂商的反应函数$\hat{x}$满足：

$$\frac{Vh'\hat{x}(a+r)}{[a+h(\hat{x})+r]^2}=1 \tag{2.4}$$

从该反应函数计算可得：

$$\{Vh''(\hat{x})(a+r)-2[a+h(\hat{x})+r]h'(\hat{x})\}\frac{\partial\hat{x}}{\partial a}=2[a+h(\hat{x})+r]$$
$$-Vh'(\hat{x})$$

使用式(2.4)可以将上式变换为：

$$\{Vh''(\hat{x})(a+r)-2[a+h(\hat{x})+r]h'(\hat{x})\}\frac{\partial\hat{x}}{\partial a}$$
$$=\frac{[a+h(\hat{x})+r](a+r-h(\hat{x}))}{a+r}$$

由于厂商是同质的，因而均衡时所有厂商均采用相同的策略。此时，$a=(n-1)h(\hat{x})$。由上式可知，当$n\geqslant 2$时，等式右边为正。而由于$h'>0$，$h''<0$，等式左边$\partial\hat{x}/\partial a$的系数为负。因此$n\geqslant 2$时，$\partial\hat{x}/\partial a<0$，并且厂商的最优策略为$x^*=\hat{x}[(n-1)h(x^*),r,V]$。由此进一步求导可得：

$$\frac{\partial x^*}{\partial n}=\frac{h(x^*)(\partial\hat{x}/\partial a)}{1-(n-1)h'(x^*)(\partial\hat{x}/\partial a)}$$

由于$n\geqslant 2$时，$\partial\hat{x}/\partial a<0$，因此$n\geqslant 2$时，$\partial x^*/\partial n<0$。这一结论表明厂商的最优R&D投入与市场竞争程度成反比。

在福利分析方面，很容易证明厂商利润最大化的R&D投入要超过社会最优水平。单个厂商的利润函数可以表示为$\pi[(n-1)h(x),x]$。厂商的利润最大化问题可以表示为：

$$\frac{\partial \pi[(n-1)h(x),x]}{\partial x}=0$$

而社会福利最大化问题则为：

$$\frac{\partial \pi[(n-1)h(x),x]}{\partial a}(n-1)h'(x)+\frac{\partial \pi[(n-1)h(x),x]}{\partial x}=0$$

由于 $\partial \pi/\partial a<0$ 且二阶条件要求 $\partial^2\pi/\partial x^2<0$，因此对比以上两个一阶条件可知，如果 x^{**} 为社会福利最大化时厂商的最优研发投入，则一定有 $x^{*}>x^{**}$。

在以上分析中，企业的研发投入表现为研发开始之前的一次性支付。这种研发投入本身具有固定成本的性质，并且一旦支付便会完全沉没。因此，一旦竞争程度上升，厂商便会因为研发期望收益的下降而倾向于削减研发投入。

Lee 和 Wilde（1980）认为，现实中厂商研发费用往往不是一次性支付的，而是在研发过程中逐步投入。这意味着厂商可以根据专利竞赛开展的程度调整自己的研发成本。例如，当其他竞争对手率先实现研发时，厂商即可以终止研发，以避免进一步的损失。

为体现研发投入的流量性质，可对前文的模型进行重新设定。具体而言，假设厂商的研发投入分为事前的固定成本 F 和研发过程中每个时点上的投入 x。代表性厂商将一直支付投入 x，直到市场中有某个厂商率先完成研发。① 因此，厂商参与专利竞争的期望成本为：

$$\begin{aligned} EC &= \int_0^{\infty}\left(\int_0^{t} x\mathrm{e}^{-s\tau}\mathrm{d}s\right)\Pr(\hat{\tau}=t \text{ 或 } \tau_i=t)\mathrm{d}t+F \\ &= \int_0^{\infty}\left(\int_0^{t} x\mathrm{e}^{-s\tau}\mathrm{d}s\right)(a+h)\mathrm{e}^{-(a+h)t}\mathrm{d}t+F=\frac{x}{a+h+r}+F \end{aligned}$$

由于这里的分析没有改变对厂商研发期望收益的设定，因此在式（2.3）期望收益的表达式基础上求解厂商的利润最大化问题可得如下一

---

① 如果该厂商最先完成研发，那么他一定会停止研发；如果是其竞争对手率先实现研发，那么厂商也会终止研发投入，以避免进一步的损失。

阶条件：

$$\frac{(a+r)(Vh'-1)-(h-xh')}{(a+r+h)^2}=0$$

由以上一阶条件计算可得，对于代表性厂商的反应函数$\hat{x}$有：

$$\frac{\partial \hat{x}}{\partial a}=\frac{-(Vh'-1)}{[(a+r)V+x]h''}$$

均衡时的期望利润则为：

$$E\pi=\frac{h-xh'}{(a+r)h'}F$$

由上式可知，期望利润非负要求 $h>xh'$，而由一阶条件可知，这意味着 $Vh'>1$，因此可以进一步判断 $\partial \hat{x}/\partial a>0$。而与前文的分析一样，均衡时厂商的最优研发投入 x^* 为 $x^*=\hat{x}[(n-1)h(x^*),r,V]$，由此进一步求导可得：

$$\frac{\partial x^*}{\partial n}=\frac{\dfrac{\partial \hat{x}[(n-1)h(x^*),r,V]}{\partial(n-1)h(x^*)}h(x^*)}{1-\dfrac{\partial \hat{x}[(n-1)h(x^*),r,V]}{\partial(n-1)h(x^*)}(n-1)h'(x^*)}$$

由于 $a\equiv(n-1)h(x)$，$\partial \hat{x}/\partial a>0$，故由上式可判断当$(n-1)h'(x^*)$ $\partial \hat{x}(a,R,V)/\partial a<1$ 时，$\partial x^*/\partial n>0$。这意味着在特定条件下，厂商的研发努力与市场竞争程度正相关。这一结论显然与 Loury(1979)的研究结果相反。造成这种结论差异的根本原因即在于厂商研发投入方式上的不同。在 Loury(1979)的研究中，厂商的研发投入是事前一次性支付的，从而竞争程度的增加只会减少厂商的期望收益；而在 Lee 和 Wilde(1980)的研究中，厂商的研发投入则是连续支付的，因此竞争程度的增加不仅减少了厂商研发的期望支付，也倾向于降低厂商的研发投入——在高强度的竞争下，专利更有可能较早地被研发出来，因此厂商预期需要支付研发投入的时间也随之缩短。

与前文分析相类似，我们还可以比较厂商最优的研发投入和联合利润最大化情形下厂商的最优研发投入。在联合利润最大化情形下，厂商的最优化问题的一阶条件为：

$$\frac{\partial nE\pi}{\partial x}=\frac{n[r(Vh'-1)-n(h-xh')]}{(nh+r)^2}=0$$

令该一阶条件的解为 x_m。接下来，考察厂商个体利润最大化问题。在投入水平 x_m 上，计算可知对单个厂商的利润求导有：

$$\frac{\partial E\pi}{\partial x}\Big|_{x=x_m}=\frac{(a+r)[Vh'(x_m-1)]-[h(x_m)-x_m h'(x_m)]}{[a+h(x_m)+r]^2}$$

由联合利润最大化的一阶条件可知，上式可以化简为：

$$\frac{\partial E\pi}{\partial x}\Big|_{x=x_m}=\frac{[(a+r)n-r][h(x_m)-x_m h'(x_m)]}{n[nh(x_m)+r]}>0$$

由于 π 被假设为 x 的凹函数，因此上式意味着对于厂商自身利益最大化而言，$x^*>x_m$。这说明，市场中的竞争倾向于创造过度的研发投入。造成这一点的内在经济机制在于研发竞争中厂商之间互相施加的外部性。从社会福利（或者说，厂商联合利润）的角度来看，重要的是能够保证专利技术研发成功的可能性，至于厂商个体是否能够获得创新收益则不重要。但从厂商个体决策来看，研发获利的唯一前提是赢得专利竞争，而每个厂商提高研发成功概率的努力都会为其他厂商赢得竞争施加负的外部性，由此便使得厂商个体决策下的最优研发投入超过社会最优水平。

2.2 企业 R&D 决策的动态分析

在之前的篇幅中，我们涉及了厂商研发竞争的简单情形，即厂商在静态的环境下进行决策。这里使用“静态”的字眼可能产生一定的误解，因为在之前所讨论的所有模型中，厂商的研发活动均会持续一定的时间，而并不是在一瞬间完成的。为消除这种误解，需要注意这里的“静态”描述的是企业的决策特点。在之前所涉及的分析框架中，厂商的行动均是由事前一次性决策所决定的。在最佳创新时点的分析中，厂商在事前即决定了创新完成的时间，而在最佳研发投入分析中，虽然 Lee 和 Wilde (1980)的模型允许厂商在研发的每个时点上连续地支付研发投入，但该研发投入量是在事前由厂商的一次性决策所决定的。因此,之前的研究中,厂商的决策具有静态特征。

将静态分析拓展到动态分析,意味着需要允许厂商在研发的过程中不断地改变自己的决策。本部分的分析将讨论三种动态最优化下的研发问题。第一种情形剔除了研发过程中的风险,以便使分析更加简单;第二种情形则进一步引入了研发的技术风险和市场风险;第三种情形则进一步考虑到了研发过程中的暂时领先和赶超问题。

2.2-1 无风险情形下的动态研发决策

在关于 R&D 竞争的动态最优化分析中,Takeo Nakao(1982)的模型取消了关于技术研发不确定性的设定。这显然极大地简化了模型的计算和分析工作。在该模型中,厂商的 R&D 结果表现为产品质量的提升,并且厂商提高产品质量的边际成本为固定常数。这一假定使厂商研发活动的设定回到了 Scherer(1967)和 Barzel(1968)等人的分析框架中:厂商的研发不存在风险,只要增加投入,产品的质量便一定会线性地递增。

为进一步构建动态分析框架,假设市场中有 n 个同质厂商。代表性厂商 i 面临的市场需求 Q^t 是价格向量 P^t 和产品质量 T^t 的函数,这里,$P^t=(P^t_1,\cdots,P^t_n)$,$T^t=(T^t_1,\cdots,T^t_n)$,其中 P^t_i 和 T^t_i,分别为第 t 期厂商 i 的产品价格和产品质量。厂商的生产具有不变的边际成本 c。在每一时点厂商都要决定最优技术净增量,因此厂商的决策具有动态性。令每时点企业技术投资量为 X^t_i。简单起见,假设为此投资厂商所要付出的成本为 wX^t_i,w 为不变的常数。如果技术的折旧率为 δ,那么厂商每期技术存量的净改变量就可以表示为:

$$\dot{T}^t_i=X^t_i-\delta T^t_i$$

令 $R^t_i=(P^t_i-c)Q^t_i(P^t,T^t)$,这样在时期 t,厂商 i 的利润为:

$$\Pi^t_i=(P^t_i-c)Q^t_i(P^t,T^t)-w(T^t_i+\delta T^t_i)=R^t_i-w(T^t_i+\delta T^t_i)$$

在分析厂商的定价策略时,Takeo Nakao(1982)使用了联合利润最大化的假设。不过,在厂商同质假设下,这样的设定是不必要的,因为厂商缺少掠夺性定价的动机。同时,由于厂商数量是外生给定的,因而不会出现新厂商进入而使每个在位厂商仅获得正常利润的可能。实际上,不论厂商是否追求联合利润最大化,在厂商最优决策下,最优价格向量(P_1^{t*},$\cdots$,P_n^{t*})中的分量一定可以表示为产品质量 T^t 的函数,即 $P^{t*}(T^t)=[P_1^{t*}(T^t),\cdots,P_n^{t*}(T^t)]$,而厂商的产品销售收入则可以表示为:①

$$R_i^{t*}=R_i^t[P^{t*}(T^t),T^t]=R_i^{t*}(T_i^t,T_{-i}^t)$$

下面,厂商需要进一步决定各期最优的技术净增量水平,此时厂商面临的最优化问题为:

$$\max_{T_i^t,\dot{T}_i^t}\int_0^{+\infty}[R_i^{t*}(T_i^t,T_{-i}^t)-w(\dot{T}_i^t+\delta T_i^t)]e^{-rt}dt$$

其中,r 为贴现率。该式中的 $w(\dot{T}_i^t+\delta T_i^t)$ 界定了厂商技术进步的成本。从模型形式上来看,它是产品质量提升量的线性函数。

为了求解的需要,需要将模型具体化。令:

$$Q_i^t=S_i^t(P^t,T^t)Q^t(P^t,T^t)$$

上式中,$S_i^t(P^t,T^t)$为厂商 i 的市场份额,它分别是厂商自身产品质量的增函数和产品价格的减函数。此外,总需求 Q^t 被假定为具有柯布—道格拉斯函数的形式:

$$Q^t=(\bar{P}t)^{-a}(\bar{T})^b$$

其中,$\bar{P}$和$\bar{T}$反映了市场平均价格和平均质量水平,并且 $a>1,b<1$。这一参数设定保证了 R_i^t 的凹性,从而保证动态最优化的二阶条件得以满足。最后,参照 Schmalensee(1976)模型中对厂商市场份额的讨论,可以假设:

$$S_i^t=(T_i^t)^\rho/\sum_{j=1}^n(T_j^t)^\rho$$

由该设定可知,如果所有厂商均采取相同的产品质量,那么每个厂商将获得 1/n 的市场份额。由于各时点上厂商的价格决策是相互独立的,因此厂商只是动态地确定最优的产品质量。为求解此动态最优化问题,

---

① 下标 $-i$ 表示除厂商 i 之外的其他厂商。

可以建立如下现值汉密尔顿函数：

$$H_c = [R_i^{t*}(T_i^t, T_{-i}^t) - w(\dot{T}_i^t + \delta T_i^t)] + \psi_i^t \dot{T}_i^t$$

由最大值原理可得最优化条件和 ψ_i^t 的运动方程：

$$\psi_i^t = w$$

$$\dot{\psi}_i^t = -\frac{\partial R_i^{t*}(T_i^t, T_{-i}^t)}{\partial T_i^t} + w\delta + r\psi_i^t$$

最优性条件说明，在最优化下，ψ_i^t 为常数，而这意味着均衡时 $\dot{\psi}_i^t = 0$。由此可以进一步得到：

$$\frac{\partial R_i^{t*}(T_i^t, T_{-i}^t)}{\partial T_i^t} = w\delta + r\psi_i^t$$

根据前文所设定的市场需求函数，可以解得 $R_i^{t*}(T_i^t, T_{-i}^t)$ 的表达式。此外，均衡时，每个厂商将采用相同的策略。因此，由上式可以得出均衡时：

$$k(P_i^{t*} - C)(P_i^{t*})^{-a}\frac{(T_i^{*t})^{b-1}}{n}\left(\frac{b}{n} + \beta - \frac{\beta}{n}\right) = t(r + \delta)$$

将上式两边进一步对 n 求偏导可得：

$$\frac{\partial T_i^{*t}}{\partial n} = \frac{T_i^{*t}[2b + (n-2)\beta]}{n(b-1)[b + (n-1)\beta]}$$

由于 $b < 1$，因此 $n > 2$ 时，由上式可知 $\partial T_i^{*t}/\partial n < 0$。该结论的经济含义是很丰富的：厂商数量的减少增加了市场集中度，这提高了厂商提高产品质量的边际利润，进而使得厂商有动力进一步提高质量；此外，由于均衡下 $T_1^{t*} = \cdots = T_n^{t*}$，从而 $T_i^{t*} = \bar{T}$，这意味着市场竞争程度的提高还会降低产品的平均质量水平。

Takeo Nakao（1980）的模型虽然排除了厂商研发的不确定性，但是在对厂商最优技术进步的分析上却有很大的灵活性，这主要是因为他将厂商的研发结果设定为产品质量的变化。这种设定的一个好处是，只要稍微改变一下对厂商研发行为的定义，便可以允许厂商在研发的目标技术上进行选择。例如，如果将产品质量的变化量看作一项技术，那么不同的产品质量变化幅度可以用来衡量技术含量不同的研发项目。此时，当厂商以更快的速度提高其产品质量时,我们便可以认为他正在研究更加复杂的技术。这种定义意味着,厂商不必再拘泥于某项特定技术进行研发,而是可以在每个时点上对其所要研发的技术进行选择。而在前文所介绍的其他文献中,一个明显的设定是厂商只能就某项特定的技术专利展开竞争。①

2.2-2　引入市场风险、技术风险和策略相关性

接下来,我们需要进一步将研发的各种风险引入动态分析框架。Reinganum(1982)的研究为此提供了较好的范例。在定义厂商研发风险的基础上,Reinganum(1982)分析了连续时间情形下厂商最优 R&D 投入与市场结构的关系。在模型的具体设定上,假定市场内存在 n 个同质在位厂商。所有的厂商均认为,如果在 T 时刻后它还没有成功实现研发,那么就没有必要继续参与专利竞争。在区间 $[0,T]$ 内,如果厂商在 t 时点首先成功实现研发,那么它就将赢得专利并获得相应的贴现收益 $P_L(t)$,而其他厂商则将获得贴现收益 $P_F(t)$。为了分析的简便,可以假定对于任意时刻 t,$P_L(t)$ 和 $P_F(t)$ 均为固定常数 P_L 和 P_F。

在时点 t 上,厂商用于进行研发的知识存量为 $Z(t)$,而其变化率为 $\mu(t)$,即在时点 t 厂商的新增知识存量为 $\dot{Z}=\mu(t)$。厂商获取知识的成本贴现值为 $e^{-rt}c_i(\mu_i)$。在下面的分析中,令 $c_i(\mu_i)=(1/2)\mu_i^2$,并有如下假设:

令 $Z=(Z_1,\cdots,Z_n)$,厂商 $i(i=1,\cdots,n)$ 的策略空间为 $\Omega_i=\{\mu_i(t,Z)\in[0,B],B<+\infty\}$,且对于所有可行的 (t,Z),$\mu_i(t,Z)$ 是连续的,并满足下面的利普西兹(Lipchitz)条件:

$$|\mu_i(t,Z)-\mu_i(t,\bar{Z})\leqslant k(t)|Z-\bar{Z}||$$

① 需要特别指出的是,这里所说的给定的技术目标是相对于技术含量而言的。在现有文献中,的确有关于技术选择的分析,但是这类文献里,厂商选择的是技术的风险,而不是研发所要实现的技术水平。对此问题的分析可以参见 Klette 和 Meza(1986)、Bhattacharya 和 Mookherjee(1986)、Dasgupta 和 Maskin(1987)以及 Judd(2003)等人的研究。

其中，$k(t)$为利普西兹常数，$k(t)=\sup_{t,z}|\partial\mu_i/\partial Z_i|$。

该假设仅仅是一种技术上的需要。它意味着每个厂商每时点上用于增加知识存量的投资$\mu_i(t,Z)$均属于一个封闭且有边界的空间，并且是连续可微的。这可以保证下文中动态最优化问题所决定的微分方程组的解存在且唯一。

知识存量$Z(t)$决定了厂商成功实现技术进步的概率。对于厂商i而言，在时刻t前成功实现研发的概率被设定为：

$$\Pr\{t_i\leqslant t\}=F_i[Z_i(t)=1-e^{-\lambda Z_i(t)}],t\in[0,T]$$

而厂商在时刻t前未能完成研发时，其在下一时刻完成研发的条件概率则为：

$$\Pr\{t_i\in(t,t+dt)]t_i>t\}=\lambda\mu_i(t)dt,t\in[0,T]$$

给定其他厂商的研发策略，代表性厂商的收益面临两种可能的情况：(1)它是第一个成功实现研发的厂商；(2)有其他的厂商在其之前完成研发。同时需要注意的是，厂商将不会一直支付研发投入。只要有一个厂商（无论是其自身还是其他厂商）成功实现研发，那么所有的厂商都会停止研发。因此，代表性厂商i的支付函数为：

$$J^i(\mu_1,\cdots,\mu_n)=\int_0^T\{P_Le^{-\lambda\sum Z_k(t)}\lambda\mu_i(t)+P_Fe^{-\lambda\sum Z_k(t)}\sum_{j\neq i}\lambda\mu_j(t)-\frac{e^{-rt}e^{-\lambda\sum Z_k(t)}}{2}\cdot[\mu_i(t)]^2\}dt$$

上式积分号中第一项表示厂商i首先完成研发时的收益，第二项则表示有任意一个其他厂商抢先实现研发时厂商i的收益，第三项则为研发成本，该成本仅在尚未有厂商成功实现研发时支付。对该式进行积分变换并定义如下值函数：

$$V^i[s,Z(s)]=\int_0^T\{[P_L(1-e^{-\lambda Z_i(t)})+P_Fe^{-\lambda Z_i(t)}]\exp[-\lambda\sum_{k\neq i}Z_k(t)]\sum_{j\neq i}\lambda\mu_j^*(t)-\frac{e^{-rt}e^{-\lambda\sum Z_k(t)}}{2}\cdot[\mu_i^*(t)]^2\}dt+P_L[1-e^{-\lambda Z_i(T)}]\exp[-\lambda\sum_{k\neq i}Z_k(t)]$$

其中，$\mu_i^*(t)$为厂商 i 的最优策略。在动态最优化下，均衡解$(\mu_1^*,\cdots,\mu_n^*)$必须满足如下贝尔曼方程：①

$$V_t^i(t,Z)+\max_{\mu_i}\{V_{Z_i}^i(t,Z)\mu_i(t,Z)+\sum_{j\neq i}V_{Z_j}^i(t,Z)\mu_j^*(t,Z)-\frac{e^{-rt}\exp(-\lambda\sum Z_k)}{2}[\mu_i(t,Z)]^2+[P_L(1-e^{-\lambda Z_i})+P_F e^{-\lambda Z_i}]\exp(-\lambda\sum_{k\neq i}Z_k)\sum_{j\neq i}\lambda\mu_j^*(t,Z)\}=0$$

而由 $V^i[s,Z(s)]$的定义式可知以上贝尔曼方程的横截条件为：

$$V^i(T,Z)=P_L\exp(-\lambda\sum_{k\neq i}Z_k)-P_L\exp(-\lambda\sum_k Z_k)$$

如果不考虑角点解，那么以上贝尔曼方程中最优化问题的必要条件为：

$$V_{Z_i}^i(t,Z)=e^{-rt}e^{-\lambda\sum Z_k}\mu_i(t,Z)$$

由该条件可以得出$\mu_i^*(t,Z)$关于 $V_{Z_i}^i(t,Z)$的表达式，将其代入贝尔曼方程可得：

$$V_t^i+\frac{(V_{Z_i}^i)^2}{2}e^{rt}e^{\lambda\sum Z_k}+\sum_{j\neq i}V_{Z_j}^iV_{Z_i}^ie^{rt}e^{\lambda\sum Z_k}+[P_L(e^{\lambda Z_i}-1)+P_F]\lambda\sum_{j\neq i}V_{Z_j}^ie^{rt}=0$$

接下来的工作就是为如上方程寻找一个符合条件的解。我们可以猜测上述偏微分方程的解具有如下形式：

$$V^i=b(t)\exp(-\lambda\sum Z_k)+a(t)\exp(-\lambda\sum_{k\neq i}Z_k)$$

将其代入化简后的贝尔曼方程可得：

$$\exp(-\lambda\sum Z_k)\left\{\dot b(t)+\frac{2n-1}{2}[\lambda b(t)]^2e^{rt}+b(t)(n-1)(P_L-P_F)\lambda^2e^{rt}\right\}+\exp(-\lambda\sum_{k\neq i}Z_k)[\dot a(t)+a(t)b(t)(n-1)\lambda^2e^{rt}-\lambda^2b(t)P_L(n-1)e^{rt}]=0$$

$b(t)$和 $a(t)$必须满足以上条件以及贝尔曼方程的横截条件，由此可以得到如下微分方程组：

$$\dot b(t)+\frac{2n-1}{2}[\lambda b(t)]^2e^{rt}+b(t)(n-1)(P_L-P_F)\lambda^2e^{rt}=0,b(T)=P_L$$

---

① 此处的动态最优化求解方法可以参见龚六堂(2002,p.245－248)。

$$\dot{a}(t)+a(t)b(t)(n-1)\lambda^2\mathrm{e}^{rt}-\lambda^2b(t)P_L(n-1)\mathrm{e}^{rt}=0,a(T)=P_L$$

第一个微分方程是一个伯努力型微分方程,通过令 $y(t)=1/b(t)$ 可将该方程转换为一个线性常微分方程,进而可以解得:

$$b(t)=\frac{-2(n-1)(P_L-P_F)P_L}{(2n-1)P_L-[P_L+2(n-1)P_F]\exp[m(t)]}$$

其中,$m(t)=(P_L-P_F)(n-1)\lambda^2(\mathrm{e}^{rt}-\mathrm{e}^{rT})/r$。

对于第二个微分方程,观察可知 $a(t)=P_L$ 是该方程的解。由以上求解结果可以得出均衡时的表达式,而由此可以进一步得出:

$$\mu_i^*(t,Z)=\frac{2\lambda(n-1)(P_L-P_F)P_L\mathrm{e}^{rt}}{(2n-1)P_L-[P_L+2(n-1)P_F]\exp[m(t)]}$$

上式给出了代表性厂商最优知识增量的动态变化路径,该知识增量可以用来反映在特定时点上厂商研发投入的强度。由该式可知,如果专利保护是完全的(即 $P_F=0$),则有:

$$\mu_i^*(t,Z)=\frac{2\lambda(n-1)P_L\mathrm{e}^{rt}}{2n-1-\exp[m(t)]}$$

进而求导可知,在完全的专利保护下:

$$\frac{\partial\mu_i^*(t,Z)}{\partial n}=\frac{2\lambda P_L\mathrm{e}^{rt}\{1-\exp[m(t)](1-m)\}}{\{2n-1-\exp[m(t)]\}^2}$$

令 $g(m)=1-\exp[m(t)](1-m)$,易知 $g(0)=0$,且 $g'(m)=m\mathrm{e}^m$。由于 $t<T$ 时,$m<0$,因而对于任意 $t<T$,$g(m)>0$。这说明在完全的专利保护下,在区间 $(0,T)$ 内始终有 $\partial\mu_i^*/\partial n>0$。换言之,如果专利保护是完善的,那么市场竞争程度的提高会激励每个厂商增加研发投入。

在不完全专利保护下,P_L 和 P_F 的具体取值将取决于创新完成之后的寡头市场竞争的结果,因而这两种收益的取值都将取决于参与市场竞争的厂商数量,即 $P_L=P_L(n)$,$P_F=P_F(n)$。此时,厂商数量的变动对每个企业研发积极性的影响将是不确定的。为了对此进行说明,首先注意到:

$$\frac{\partial\mu_i^*(t,Z)}{\partial P_L}=\frac{2\lambda(n-1)\mathrm{e}^{rt}h(m)}{\{(2n-1)P_L-[P_L+2(n-1)P_F]\mathrm{e}^m\}^2}$$

$$\frac{\partial\mu_i^*(t,Z)}{\partial P_L}=\frac{2\lambda P_L(n-1)\mathrm{e}^{rt}u(m)}{\{(2n-1)P_L-[P_L+2(n-1)P_F]\mathrm{e}^m\}^2}$$

其中：

$h(m)=P_L^2(2n-1)+\mathrm{e}^m[P_L^2(m-1)+2P_LP_F(n-1)(m-2)+2P_F^2(n-1)]$

$$u(m)=P_Le^m(2n-1-m)-(2n-1)P_L-2P_F(n-1)m\mathrm{e}^m$$

计算可得：

$h(0)=P_L^2(2n-1)-P_L^2-4P_LP_F(n-1)+2P_F^2(n-1)=2(n-1)(P_L-P_F)^2>0,u(0)=0$

$$h'(m)=\mathrm{e}^m[P_L^2m+2P_LP_F(n-1)m+2P_F(n-1)(P_F-P_L)]<0$$

$$u'(m)=\mathrm{e}^m\{2(n-1)(P_L-P_F)-m[P_L+2P_F(n-1)]\}>0$$

因此可以判断 $h(m)>0,u(m)<0$，从而 $\partial\mu_i^*(t,Z)/\partial P_L>0,\partial\mu_i^*(t,Z)/\partial P_L<0$。

在不完全专利保护下，求导可知：

$$\frac{\mathrm{d}\mu_i^*}{\mathrm{d}n}=\frac{\partial\mu_i^*}{\partial n}+\frac{\partial\mu_i^*}{\partial P_L}\cdot\frac{\mathrm{d}P_L}{\mathrm{d}n}+\frac{\partial\mu_i^*}{\partial P_F}\cdot\frac{\mathrm{d}P_F}{\mathrm{d}n}$$

尽管有充足的理由可以判断 $\mathrm{d}P_L/\mathrm{d}n<0,\mathrm{d}P_F/\mathrm{d}n<0$，但由于 $\partial\mu_i^*/\partial P_L$ 和 $\partial\mu_i^*/\partial P_L$ 的符号相反，故在不完全的专利保护下，市场结构的变化对厂商研发动力的影响并不确定。

2.2-3　研发过程中的领先与赶超

在之前的所有讨论中，厂商只需率先完成一项研发即可获取专利。由于这些研究并不关注研发的中间过程，这种设定意味着厂商参与专利竞争只可能有获胜和失败两种可能性。

但是，现实的研发过程中，厂商在专利竞争过程中可能处于不同的地位。有些厂商的研发进度可能更为顺利，从而处于暂时的领先地位；有些厂商虽然暂时处于落后地位，但仍有机会后来居上。这些现实问题在我们之前介绍的各种模型分析框架下都是无法讨论的。

为了使厂商在研发过程中能够暂时处于领先地位，可以假设专利的获取需要在完成多个阶段的研发之后才能实现。例如,Grossman 和 Shapirao(1987)将专利竞争划分为两个阶段。厂商为了获取某项专利,需要逐一完成两个阶段的研发任务。第一个研发阶段被称为阶段"0",它是整个研发过程的中间阶段;第二个阶段被称为阶段"1",率先完成该阶段研发后,厂商便可获得技术专利;厂商必须依次完成各研发阶段,而不可能直接跳过阶段"0"。在这种分析设定下,如果某些厂商提前完成了阶段"0"的研发,那么他们将处于研发的暂时领先地位。但是,由于阶段"1"的研发尚未完成,他们仍无法获得专利,并且在稍后的研发过程中,仍要面对被其他厂商赶超的风险。显然,这种分析设定使得厂商研发活动中的策略选择变得更加丰富。

简单起见,进一步假设市场中只存在两个同质厂商,并且技术专利将为厂商提供价值为 V 的市场收益。两个厂商在每个研发阶段都需要决定该阶段的研发成功概率 p,为此,它们在相应研发阶段的每个时点上都需要根据其所选择的成功概率支付 $c(p)$ 单位的费用,这种研发费用的支付方式与 Lee 和 Wilde(1980)的流量投入设定基本一致。为保证最优化问题有内点解,假设 $c(0)=f>0$,并且对于任意 $p>0, c'>0, c''>0$。

在研发风险上,我们也可以直接采用 Lee 和 Wilde(1980)的设定。在此前提下,由前文的介绍可知(可以参见前文 2.1-2-1 节),如果两个厂商均完成了阶段"0"的研发,那么在研发阶段"1"中,代表性厂商的期望利润为:①

$$\pi_{11}=\frac{Vp_{11}-c(p_{11})}{r+2p_{11}}$$

由上式可知,厂商在研发阶段"1"中选择最优概率需要满足如下一阶条件:

$$V-\pi_{11}=c'(p_{11}^{*})$$

① 此时,两个厂商的竞争完全等同于 Lee 和 Wilde(1980)所分析的专利竞争情形。此外,公式中的下标"11"表示两个厂商均处于研发阶段"1"。在下文中,我们还将用类似的方式来标注其他情形。

为了保证阶段“1”研发的期望利润为正，最优解 p_{11}^* 显然应该满足 $V > c(p_{11}^*)/p_{11}^*$。此外，上式也说明厂商具有向上倾斜的反应曲线。其原因在于，竞争对手研发投入的增加将降低 π_{11}，从而使得厂商增加研发投入的期望边际收益上升。

下面，考虑有一个厂商率先完成阶段“0”的研发时的情形。此时，对于技术领先厂商而言，它的期望利润和研发成功概率标注分别标注为 π_{10} 和 p_{10}，而落后厂商的期望利润和研发成功概率则分别为 π_{01} 和 p_{01}。

对于技术领先厂商而言，它面临两种可能的情况。一种情形为技术领先者实现阶段“1”的研发时，落后厂商仍未完成过渡阶段“0”的研发；另一种情况则是技术落后厂商成功地实现了追赶，即在技术领先厂商完成阶段“1”研发之前实现了过渡阶段“0”的研发，此时，两个厂商将同时在阶段“1”进行竞争，相应的期望收益为 π_{11}。因此，技术领先厂商的期望支付为：

$$\pi_{10} = \int_0^\infty \int_0^t f_i(s) f_j(t) V \mathrm{e}^{-sr} \mathrm{d}s\mathrm{d}t + \int_0^\infty \int_0^t f_j(s) f_i(t) \pi_{11} \mathrm{e}^{-sr} \mathrm{d}s\mathrm{d}t - EC(p_{10})$$

$$= \frac{Vp_{10} + p_{01}\pi_{11} - c(p_{10})}{r + p_{10} + p_{01}}$$

而对于技术落后者，其期望利润则为：

$$\pi_{01} = \int_0^\infty \int_0^t f_j [s f_i(t) \pi_{11} \mathrm{e}^{-sr} \mathrm{d}s\mathrm{d}t - EC(p_{01})] = \frac{p_{01}\pi_{11} - c(p_{01})}{r + p_{10} + p_{01}}$$

根据以上两个利润函数，可以分别解得如下一阶条件：

$$V - \pi_{10} = c'(p_{10}^*)$$

$$\pi_{11} = \pi_{10} = c'(p_{01}^*)$$

最后，考虑两个厂商均处于研发阶段“0”的情况。此时，对于每个厂商而言都有两种可能出现的情况：成为技术领导者或者成为技术落后厂商。由于两个厂商均有相同的期望支付和策略（令其分别为 π_{00} 和 p_{00}），因而求解可知：

$$\pi_{00} = \int_0^\infty \int_0^t f_i(s) f_j(t) \pi_{10} \mathrm{e}^{-sr} \mathrm{d}s\mathrm{d}t + \int_0^\infty \int_0^t f_j(s) f_i(t) \pi_{11} \mathrm{e}^{-sr} \mathrm{d}s\mathrm{d}t - EC(p_{00})$$

$$= \frac{p_{00}\pi_{10} + p_{00}\pi_{01} - c(p_{00})}{r + 2p_{00}}$$

而最优化的一阶条件为：

$$\pi_{10} - \pi_{00} = c'(p_{00}^*)$$

以上分析给出了各种情形下厂商的最优决策。这些一阶条件表明，相对于技术落后厂商，技术领先厂商总是倾向于在 R&D 上进行更多的投入，并且，如果技术落后厂商成功实现了追赶，那么两个厂商都将加强他们在 R&D 上的投入密度。

为对此进行说明，首先将 p_{11}^* 和 p_{10}^* 进行比较。回忆前文的叙述可知，对于技术领先厂商而言，p_{11}^* 可以视为其对手同样完成了过渡阶段的研究时他的最优研发投入，而 p_{10}^* 则可以视为其对手尚未完成过渡阶段时他的最优研发投入。由 p_{11}^* 和 p_{10}^* 各自满足的一阶条件可以发现，由于 $c''>0$，因而 $p_{11}^* > p_{10}^*$ 要求 $\pi_{11} < \pi_{10}$。如果该情况不成立，而是出现相反的情形（即 $p_{11}^* < p_{10}^*, \pi_{11} > \pi_{10}$）则由 p_{10}^* 的一阶条件和 π_{10} 的表达式可知技术领先厂商的反应曲线向下倾斜。而这意味着，如果 $\hat{p}$ 为技术领先厂商对竞争对手 0 研发投入水平（即 $p_{01}=0$）的最优反应，那么一定有 $\hat{p} > p_{10}^*$。但是，如果竞争对手的研发投入水平真的为 0，那么则有：

$$\pi_{10} = \frac{Vp_{10} - c(p_{10})}{r + p_{10}} = \pi_{11}$$

因而 $\hat{p} = \arg\max \pi_{10}|_{p_{01}=0} = \arg\max \pi_{11} = p_{11}^*$，而这意味 $\hat{p} > p_{10}^*$，而这与 $p_{11}^* < p_{10}^*$ 矛盾。因此，$p_{11}^* < p_{10}^*$ 的情况不可能出现，而是必须有 $p_{11}^* > p_{10}^*$。这一结果表明如果某技术领先厂商的竞争对手成功实现了技术追赶（完成了过渡阶段的研究），那么所有厂商都将增加它在专利竞争中的研发投入。

下面，考虑 p_{10}^* 和 p_{01}^* 的比较。由 p_{10}^* 和 p_{01}^* 的一阶条件可知，$p_{10}^* > p_{01}^*$ 要求 $V - \pi_{10} > \pi_{11} - \pi_{01}$。将 π_{10} 和 π_{01} 的表达式代入该不等式可得：

$$p_{01}(V - 2\pi_{11}) + r(V - \pi_{11}) + (p_{01} - p_{10})\pi_{11} + [c(p_{10}^*) - c(p_{01}^*)] > 0$$

下面，假设不是 $p_{10}^* > p_{01}^*$，而是 $p_{10}^* < p_{01}^*$。由 $c(\cdot)$ 的凸性可知，这意

味着:

$$c(p_{01}^{*})-c(p_{10}^{*})<(p_{01}^{*}-p_{10}^{*})c'(p_{01}^{*})$$

从而有:

$(p_{01}^{*}-p_{10}^{*})\pi_{11}+c(p_{10}^{*})-c(p_{01}^{*})>(p_{01}^{*}-p_{10}^{*})[V-c'(p_{01}^{*})]=(p_{01}^{*}-p_{10}^{*})V_{01}>0$

由 π_{11} 的表达式可知 $v>2\pi_{11}$,因而如果以上不等式成立,则有 $V-\pi_{10}>\pi_{11}-\pi_{01}$。这就产生了矛盾,因为上式成立的前提是 $p_{10}^{*}<p_{01}^{*}$,而 $V-\pi_{10}>\pi_{11}-\pi_{01}$ 成立的前提是 $p_{10}^{*}>p_{01}^{*}$。因此,只能是 $p_{10}^{*}>p_{01}^{*}$ 的情形成立。这意味着技术领先厂商比落后厂商倾向于进行更多的研发投入。

2.3 总结与评论

本章简要地介绍了 R&D 竞赛理论的主要研究成果。由于研究的主题大多围绕市场结构对企业 R&D 投入的影响而展开,因而这些研究只是详细地说明了技术进步的一个方面的问题,即,如果企业想通过自主研发实现某项(或某些)技术进步,那么最优的研发投入是如何决定的。这种技术进步的过程通常被形象化为众多厂商围绕某项(或某些)专利而展开的研发竞争。竞争的特点表现在研发具有市场风险和技术风险。

研发风险的引入在模拟现实研发活动上是一大进步,但在模型分析的灵活性上却带来了许多制约。最为突出的一点是它使得模型的形式变得更为复杂,而随后出现的动态最优化分析更是增加了分析的难度。为了在这种复杂的背景下得出有意义的结论,模型就不得不在其他方面进行简化。这通常表现在厂商没有选择研发目标的能力:厂商一般是围绕某项特定的技术展开竞争,而无法挑选他希望获得的技术特性。尽管在之后的理论发展中,厂商的研发背景被拓展至一系列专利竞争[如 Reiganum(1985)],但这些技术路径仍然是外生给定的。这种简化的意义在于,它可以保证模型支付结构上的简洁,因为如果允许厂商任意选择自己所要研发的技术，那么就必须界定技术可行集中各元素对厂商利润的影响，并且还要考虑这些技术的并存是否会导致专利冲突。此外，如果不同技术研发的风险也存在差异，那么限定厂商只能选择一种特定技术进行研发的假设，就可以保证所有同质厂商面临相同的研发风险，而这也能极大地简化模型的求解。从实际的假设效果上来看，这种限定意味着不仅所有厂商均对同一项技术展开研发，也意味着所有的厂商每次只对一项技术进行研发。

然而，如果我们从技术进步方式的选择这一更为广阔的视角来重新审视上述假设，便可发现其局限性。由于厂商每次只能对一项技术进行研发，那么它在自主研发和引进技术上的选择也受到限制。具体来说，由于厂商被限定于只对一项专利进行竞争，因此从技术进步方式的选择上来看，厂商只有两个极端的选择：参与竞争或者不参与竞争。参与竞争可以视为厂商选择通过自主研发的方式来实现技术进步，并愿意承担相应的风险和可能的损失；而不参与竞争则可以认为厂商希望通过引进技术的方式来实现技术进步。但是，由于每次只有一项可以选择的技术，因此厂商在技术进步方式上的决策只可能是角点解。所谓的自主研发和技术引进的内点解组合在现有的专利竞赛研究中是不存在的。

第三章

资金约束、学习效应与企业的技术进步模式

本章将构建一个企业技术进步的简单模型。在这一模型中,企业需要决定是否进行技术引进,并在此基础上选择最优的自主研发投入水平。自主研发使厂商可以参与市场中的专利竞争:一旦厂商最先完成对某项潜在技术的研发,那么它就在市场中获得领导者地位。由于技术研发存在风险,因而厂商从事自主研发的净收益以期望值的形式体现,而厂商成功实现技术研发的概率取决于厂商的初始研发能力(如知识储备和研究经验等)和厂商在R&D活动上的投入水平。由于自主研发不一定成功,因而引进技术的意义在于保证厂商能够获取稳定的市场份额。

3.1 厂商的研发与技术引进决策

考虑一个存在两个同质厂商的市场。在该市场中,总的市场需求被标准化为1,而厂商$i(i=1,2)$的市场份额为s_i,并且s_i被假设为有如下形式:①

$$s_i(q_1,q_2)=\frac{q_i^\beta}{q_1^\beta+q_2^\beta},i=1,2 \tag{3.1}$$

---

① 该假设的合理性可以参见Schmalensee(1976)。其实,这一假设不过是要表明市场份额与产品质量(或技术水平)之间存在着一定的关系,而函数的具体形式并不影响研究的结论。

其中，q_i 为厂商 i 的产品质量。由于生产性决策不是本章分析的重点，因而这里简单地假设 s_i 就是厂商 i 所能获得的生产性利润。

所有厂商的初始产品质量被假定为0。他们可以通过自主研发或者技术引进来提高自己的产品质量。自主研发被假定为受到完全的专利保护，即当一个厂商获得技术专利时，另一个厂商就无法通过自主研发获得相同的技术。而当两个厂商均成功实现自主研发时，每个厂商赢得技术专利的可能性则被假设为1/2。

为进一步描述厂商的自主研发决策，假设市场中存在一项潜在的产品技术$\bar{q}$，如果厂商 i 成功实现对该项技术的研发，则他的产品质量将被提升至$\bar{q}$。为了进一步的分析，令厂商 i 成功实现这一技术项目的自主研发的概率为 $p(\bar{q},I_i,\theta_i)$。其中，I_i 为厂商 i 的自主研发投入，$I_i \in [0,B_i]$，B_i 为厂商 i 在自主研发上所能投入的最大经费；θ_i 则反映了厂商 i 在自主研发上的基础知识储备。$p(\bar{q},I_i,\theta_i)$ 被假设为具有如下特性：$\partial p/\partial \bar{q}<0$，$\partial p/\partial I_i>0$，$\partial p/\partial \theta_i>0$；此外，令 $\varepsilon^{\bar{q}}$、ε^{I} 和 ε^{θ} 别代表 $p(\bar{q},I_i,\theta_i)$ 对$\bar{q}$、I_i 和 θ_i 的弹性，且 $\varepsilon^{\bar{q}}$、ε^{I} 和 ε^{θ} 均为常数。受研发投入边际报酬递减性质的影响，可以进一步假设 $\varepsilon^{I}<1$。在下文的分析中，为了表述的简便，将简单地用 p_1 和 p_2 来分别表示 $p(\bar{q},I_1,\theta_1)$ 和 $p(\bar{q},I_2,\theta_2)$。

如果厂商 i 的净利润为 π_i，则厂商 $i(i=1,2)$ 的最优化问题为：

$$\max_{Ii}\pi_i=\alpha\left[p_i(1-p_j)\bar{s}_i+p_ip_j\left(\frac{\bar{s}_i}{2}+\frac{\hat{s}_i}{2}\right)+(1-p_i)p_j\hat{s}_i+(1-p_i)(1-p_j)\tilde{s}_i\right]-I_i$$

$$s.t.\ I_i \in [0,B_i]$$

其中，$\bar{s}_i\equiv\dfrac{\bar{q}^{\beta}}{\bar{q}^{\beta}+\tilde{q}_j^{\beta}}$，$\hat{s}_i\equiv\dfrac{\tilde{q}_i^{\beta}}{\tilde{q}_i^{\beta}+\bar{q}^{\beta}}$，$\tilde{s}_i\equiv\dfrac{\tilde{q}_i^{\beta}}{\tilde{q}_i^{\beta}+\tilde{q}_j^{\beta}}$。

在上式中，等号右边中括号中第一项对应着厂商 i 成功实现自主研发，而厂商 j 失败的情形。此时，厂商 i 的产品质量被调整至其研发出的技术水平$\bar{q}$，而厂商 j 由于研发失败，其产品质量用$\tilde{q}_j$ 表示。中括号中第二项则反映了两个厂商均研发成功的情形。在这种情况下，厂商 i 只有1/2 的概率能够获得产品质量。第三项和第四项则分别对应于厂商 i 研

发失败而厂商 j 研发成功,以及两个厂商都研发失败的情形。在后三种情况中,如果厂商 i 未能成功获取产品技术 $\bar{q}$,那么它的产品质量为 $\tilde{q}_i$。$\tilde{q}_i$ 和 $\tilde{q}_j$ 的具体大小分别取决于厂商 i 和厂商 j 是否引进了外部技术。以厂商 i 为例。如果厂商 i 在自主研发的同时还引入了外部技术,则 $\tilde{q}_i>0$;否则,$\tilde{q}_i=0$。$\alpha(\tilde{q}_i)\epsilon[0,1]$ 体现了厂商与专利所有者间的生产性利润分成。显然,当 $\tilde{q}_i=0$ 时,$\alpha=1$(即不引进技术时,不用与专利所有者分享利润)。此外,一般而言,我们可以假设 $\tilde{q}_i<\bar{q}$,即要获得更高层次的技术水平,厂商必须进行自主研发。通过化简,厂商 i 的最优化问题可以写成:

$$\max_{I_i\epsilon[0,B_i]}\alpha_i\left[p_i\left(1-\frac{p^j}{2}\right)\bar{s}_i+\left(1-\frac{p_i}{2}\right)p_j\,\hat{s}_i+(1-p_i)(1-p_j)\,\tilde{s}_i\right]-I_i \quad (3.2)$$

3.1-1 自主研发决策

给定厂商在自主研发失败时的产品质量 $\tilde{q}_i$,厂商 i 愿意从事自主研发的条件为:

$$\alpha_i\left\{p_i\left(1-\frac{p_j}{2}\right)\bar{s}_i+\left[\left(1-\frac{p_i}{2}\right)p_j\,\hat{s}_i+(1-p_i)(1-p_j)\,\tilde{s}_i\right]\right\}>I_i \quad (3.3)$$

由于 $\partial p_i/\partial\theta_i>0$,因此对于具备更高研发能力 θ 的厂商而言,自主研发的积极性更高。

在式(3.3)的前提条件下,如果暂时不考虑角点解,则厂商 i 的最优化问题的一阶条件为:

$$\alpha_i\varepsilon^I p_i\left[\left(1-\frac{p_j}{2}\right)\bar{s}_i-\frac{p_j}{2}\hat{s}_i-(1-p_j)\,\tilde{s}_i\right]=I_i^* \quad (3.4)$$

出于计算的需要,需要区分两种可能出现的情形,即 $\tilde{q}_i=\tilde{q}_j$ 或者 $\tilde{q}_i\neq\tilde{q}_j$。在第一种情况下,两个在位厂商要么全都引进技术(即 $\tilde{q}_i=\tilde{q}_j=\tilde{q}$),要么全都完全依赖自主研发($\tilde{q}_i=\tilde{q}_j=0$)。

当 $\tilde{q}_i=\tilde{q}_j\neq0$ 时,$\bar{s}_i+\hat{s}_i=1$,$\tilde{s}_i=1/2$。因此可以将式(3.4)化简为:

$$\alpha\varepsilon^I p_i\left(\bar{s}_i-\frac{1}{2}\right)=I_i^* \quad (3.5)$$

由于$\bar{q} > \tilde{q}_j$，因而$\bar{s}_i > 1/2$。这使得式(3.5)左边为正，从而保证厂商i愿意进行正的研发投入。

当$\tilde{q}_i = \tilde{q}_j = 0$时，$\bar{s}_i + \hat{s}_i = 1, \tilde{s}_i = 0$。因此我们可以将式(3.4)化简为：

$$\alpha\varepsilon^I p_i \bar{s}_i = I_i^* \tag{3.6}$$

由式(3.5)和式(3.6)可见，厂商i的最优决策与厂商j的决策无关，这是因为$\tilde{q}_i = \tilde{q}_j$，从而厂商$i$自主研发投入的边际收益不受厂商$j$研发成功概率$p_j$的影响。在以上分析基础上，可以得到如下命题：

命题3.1：当$\tilde{q}_i = \tilde{q}_j$时，对于内点解的情形有$\partial I_i^* / \partial\theta_i > 0$，$\partial I_j^* / \partial\theta_i = 0$。

证明：将式(3.5)和式(3.6)两边对θ_i求导均可得到如下形式的等式：

$$\frac{\partial I_i^*}{\partial\theta_i} = \frac{\varepsilon^\theta}{1 - \varepsilon^I} \cdot \frac{I_i^*}{\theta^i} \tag{3.7}$$

由于$I_i^* > 0, \varepsilon^I < 1$，因而$\partial I_i^* / \partial\theta_i > 0$。

而将厂商j的最优化问题的一阶条件两边同时对θ_i求导可得$\partial I_j^* / \partial\theta_i = 0$。

命题3.2：当$\tilde{q}_i = \tilde{q}_j$时，对于内点解的情形，如果$\varepsilon_{\bar{q}}^{\bar{s}_i} > \frac{I_i^*}{I_i^* + \alpha\varepsilon^I p_i/2}\varepsilon^{\bar{q}}$，则$\frac{\partial I_i^*}{\partial \bar{q}} > 0$，反之，则有$\frac{\partial I_i^*}{\partial \bar{q}} < 0$。其中，$\varepsilon_{\bar{q}}^{\bar{s}_i} \equiv \frac{\partial \bar{s}_i}{\partial \bar{q}} \cdot \frac{\bar{q}}{\bar{s}_i}, \varepsilon_{\bar{q}}^{p_i} \cdot \frac{\bar{q}}{p_i}$。

证明：将式(3.5)和式(3.6)两边对$\bar{q}$求导均可得到如下形式的等式：

$$(1 - \varepsilon^I)\frac{\partial I_i^*}{\partial \bar{q}} = \frac{\partial p_i}{\partial \bar{q}} \cdot \frac{I_i^*}{p_i} + \alpha\varepsilon^I p_i \frac{\partial \bar{s}_i}{\partial \bar{q}} \tag{3.8}$$

将上式整理可得：

$$(1 - \varepsilon^I)\frac{\partial I_i^*}{\partial \bar{q}} = \varepsilon_{\bar{q}}^{\bar{s}_i} \cdot \frac{I_i^* + \alpha\varepsilon^I p_i/2}{\bar{q}} - \varepsilon_{\bar{q}}^{p_i} \cdot \frac{I_i^*}{\bar{q}} \tag{3.9}$$

当$\varepsilon_{\bar{q}}^{\bar{s}_i} > \frac{I_i^*}{I_i^* + \alpha\varepsilon_I^p p_i/2}\varepsilon^{\bar{q}}$时，上式右边为正，此时$\frac{\partial I_i^*}{\partial \bar{q}} > 0$；反之，则$\frac{\partial I_i^*}{\partial \bar{q}}$

<0。

命题3.2反映了潜在技术水平对企业自主研发积极性的影响。一方面,更高的潜在技术水平使得厂商一旦获取该项技术的专利就可以生产出更高产品的质量,并获取更多的生产性利润;另一方面,给定厂商的自主研发能力,成功实现技术研发的概率与潜在技术水平成反比。因此最终的影响结果取决于厂商对这两种效应的权衡。

命题3.3:当$\tilde{q}_i = \tilde{q}_j = \tilde{q}$,且$\tilde{q} \neq 0$时,对于内点解的情形,有$\partial I_i^* / \partial \tilde{q} < 0$。

证明:将式(3.5)两边对$\tilde{q}$求导可得:

$$\frac{\partial I_i^*}{\partial \tilde{q}} = \frac{\alpha \varepsilon^I p_i}{1-\varepsilon^I} \cdot \frac{\partial s_i(\bar{q}, \tilde{q})}{\partial \tilde{q}} \tag{3.10}$$

由于$\partial s_i(\bar{q}, \tilde{q}) / \partial \tilde{q} < 0$,因而$\partial I_i^* / \partial \tilde{q} < 0$。

从上面的分析可以看出,$q_i = \tilde{q}_j$是一个比较特殊的情况:此时,厂商的策略在边际上没有互相施加影响,因此每个厂商在决定自己的最优决策时,无需考虑竞争对手的选择。

当然,我们可以将分析拓展至$\tilde{q}_i \neq \tilde{q}_j$的情形。此时,将式(3.4)两边对$\theta_i$求导可得:

$$\varepsilon^\theta \frac{I_i}{\theta^i} + \varepsilon^I \frac{\partial I_i}{\partial \theta_i} + \frac{\alpha_i p_i p_j (\varepsilon^I)^2}{I_j} \left[\tilde{s}_i - \frac{\bar{s}_i}{2} - \frac{\hat{s}_i(\tilde{q}_i, \bar{q})}{2} \right] \frac{\partial I_j}{\partial \theta_i} = \frac{\partial I_i}{\partial \theta_i} \tag{3.11}$$

对于厂商j而言,将其一阶条件对θ_i求导可得:

$$(1-\varepsilon^I) \frac{\partial I_j}{\partial \theta_i} = \frac{\alpha_j \varepsilon^I p_i p_j}{I_i} \left(\tilde{s}_j - \frac{\bar{s}_j}{2} - \frac{\hat{s}_j}{2} \right) \left(\frac{\varepsilon^\theta I_i}{\theta_i} + \varepsilon^I \frac{\partial I_i}{\partial \theta_i} \right) \tag{3.12}$$

由式(3.11)和式(3.12)可以得出:

$$\left(\varepsilon^\theta \frac{I_i}{\theta_i} + \varepsilon^I \frac{\partial I_i}{\partial \theta_i} \right) \left(1 + \frac{\varepsilon^I M}{1-\varepsilon^I} \right) = \frac{\partial I_i}{\partial \theta_i} \tag{3.13}$$

其中,$M \equiv \dfrac{\prod_{i=1}^{2} p_j \left(\tilde{s}_i - \dfrac{\bar{s}_i}{2} - \dfrac{\hat{s}_i}{2} \right)}{\prod_{i=1}^{2} \left[\left(1 - \dfrac{p_j}{2} \right) \bar{s}_i - \dfrac{p_j \hat{s}_i}{2} - (1-p_j) \tilde{s}_i \right]}$

从上面的比较静态分析，可以得出下面的命题：

命题3.4：当时$\tilde{q}_i \neq \tilde{q}_j$，对于内点解的情形，若$\varepsilon^I < 1/(1+\sqrt{M})$，则有$\partial I_i^* / \partial \theta_i > 0, \partial I_j^* / \partial \theta_i < 0$；反之，则有 $\partial I_i^* / \partial \theta_i < 0, \partial I_j^* / \partial \theta_i > 0$。

证明：由式(3.8)可知：

$$(1-\varepsilon^I-\sqrt{M}\varepsilon^I)(1-\varepsilon^I+\sqrt{M}\varepsilon^I)\frac{\partial I_i}{\partial \theta_i}=\varepsilon^\theta\frac{I_i}{\theta_i}(1-\varepsilon^I+\varepsilon^I M) \quad (3.14)$$

由于$0<\varepsilon^I<1$，因而式(3.8)右边为正，而式(3.8)左边的符号取决于$(1-\varepsilon^I-\sqrt{M}\varepsilon^I)$。因此，当 $\varepsilon^I<1/(1+\sqrt{M})$时，$\partial I_i^* / \partial \theta_i > 0$。此时，由式(3.14)可知，$\varepsilon^\theta \frac{I_i}{\theta_i}+\varepsilon^I\frac{\partial I_i}{\partial \theta_i}>0$。式(3.12)中，由定义可知：

$$\tilde{s}_j-\frac{\hat{s}_j(\tilde{q}_i,\bar{q})}{2}-\frac{\tilde{s}_j}{2}<0$$

因而根据式(3.13)可知，$\partial I_I^* / \partial \theta_i > 0$ 时，有 $\partial I_j^* / \partial \theta_i < 0$。

同理可知，当 $\varepsilon^I>1/(1+\sqrt{M})$时，$\partial I_I^* / \partial \theta_i < 0$，此时 $\partial I_J^* / \partial \theta_i > 0$。

当$\tilde{q}_i \neq \tilde{q}_j$ 时，从直觉上来看，如果厂商之间在自主研发的初始经验与基础知识上存在差距，那么处于劣势的厂商可能会由于在相同投资水平下，其研发成功的可能性低于对手而在自主研发上缺少积极性。但命题3.4说明，知识存量和经验上的差距并不必然挫伤技术后进企业（拥有较小的 θ）的研发积极性。这主要取决于研发投入的绩效，即增加一单位的自主研发投入能在多大程度上提升研发成功的概率。在本章分析中，这体现在弹性 ε^I 的大小上。如果我们为命题3.4设定 $\theta_i > \theta_j$ 这样一个背景，则可以发现，当 ε^I 较高时，技术后进厂商（厂商 j）不仅不会削减自主研发投入，反而会试图通过增加自主研发投入来抵消其在研发基础上的劣势；而此时，较高的 θ 值却给研发基础较好的厂商 i 施加了"惰性"影响，因为较高的 θ 值意味着厂商 i 只需要支付较少的研发投入，便可以保证以较高的概率实现研发。

接下来，考虑厂商决策的角点解。在式(3.2)的最优化问题中，有两种可能出现的角点解情形：$I_i^*=0$ 或 $I_i^*=B_i$。其中，$I_i^*=0$ 的条件可以写为，对于任意 $I_i \epsilon [0, B_i]$，始终都有：

$$\alpha\varepsilon^I p_i \left[(1 - \frac{p_j}{2}) \bar{s}_i - \frac{p_j}{2} \hat{s}_i - (1 - p_j) \tilde{s}_i \right] \leqslant I_i \qquad (3.15)$$

式(3.15)说明，对于给定的技术进步目标 $\bar{q}$ 和竞争对手的研发能力，厂商 i 的自主研发能力 θ_i 过低，以至于成功实现自主研发并赢得专利的概率不足以使研发的边际收益超过边际成本。此时，厂商 i 的最优选择只能是放弃自主研发。

$I_i^* = B_i$ 的条件则为对于任意 $I_i \epsilon [0, B_i]$，始终都有：

$$\alpha\varepsilon^I p_i \left[\left(1 - \frac{p_j}{2}\right) \bar{s}_i - \frac{p_j}{2} \hat{s}_i - (1 - p_j) \hat{s}_i \right] > I_i \qquad (3.16)$$

式(3.16)反映的是厂商 i 的自主研发面临资金约束的情形。此时厂商的自有资金不足以使厂商在最优点上进行技术研发，厂商只能选择 $I_i^* = B_i$。

由上面的分析可知，如果式(3.15)的相反情况出现，则可以得出下面的命题：

命题3.5：如果 $I_i = 0$ 时，$\alpha\varepsilon^I p_i[(1 - p_j/2)\bar{s}_i - p_j \hat{s}_i/2 - (1 - p_j)\tilde{s}_i] > I_i$ 式成立，则无论厂商是否引进技术，其一定会选择自主研发。

证明：当厂商不进行自主研发时，其净支付相当于令式(3.2)中的 I_i 为0。此时，如果 $I_i = 0$ 时，$\alpha\varepsilon^I p_i[(1 - p_j/2)\bar{s}_i - p_j \hat{s}_j/2 - (1 - p_j)\tilde{s}_i] > I_i$，则 $I_i = 0$ 为非利润最大化的选择，因为增加 I_i 的边际成本小于相应的边际收益，即厂商会进行正的自主研发投入。

3.1-2　技术引进决策

就引进技术而言，除了技术授权通常所采用的两部收费外①，厂商还可以通过合资的方式来获得先进技术，其代价是要将一部分的市场利润转移给提供技术的专利所有者。实际上，只要厂商能够与技术拥有者签

---

① 专利授权的两部分收费一般是指在专利使用过程中，专利拥有者向被授权的专利使用者收取一个固定费用和根据每单位产出收取的特许费用(royalty fee)。

订一个事后支付合约,这两种引进技术的方式在本章的分析框架下是相同的。此时,无论是两部分收费还是合资意义上的利润分成,都表现为厂商在事后从市场净利润中进行的支付。在确定性的市场条件下(即可以准确估计市场净利润),只要厂商的事后净利润足以支付技术引进的费用,那么这种事后支付就不会影响厂商的事前决策。

引进技术的意义在于,厂商可以在自主研发没有成功的情况下参与市场竞争,争取市场份额。尽管因此厂商需要为此支付给专利所有者$[1-\alpha(\tilde{q}_i)]$部分的利润分成,但是由于通常有$\alpha(\tilde{q}_i)<1$,因而与研发失败相比,其利润增量总为正。

厂商是否愿意引进技术,取决于引进技术对其期望利润的改变程度。当下面的条件成立时,厂商i会选择引进技术:

$$\max_{I_i} p_i(1-\frac{p_j}{2})\bar{s}_i - I_i < \max_{I_i} \alpha_i$$

$$\left[p_i(1-\frac{p_j}{2})\bar{s}_i + (1-\frac{p_i}{2})p_j\hat{s}_i + (1-p_i)(1-p_j)\tilde{s}_i\right] - \mathrm{I_i} \tag{3.17}$$

在上面的不等式中,不等号左边是厂商i不引进技术所能得到的最大收入,右边是厂商i引进技术所能得到的最大收入。式(3.17)给出了厂商加入技术引进合约的参与约束。当市场中存在多个厂商时,它们中的某一个可能能够与专利所有者签订一种排他性的技术合作合约。当然,为此厂商通常需要补偿专利所有者由于放弃了与其他厂商的合作而遭受的损失。如果某个厂商觉得做出这种补偿后,自身的利润仍然能够有所增长,那么在不考虑其他因素的条件下,这种合约的签订就是合意的。

从静态的一次性技术进步过程来看,上面的分析说明自主研发与引进技术之间并不存在替代关系。这主要是因为它们并不是在预算约束上相互竞争的。由于厂商可以签订事后利润分成式的合资合约,因而其用于引进技术的费用并不需要在事前支付,而是采取了以市场换取技术的形式,这也是现实中很多厂商所采取的策略。此时,厂商事前需要考虑的问题变为:是否需要引进技术,以及何种水平的自主研发投入是最优的。

这两个问题之间并不存在相替代的关系:所有的技术进步费用 B_i 可以全部用于自主研发;至于引进技术,则是一个事后利润分成的问题。但是,从动态角度来说,如果融资是有限的,那么第一期厂商的净利润构成了之后厂商自主研发经费的来源。当企业不得不将其当期利润中的一部分用于技术引进时,就可能使未来的自主研发投入面临资金约束。

3.2 资金约束与学习效应

3.2-1 固定成本与自主研发中的资金约束

通常而言,自主研发投入可能存在局部的规模报酬递增。例如,为了从事某项技术研发,企业可能至少需要使其研发投入达到$\bar{I}$,否则研发将无法进行。造成这种现象的原因在于厂商的自主研发过程中存在着正的固定成本,如研发可能要求厂商预付一定的研发投入,从而使得研发投资在达到某个特定水平之前不会产生正的收益。这使得厂商自主研发的收益曲线出现了弯折,并在折点处表现出规模报酬递增。

具体地,考虑图 3.1 中的情形。在该图中,曲线 ER 为厂商研发的期望收益,直线 I 则反映了厂商的投资成本。B_i 则反映了企业可以投入的全部 R&D 资金。从图 3.1 可以看出,厂商 i 至少要使其 R&D 投入达到 A 点的水平才能开展自主研发。如果不考虑预算约束,那么厂商 i 可以选择在 D 点进行自主研发,并获得正的期望利润。然而,由于预算约束的存在,厂商所能进行的最高 R&D 投资只能为 B_i。此时,厂商自主研发的边际收益虽然高于相应的边际成本,但是厂商的净利润为负——资金约束导致厂商放弃自主研发。当不存在自主研发的固定投入(即图中的 OA)时,即使存在资金约束,厂商也不会面临不得不放弃自主研发的情况,因为此时其期望收益曲线 ER 始终位于成本曲线 I 之上。

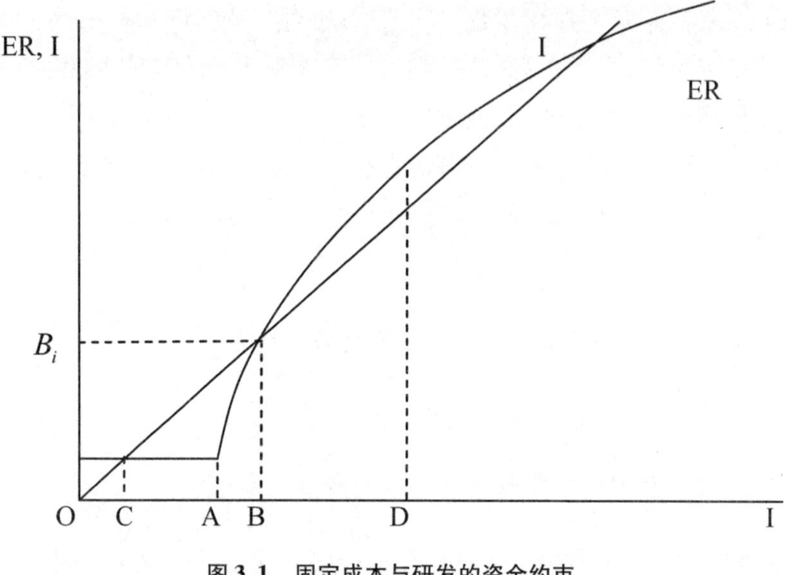

图 3.1 固定成本与研发的资金约束

3.2-2 技术引进中的知识外溢

当厂商使用引进的技术从事生产时,可能会产生一定的技术外溢效应,并有可能通过技术的消化与吸收,提高自己的研发能力 θ。这使得厂商在一个动态的技术进步过程中可能出现几种不同的技术进步方式。

以上面的分析为基础,结合学习效应,我们可以得出以下几种厂商技术进步的模式:

模式 1:始终以引进技术为技术进步的实现方式。

较低的自主研发能力使得厂商在短期或许不得不放弃自主研发努力,这时厂商选择的是与式(3.15)相对应的角点解。此时,由于厂商没有进行任何自主研发努力,因而式(3.17)左边为 0。由于通过利润分成实现技术进步的过程中厂商总能获得正的支付,因而此时厂商会选择引进技术作为技术进步的实现方式。

当生产过程中不存在足够迅速的学习效应时,厂商便无法在引进技术的过程中有效地将外来技术消化吸收,从而也没有办法提高自身的研发能力。一种更为现实的可能性是,由于技术在不断折旧,每期厂商面临的潜在技术水平$\bar{q}$可能是不断提高的，而研发已经过时的技术对于厂商而言可能没有任何好处。由于$\partial p_i/\partial \bar{q}<0$，这就要求$\theta$的提高速度能够超过$\bar{q}$提高所造成的研发成功概率下降的速度，否则，厂商将没有办法摆脱式(3.15)所限定的情形。此时，厂商的最优技术进步方式将始终表现为引进技术。

模式2：初期以引进技术实现技术进步，之后逐渐开始自主研发。

虽然同样在初始阶段面临式(3.15)所描述的情形，但一个有较强学习能力的厂商则有可能从引进技术的过程中获取自己研发过程中所需要的知识储备，并在此构成中不断增强自身的研发能力。当其自主研发能力的积累速度超过技术折旧速度时，我们便可以预期到，这种积累总能够使得厂商自主研发的边际收益提升，并最终超过相应的边际成本，此时，厂商便可以开始通过自主研发实现技术进步。而至于之后厂商是否会最终放弃引进技术而代之以完全的自主研发，则取决式(3.17)的条件能否得到满足。我们定义式(3.17)不等号左边各项所代表的厂商的净利润为$\pi_i^{**}|\tilde{q}_i=0$，相应的最优R&D投入为I_i^{**}；不等号右边各项所代表的厂商的净利润为$\frac{\partial \pi_i^*|_{\tilde{q}>0}}{\partial \theta_i}$，对应的最优R&D投入为$I_i^*$。当下面的不等式成立时，我们可以预见厂商将最终以完全的自主研发代替引进技术来实现技术进步：

$$\frac{\partial \pi^{*}*_i|_{\tilde{q}=0}}{\partial \theta_i}>\frac{\partial \pi_i^*|_{\tilde{q}>0}}{\partial \theta_i} \tag{3.18}$$

其中：

$$\frac{\partial \pi_i^{**}|_{\tilde{q}=0}}{\partial \theta_i}=\frac{\partial p_i}{\partial \theta_i}(1-\frac{p_j}{2})\bar{s}_i|_{I_i=I_i^{**}}-\frac{1}{2}p_i\cdot\frac{\partial p_j}{\partial I_j^{**}}\cdot\frac{\partial I_j^{**}}{\partial \theta_i}\cdot\bar{s}_i|_{I_i=I_i^{**}})$$

$$\frac{\partial \pi_i^*|_{\tilde{q}>0}}{\partial \theta_i}=-\alpha_i\Big[\frac{p_i\bar{s}_i}{2}\cdot\frac{\partial p_j}{\partial I_j^*}\cdot\frac{\partial I^*}{\partial \theta_i}-(1-\frac{p_i}{2})\hat{s}_i\cdot\frac{\partial p_j}{\partial I_j^*}\cdot\frac{\partial I_j^*}{\partial \theta_i}+(1-p_i)\tilde{s}_i$$

$$\frac{\partial p_i}{\partial I_j^*}\frac{\partial I_j^*}{\partial \theta_i}\Big]|_{I_i=I_i^*}+\alpha_i\Big[\frac{\partial p_i}{\partial \theta_i}(1-\frac{p_j}{2})\bar{s}_i-\frac{1}{2}p_j\hat{s}_i\frac{\partial p_i}{\partial \theta_i}-(1-p_j)\tilde{s}_i\frac{\partial p_i}{\partial \theta_i}\Big]|_{I_i=I_i^*}$$

具体而言，当式(3.17)成立时，这意味着在厂商i自主研发能力θ_i提高的过程中,其只选择自主研发的最优净利润将逐渐超过同时还引进技术的最优利润,从而完全的自主研发将最终在支付上占优。

由于式(3.17)的成立与否在很大程度上依赖于 $\partial I_j^{**}/\partial\theta_i$ 的符号,因此式(3.17)并非一定成立,但至少我们可以在某些条件下得出以下确定性的结论:

命题 3.6:当 $\tilde{q}_i=\tilde{q}_j$ 时,对于内点解的情形,一定有 $\frac{\partial\pi_i^{**}|_{\tilde{q}_i=0}}{\partial\theta_i}>\frac{\partial\pi_i^{*}|_{\tilde{q}_i>0}}{\partial\theta_i}$。

证明:由命题 3.1 可知,当 $\tilde{q}_i=\tilde{q}_j$ 时,$\partial I_j^{*}/\partial\theta_i=0$,$\partial I_j^{**}/\partial\theta_i=0$,此时有:

$$\frac{\partial\pi_i^{**}|_{\tilde{q}_i=0}}{\partial\theta_i}=\frac{p_i}{\theta_i}(1-\frac{p_j}{2})\bar{s}_i|_{I_i=I_i^{**}}$$

$$\frac{\partial\pi_i^{*}|_{\tilde{q}_i>0}}{\partial\theta_i}=\alpha_i\left[\frac{\partial p_i}{\partial\theta_i}(1-\frac{p_j}{2})\bar{s}_i-\frac{1}{2}p_j\hat{s}_i\frac{\partial p_i}{\partial\theta_i}-(1-p_j)\tilde{s}_i\frac{\partial p_i}{\partial\theta_i}\right]|_{I_i=I_i^{*}}$$

当厂商 i 不引进技术时,其最优 R&D 投入由 $\max\limits_{I_i}p_i(1-p_j/2)\bar{s}_i-I_i$ 这一最优化问题决定,其相应的边际收益为 $(1-p_j/2)\bar{s}_i\cdot(\partial p_i/\partial I_i)$,而当厂商引进技术时,其最优 R&D 投入则由式(3.4)决定,其相应的边际收益为 $\alpha_i[(1-p_j/2)\bar{s}_i-p_j\hat{s}_i/2-(1-p_j)\tilde{s}_i](\partial p_i/\partial I_i)$。比较可知,在相同的 R&D 投入水平下,厂商不引进技术时,自助研发投入的边际收益更高,而两种情形下,厂商 R&D 投入的边际成本均为 1,因此,$I_i^{**}>I_i^{*}$。

计算可得:

$$\partial(\frac{\partial\pi_i^{**}|_{\tilde{q}_i=0}}{\partial\theta_i})/\partial I_i^{**}=\frac{1}{\theta_i}(1-\frac{p_j}{2})\bar{s}_i\cdot\frac{\partial p_i}{\partial I_i}|_{I_i=I_i^{**}}>0$$

如果 $I_i^{**}=I_i^{*}$,则有 $\frac{\partial\pi_i^{**}|_{\tilde{q}_i=0}}{\partial\theta_i}>\frac{\partial\pi_i^{**}|_{\tilde{q}_i>0}}{\partial\theta_i}$,即对于任意相同的 I_i,始终有 $\frac{\partial\pi_i^{**}|_{\tilde{q}_i=0}}{\partial\theta_i}>\frac{\partial\pi_i^{**}|_{\tilde{q}_i>0}}{\partial\theta_i}$。由于 $\frac{\partial^2\pi_i^{**}|_{\tilde{q}_i=0}}{\partial\theta_i\partial I_i^{**}}>0$,因而对于 $I_i^{**}>I_i^{*}$,

$\frac{\partial\pi_i^{**}|_{\bar{q}_i=0}}{\partial\theta_i} > \frac{\partial\pi_i^{*}|_{\bar{q}_i>0}}{\partial\theta_i}$也一定成立。

模式 3:初期便以自主研发为技术进步的实现方式。

当式(3.15)的条件不被满足时,厂商便有动机进行自主研发。此时,其是否会同时选择引进技术,则取决于(式 3.17)的条件能否得到满足。至于厂商的自主研发能力是否能够支持其完全不依赖于技术引进,则同样取决于式(3.18)能否成立。

当然,当厂商初期满足了自主研发的参与约束条件,厂商便会选择自主研发这一技术进步的方式。如果之后的某一阶段由于市场的变化出现了潜在技术水平的迅速提高(或者技术折旧的速度过快),而厂商的学习能力未能得到较大的改善,就有可能出现随后选择技术引进的可能。此外,如果厂商同时满足了自主研发和技术引进的参与约束条件,则自主研发与技术引进也可以同时进行。

3.3 总结

本章分析了厂商在技术进步方面可能的最优选择及其对应的条件。分析表明,由于厂商可以通过事后的利润分成(市场换技术)与专利所有者达成技术许可协议,因而从静态角度而言,厂商是否进行自主研发仅取决于研发的边际成本与边际收益的比较,即不论是否引进技术,只要自主研发能够给厂商带来利润增量,厂商便会进行 R&D 投入。此时,由于专利许可的费用在事后通过利润分成来实现,自主研发和引进技术并不存在替代性关系。对于厂商而言,自主研发使得厂商有机会赢得专利竞争,而引进技术则使厂商得以在研发失败时,保有一定的参与市场份额竞争的实力。在这种情形下,厂商的最优决策问题就简化为技术引进背景下最优的自主研发投资水平。

当考虑可能存在的学习过程时,引进技术可能改变厂商技术进步的模式,而这取决于厂商通过引进技术积累研发能力的速度。如果厂商能够有效地吸收消化引进的技术，那么初始阶段没有实力从事自主研发的厂商可以通过引进、消化外来技术逐步提高自身的研发能力，从而将技术进步模式逐渐向自主研发转换；如果引进技术对提高厂商的研发能力有限，那么自主决策情形下，厂商会永远选择引进技术，无法实现技术赶超。

第四章

厂商的最优技术进步路径

分析企业的最优技术进步路径将是一个繁杂的任务。正如本书第二章所指出的,传统的西方专利竞争文献的分析为了回避这种复杂性,通常会引入极其简化的假设。这些假设包括:(1)剔除厂商在专利竞争上的资源限制,从而使得厂商最优研发投入的可行集为[0, +∞);(2)不考虑厂商的产品决策,即厂商无法选择从事何种产品的研发,而是只能就给定的专利展开竞争。这些简化对模型的影响是巨大的:它们使每个时点上厂商的支付仅与其在专利研发竞赛中距离终点的相对位置有关,而且支付函数的形式也很稳定,因为模型中不存在诸如产品选择(如质量竞争)等可能影响厂商支付状况的其他因素。由于在特定的研发概率分布下,研发投入决定了厂商何时成功完成研发,因而这两个假定使专利竞争的决策问题变得极为单纯——既然厂商的支付仅仅与其研发投入的强度有关,那么他就只需考虑如何选择最优的研发投入。无论从形式还是求解过程上来看,这种处理方法都使模型极大地简化。

然而,这种简化所依赖的假设决定了上述分析框架在解释企业最优技术进步路径的选择上是无力的。最优技术进步路径的选择意味着厂商需要在一个动态的技术进步过程中考虑如何在技术引进和自主研发之间进行有限资源的最优配置。这一问题实际上包含了两个层次的问题:(1)厂商对技术目标的动态变化路径进行决策;(2)厂商应选择恰当的技术进步方式来实现技术进步的目标。这两个层次划分背后隐含的理论含义在于:技术引进和自主研发只是技术进步的手段,并不能单独决定技术进步目标的选择;厂商在技术引进和自主研发方式之间的资源优化配置的动态路径取决于其技术进步的动态路径。因此,传统的专利竞争文献在解释厂商技术进步路径问题上至少存在两个缺陷:(1)缺少对厂商技术目标选择的分析;(2)厂商实现技术进步的途径被限定为单纯的自主研发。

因此,本章对厂商最优技术进步路径的分析将大致呈现如下特征:厂商技术进步方式的选择以动态技术进步目标的选择为基础;技术进步的方式被拓展为自主研发和技术引进;某特定技术目标的实现以多项基本技术的获取为前提。前两个拓展的动因在前文中已经阐述,而最后一个设定的目的则在于使讨论脱离角点解的限制。具体而言,如果厂商仅仅是对某一项不可进一步细分的技术进行研发,那么它只能选择完全的自主研发或者完全的技术引进。多个技术的设定使厂商可以考虑一系列内点解,即它可以通过自主研发获取某些技术,并通过技术引进实现剩余的技术进步目标。对此设定我们可以做如下理解:在产品技术领域中存在一系列不可进一步细分的基本技术单位,而任意一个技术进步目标(或新产品)均可以分解为若干数量的基本技术单位。在不失一般性的前提下,本章将厂商技术进步目标具体化为产品质量,这也是许多现有文献中的处理方式。

4.1 基本假设

正如前文已经指出的,厂商最优技术进步路径问题应该分为厂商最优技术进步目标决策和最优技术进步手段选择两个层次的问题来讨论。Takeo Nakao(1982)的分析可以说是对第一个问题进行了很好的回答。[①]他的研究允许厂商在每个时点上对产品的质量进行调整,从而可以反映厂商不断改变技术进步目标的动态决策过程。但是应当明确的是,他的

---

① 对其模型的介绍可以参见本书第二章的2.2-1节。

分析显然没有考虑到厂商的最优技术进步路径问题，因为在他的分析中，厂商调整产品质量的成本仅来自研发投入。这可以视作厂商在自主研发和引进技术两种技术进步方式间选择的一个角点解，但远不能完整反映厂商的最优技术进步路径的决定问题。下面，本书将对 Takeo Nakao (1982)的模型进行拓展，以便提出一个分析厂商最优技术进步路径的基本框架。

简单起见，令产品质量作为体现产品技术含量的直接量化指标。当厂商 $i(i=1,\cdots,n)$ 调整了其产品质量 T_i 时，我们就称其推出了一款新的产品 T_i，且该产品的技术含量为 T_i。这种产品质量的调整在本章的分析中将被定义为技术进步的幅度。① 由于厂商的市场利润水平不可避免地会受其产品质量的影响，且产品质量的提升通常不是免费的，因此一个计划对现有产品质量进行改进的理性厂商就需要决定一个恰当的产品质量的改进幅度，而这实际上就是前文论述中所提及的技术进步目标。

如果我们将厂商技术进步幅度的决策置于一个动态过程中来分析，那么厂商在技术进步目标上的选择将表现为一条随时间推移而变化的最优产品质量路径。为了简单地描述和分析厂商的产品市场竞争规划，引入如下基本假设：

假设 4.1：所有的厂商均把整个产业生命周期划分为 $\bar{S}$ 个产品阶段，每个产品阶段的时间跨度被标准化为 1。所有的厂商都计划在每个产品阶段的期末推出新的产品。

为了准确地进行表述，定义初始产品阶段为 0，它对应于时间轴上的 0 点，除产品阶段 0 之外的各产品阶段 s 则对应于时间轴上的区间 $(s-1, s]$。初始产品阶段 0 对应于厂商决策的初始状态。在该时点上，厂商的初始产品质量被假定为 0。各产品阶段的长度则限定了厂商所能用于创新的最长时间。例如，对于产品阶段 1 而言，厂商所能用于创新时间段对

① 这里所说的技术进步幅度是指当期厂商提升产品质量所需完成的全部技术进步任务，因此，它不同于净技术进步幅度的概念。净技术进步幅度衡量了产品质量的实际改变量（下文称其为产品质量的变化幅度），它等于技术进步幅度减去技术上的折旧。

应于时间坐标轴上的区间(0,1];在时点1,可能是出于担心竞争对手获取先动优势的考虑,无论厂商的研发效果如何,它都将推出新产品并获得相应的市场利润。如果厂商对产品阶段的划分足够细致,那么我们可以从连续的角度来看待厂商在每个产品阶段上的产品决策,即可以视厂商的产品市场竞争问题为区间$[0,\bar{S}]$上的动态最优化问题。具体地,我们以产品质量T_i作为衡量产品特性的技术指标,并对厂商的产品市场竞争策略作如下定义:令$T=(T_1,\cdots,T_n)$,在任意产品阶段$s\epsilon[0,\bar{S}]$,厂商$i(i=1,\cdots,n)$可以选择的产品市场竞争策略为当期产品质量的提升幅度$\dot{T}_i$,相应的策略空间为$\Omega_i=\{\dot{T}_i \mid \dot{T}_i\epsilon[0,\bar{V}]\}$,且对于所有可行的$(s,T)$,$\dot{T}_i(s,T)$是连续的。①

由于新产品的推出需要厂商在产品技术含量上实现突破,因而厂商i如果想成功地推出产品T_i,那么它至少需要实现技术水平T_i。为了刻画厂商技术进步的策略,就需要对产品的技术含义及其获取方式加以设定。为此,本章提出如下假设:

假设4.2:产品质量为T的产品的成功开发必须以T个基本技术单位的获取为前提,已经具备的基本技术单位在剔除技术折旧后可以在以后的产品开发中重复使用,但除此之外,这些基本技术所对应的知识不再具有其他外溢效应。

这一假设是对实际产品研发过程的一种抽象。在现实中,每一件产品的开发都可以分解为一系列基本的技术项目。重复使用的假设实际上是对知识外溢效应的一种刻画,即剔除技术折旧后的既有知识在新产品的研发过程中具有通用性。对既有技术的重复使用意味着,在产业阶段s,如果厂商的产品质量目标为T_i^s,且为了推出新产品需要再获得X_i^s项基本技术,那么给定技术的折旧率δ,厂商每期技术存量的净改变量就可以表示为:

$$\dot{T}_i^s=X_i^s-\delta T_i^s$$

① $\bar{V}$表示各产品阶段中产品质量改变量的上限。

为了分析的简便,重复使用被假定为既有技术知识所能带来的唯一外溢效应。这实际上是排除了如下情况:被重复使用的那部分知识无法在新的技术进步项目 X_i^s 中发挥作用。X_i^s 在这一设定下,即为前文所定义的技术进步幅度,而$\dot{T}_i^s$ 则为产品质量的变化幅度。

假设 4.2 隐含着对厂商产品开发过程的设定。它规定了厂商实现特定产品开发所需要实现的基本技术量,但是却没有限定这些基本技术的具体特征。这意味着厂商的产品开发有两个特点。首先,就某项新产品的开发而言,通常存在着多种可以相互替代的基本技术;其次,厂商可以自由地选择所要实现的基本技术。

厂商获取基本技术的方式可以简单地划分为技术引进和自主研发。这种划分当然是一种理论上的抽象。在实际过程中,厂商可以使用的技术进步方式是多种多样的。这通常包括购买先进设备,购买专利或者获取专利许可,委托他人帮助研发以及与技术先进企业合资等等。尽管具体形式不同,但企业在使用这些手段实现技术进步时,其共同特征都在于企业不需要成立自己的研究机构,并且企业没有进行研发努力。因此,这些技术进步活动在下文的分析中被统一概括为技术引进。为了刻画厂商技术引进的成本和自主研发的技术特征,本章做如下假设:

假设 4.3:存在着独立于产品市场的技术交易市场,在该技术交易市场上,单位基本技术的价格为外生给定的常数 m。所有的产品市场在位者均不是技术市场上的供给方。①

假设 4.3 的含义在于,由于在产品市场之外还存在着众多拥有先进技术的"技术供应商",产品市场中的那 n 个在位厂商之间不会直接发生技术交易。这一假设尽管似乎过于简化,但现实中仍然不乏符合该种假设的市场环境。某种无法消除的进入壁垒是可能的原因之一。由于进入壁垒的存在,许多厂商或者机构即使拥有更为先进的技术,也无法直接进入市场,从而成为市场外的单纯的技术提供者,或者成为与行业中某些厂

---

① 引入假设 4.3 的目的在于简化模型的分析,在下文 4.8 小节中,本书会对此假设的合理性做进一步讨论。

商合资的参与者。中国的市场在很长一段时间内都具备这种行业特征：由于长期存在的对外资进入我国市场的限制以及众多的行政性垄断，对于外资企业而言，我国市场存在着事实上的进入壁垒，这些壁垒使得国外厂商大多以出售技术设备以及合资的方式来从我国市场获取利润。① 除此之外，假设 4.3 也暗含着技术市场上存在着多个替代性技术的供给方。在这种技术市场特征的假设下，为了引进具有某种功能特性的基本技术，厂商可以在多个技术供给方案之间进行选择。

在以上假设基础上，可以进一步将厂商的技术进步分解为两个互相关联的决策问题：产品市场上的决策以及新产品创新过程中的基本技术获取问题。前一个问题决定了在每个产品阶段，厂商需要推出何种质量的新产品，而后者则决定了如何以最小的代价来解决这种新产品的基本技术的获取问题。以上论述构成了本章分析的基本设定，并将贯穿本章的全部分析。

4.2 对厂商最优技术进步路径决策问题的分解

在每个产品阶段中，给定技术进步的目标，厂商的成本包含生产性成本以及技术进步成本两个基本组成。在下文的分析中，我们将假设厂商在生产中无须支付固定成本，并具有不变的边际成本 0。令厂商实现各期技术进步目标 X_i^s 的总成本函数为 $C(X_i^s)$，这是厂商为推出新产品所需花费的全部成本。

厂商在各产品阶段的生产性利润取决于其当期的产品质量。为简单起见，假定厂商每销售 1 件产品将获得 1 单位的销售收入，则厂商的全部销售收入等于其当期市场需求。如果厂商间的质量竞争呈现出伯川德竞争的特点，则可以将厂商的市场收益定义为：

---

① 合资的另外一些考虑是借助本土企业来增强外资在中国市场的适应能力。这本身也意味着，除了行政性壁垒外，外资还面临着其他类型的进入壁垒。

$$R_i^s(T_i^s,\overline{T}_j^s)=Q_i^s=\overline{Q}+bT_i^s-b_1\overline{T}_{-i}^s$$

其中，R_i^s 为厂商 i 的销售收入，Q_i^s 为厂商 i 产品的市场需求，$\overline{T}_{-i}$ 为竞争对手的平均产品质量。假定参数 b_1 和 b 满足 $b_1>0,b>0,b\geqslant b_1,b\geqslant m$。在该设定中，$b_1>0$ 和 $b>0$ 直接由 Q_i^s 的定义引申而来。$b\geq b_1$ 则意味着，消费者在改变其对产品品牌的选择上存在一定的惰性，因为当 $b\geqslant b_1$ 时，对任意一个厂商而言，相对于自身产品质量的下降，竞争对手平均产品质量的提升均不能使得其市场需求以更大的幅度下降。形成这种情况的原因可能在于消费者对自己选定的产品在使用的过程中会建立起一种品牌偏好，或者消费者选用其他商品可能需要耗费一定的搜寻及试用成本。设定 $b\geqslant m$ 则是为了保证当其他参数不变时，厂商具有以技术引进实现技术进步的动力。①

由于厂商生产的固定成本和可变成本均为0，因此 R_i^s 就是厂商 i 在产品阶段 s 上的生产性利润，从中进一步剔除新产品开发成本便可得到当期净利润。由此可知，厂商 i 在其整个产业周期中所能获得的利润总额的贴现值 π_i 为：

$$\pi^i=\int_0^{\overline{S}}R_i^s(T_i^s,\overline{T}_j^s)\mathrm{e}^{-rt}\mathrm{d}s-C(X_i^s) \tag{4.1}$$

产品质量的改进显然要以最大化 π_i 为目标，而这将决定技术进步幅度 X_i^{s*} 的最优路径。

到目前为止，我们已经将厂商的产品市场竞争归结为质量决策的动态最优化。由于更高的产品质量反映了更为复杂的技术进步过程，该最优化问题的解可以给出厂商产品质量的动态变化轨迹。接下来的问题在于对厂商的技术进步方式选择的研究。

厂商可以用于实现技术进步的基本方式为引进技术和自主研发。如果我们将某技术进步幅度的变化路径看作一系列特殊的“产出”，那么我

① 如果 $b<m$，那么厂商显然没有动机引进技术，因为引进技术的成本要大于相应的利润增量。因此，如果存在技术供给方，那么其专利许可合约的设定一定会考虑到厂商的参与约束，从而使得 $b\geqslant m$。

们可以很自然地想象厂商具有两个生产该种“产出”的车间,一个使用技术引进的生产方式,而另一个则使用研究与开发的生产方式。显然,如果我们能够确定这两个“车间”独立生产的成本函数,那么通过总产出在各车间分配的成本最小化问题就可以确定厂商技术进步的总成本函数C(·)的基本形态。具体而言,如果在产品阶段s中,自主研发“车间”的成本函数为 $C_i^{rs}(\cdot)$,而技术引进“车间”的成本函数为 $C_i^{bs}(\cdot)$,那么则有:

$$C(X_i^s) \equiv \min_{x_i^s}\int_0^{\bar{S}}[C_i^{rs}(x_i^s)+C_i^{bs}(X_i^s-x_i^s)]e^{-rs}ds \tag{4.2}$$

其中,x_i^s 表示技术进步幅度 X_i^s 中,厂商打算采取自主研发方式来实现的基本技术数量,它使我们可以定量地衡量在产品阶段 s 中,厂商 i 在自主研发上的侧重程度。

至此,我们已经对厂商的最优技术进步路径问题进行了简单的描述,并将其分解为实现技术进步目标过程中的成本最小化问题和产品市场竞争中的利润最大化问题,下面的问题则将集中于确定厂商实现技术进步的成本函数。如果厂商在每个产品阶段希望通过自主研发来获取 x_i^s 项基本技术,那么引进的基本技术量就为$(X_i^s-x_i^s)$。由假设4.3可知,在产品阶段 s 中,引进技术的成本函数 C_i^{bs} 为:

$$C_i^{bs}=m(X_i^s-x_i^s)$$

而自主研发成本函数的界定则较为复杂,这主要需要考虑到四个关键的影响因素。首先,研发过程中存在项目数量增加所带来的调整成本;其次,如果厂商选择自主创新,那么它就必须承担研发失败的风险,而这种失败的可能性一般被假定为随着厂商自主研发投入的增加而递减,但研发投入增加的过程中存在着边际报酬递减倾向;再次,知识存在着某种程度上的通用性,因而研发过程中某特定项目中的知识投入通常可以部分应用于其他研究项目,从而可以在每项基本技术的研发中实现成本节约;最后,当市场中存在多个厂商时,每个厂商在其研发过程中都可能遭受专利障碍带来的不利影响,这会为厂商带来额外的研发成本。在以上四个因素中,第一个因素意味着厂商的研发存在规模报酬递减趋势,第三个因素则影响着厂商在单位技术研发过程中所能节约的知识投入,而其他两个因素则决定了厂商为实现特定研发项目目标所需要研究的项目数量。

研发项目数量增加所带来的调整成本大多起因于研发项目之间的协调与整合。由于各研发项目都是为了同一个新产品的开发而服务的,因此厂商需要在每个研发项目之间进行协调,以便保证各项技术的兼容匹配。新增的研发项目将使这种协调成本大幅度上升。如果将这种技术间的协调方式亦看做一种研究工作,那么若厂商希望通过自主研发的方式来获取 x_i^s 项基本技术,则它所需完成的所有研发工作量可以表示为 $(x_i^s)^\sigma$。[①] σ 被假定为满足 $\sigma \geqslant 1$,这意味着研发项目数量增加所带来的边际成本是非递减的。考虑到厂商的研发工作量取决于厂商希望通过自主研发方式获取的基本技术量,因此在下文的分析中将称 $(x_i^s)^\sigma$ 为厂商的目标研发工作量,它代表了厂商为达到研发目标所需完成的全部研发任务。

知识通用性所带来的成本节约则可以按如下方式来理解:厂商所需完成的技术进步项目之间或多或少存在一定的内在联系,从而使得某项研发项目中所投入的知识可以部分应用于其他项目的研究之中。实际上,不仅仅是自主研发过程中的知识投入存在通用性,厂商通过技术引进所实现的技术项目往往也能为其研发提供一定的知识外溢。尽管这种知识外溢程度通常可能与自主研发的知识投入有所不同,但出于简化分析的需要本书将不考虑这种差异。因此,如果研究一单位基本技术时厂商需要进行的知识投入为 v,而其所需完成的技术进步幅度为 X_i^s,那么对全部基本技术的研发而言,可以令平均每单位基本技术研发实际需要支付

---

① 这种处理方式使我们可以从数学上简化协调成本的影响,并使技术进步成本函数的形式相对简洁。需要说明的是,在下文的分析中,尽管协调工作被近似视为一种研究,但本文将不考虑它们所能带来的通用性知识以及相应的成本节约。此外,本文设定的协调成本被设定为自主研发项目的函数,而没有考虑技术引进项目,这可以理解为厂商在引进技术的同时也获得了配套的技术应用方案。

的知识投入成本为$(X_i^s)^{-\alpha}v$，其中，$0\leqslant\alpha<1$。① 该表达式的含义为，由于技术进步项目之间的知识通用性，厂商在平均每单位基本技术研发上所需支付的知识投入为单独开发一项基本技术的$(X_i^s)^{-\alpha}$倍。$\alpha\geqslant0$ 意味着对于任意 $X_i^s\geqslant1$，均有$(X_i^s)^{-\alpha}v\leqslant v$，从而体现出知识外溢所带来的成本节约。当 $X_i^s<1$ 时将有$(X_i^s)^{-\alpha}\geqslant1$，这可以视为由于技术进步幅度未达到基本技术单位所要求的最小规模而形成的成本。$\alpha\leqslant1$ 的设定则是出于对如下情况的考虑：由于并非每项技术进步项目都一定能为其他项目提供可以通用的知识，因此从期望角度来看，新增一项技术进步项目所能带来的成本节约水平将呈现出边际量递减的趋势。实际上，α 反映了各基本技术在知识上的联系强度。超出此技术联系范围的知识将不具备在各个研究项目之间的通用性，因为它们在技术上是不相关的。此外，需要说明的是，由于假设 4.2 的限定，厂商已有技术所能带来的成本节约因素被排除在本书的讨论之外。

为了进行技术研发，厂商需要在研发开始前决定研发过程中每个时点上的投入。这种研发投入的设定与 Lee 和 Wilde（1980）的分析相类似，即厂商以流量的形式在研发过程中的每个时点上进行等额投入，并在研发开始之前决定这一投入的数额。为简单起见，假设这一研发投入金额等于厂商的知识投入量。

通常而言，这一研发知识投入的绝对量可以分解为两个基本的组成部分。第一部分是为了维持研发基本需要所进行的知识投入，即为了保证研发项目顺利进行所需进行的最小知识投资。这部分投入的数额比较稳定，而且其特点在于，只要厂商进行研发，那么就需要使其知识投资达到这一额度，因此可以将相应的费用近似视为一种固定成本。第二种研发知识投入则是纯粹为了提升研发质量或成功率而进行的投资。当厂商的知识投入达到最低数额要求时，进一步增加科研项目知识投入可以改善科研进展的顺利程度，从而可以减少研发所需花费的时间。这一部分投入是厂商在

① 之所以排除 $\alpha=1$ 的情况，是因为从 α 的定义来看，这实际上意味着至少有两项基本技术完全相同。

自主研发最优投入决策中所要考虑的决策变量。在下文的分析中，将以 f 和 k 分别表示表示这两种知识投入所带来的投入成本，而厂商的最优化问题为选择一个恰当的 k 来最小化其单位基本技术的研发成本。由于 $(f+k)$ 是厂商在单项技术研发中每个时点上所进行的全部知识投入，因此每项基本技术研发所需的全部投入为 $v=t(k)(f+k)$。其中，$t(k)$ 为单项技术研发所需花费的时间。根据前文的设定，由于知识通用性，厂商实际在每项基本技术研发中进行的知识投入为 $(X_i^s)^{-\alpha}t(k)(f+k)$。

研发风险和专利障碍的影响则可以通过厂商需要完成的研发项目和其研发的目标项目数量之比来反映。在专利竞争文献中，研发风险体现在厂商实现技术研发的时间服从一定的概率分布，而这进一步意味着，在给定的时间长度内（各产品阶段的长度 1，具体参见假设 4.1），厂商不一定能够成功实现研发，因此为了在期望值上保证目标项目数量的实现，厂商在实际的研发中通常需要安排更多的项目。专利因素的影响则表现在，它使得厂商不仅仅要在规定的产品阶段时间内实现研发，还要与其他厂商进行专利上的竞争。知识产权体系中专利保护的宽度意味着，技术上的相关程度并不能用来判断各厂商的研发项目是否存在专利上的竞争性；实际的判断标准将依赖于知识产权法律对专利独创性的规定。因此，专利保护意味着厂商的任意一个研发项目都有可能和其他厂商的新技术项目存在专利法意义上的相似性，而且这种可能性与专利保护的宽度以及其他厂商的新技术项目数量成正比。如果某厂商的研究项目与某些其他厂商引进的技术满足这种相似性，那么它可能会无法使用该项技术①；而如果其研究项目与其他厂商的研究项目符合这种相似性，则能否使用

① 正如下文所要指出的，由于为了实现某技术功能，厂商有多种可以采用的技术项目，因此对已有的专利技术，厂商在研发项目的选择上会主动回避，以免发生不必要的专利冲突。因此，如果某厂商的竞争对手引进的是已有的基本技术，那么可以预计专利冲突将不会发生。但是，该厂商的竞争对手也有可能以委托专门机构代其研发的方式来引进项目，或者这些技术引进项目中包含了某些最新出现的技术专利。在这种情况下，由于这些引进项目所包含的新技术专利无法在厂商研发开始前被观察到，因而厂商也无法在事前采取规避措施，故可能存在事后的专利冲突。

该项技术将取决于它是否首先实现研发。这些因素意味着厂商实际需要研发的工作量要大于目标研发工作量$(x_i^s)^{\sigma}$,因为并不是每项技术的研发都能在特定时期内顺利实现,而且即使研发过程进展顺利,由于潜在的专利竞争,厂商也不一定能够获得使用这些技术的权利。

如果厂商实际的研发项目量为H,那么它能够成功实现应用的基本技术项目工作量可以表示为$G_i(H,X_{j\neq i}^s,\beta,\bar{k})$。其中,$X_{j\neq i}^s$表示其他所有厂商的技术进步幅度向量,$\beta$为专利保护的强度,$\bar{k}=(k_1,\cdots,k_i,\cdots,k_n)$则为反映各厂商研发投入水平的向量。参数$\beta$的经济含义在于,它反映了在专利保护意义上的技术相关性,即在法定专利保护强度下,任意两个基本技术在期望值上存在多少法律意义上的相关性。由此可知,通常而言应当有$0\leqslant\beta\leqslant\alpha$,即专利保护的宽度不能为负,而且也应该局限于技术相关性之内。前文已经指出,α作为反映基本技术间知识相关性的参数,代表着任意两个基本技术在期望值意义上存在相关性的最大可能性,超过此参数范围的知识则不存在任何技术上的联系。当$\beta=\alpha$时,专利保护宽度的强度达到技术意义上的极限。

在下文的分析中,为了具体求解的需要,假定当所有厂商都选择有效的技术进步目标(即$X^s\geqslant x^s$)时,G_i具有如下形式:

$$G_i(H,X_j^s,\beta,\bar{k})=\sum_{j\neq i}(X_j^s)^{-\beta}Hg_i(k_1,\cdots,k_i,\cdots,k_n)$$

上式可以看出,当$X^s\geqslant 1$时,G_i分别是X_j^s和β的减函数。这反映出当其他厂商技术进步项目数量增加或专利保护强度变大时,专利冲突的可能性将上升,而这对厂商实际可以实现的基本技术工作量将产生不利影响。① 函数g_i则用于反映厂商研发投入变化对G_i的影响,它是厂商在

① 专利保护宽度的影响作用在于:当各厂商技术进步目标给定时,较强的专利保护意味着各技术存在法律意义上的相似性的概率更高。而根据前文的分析,对厂商竞争对手技术进步幅度增加的影响则可以做如下理解:当竞争对手的技术进步幅度增加时,这意味着它们要么增加了研发项目,要么则增加了技术引进项目。研发项目的增加意味着出现专利竞争的可能性上升,从而降低厂商获取技术专利的可能。而技术引进项目则意味着引进项目中出现新专利的可能性上升,从而使厂商现有研发项目与其竞争对手技术引进项目出现专利冲突的可能性上升。

特定时间内成功实现研发以及出现专利冲突时抢先研发的可能性的总体表现,其具体的性质取决于研发风险的分布特征(即研发成功时间的概率分布)。

厂商研发的概率分布函数通常被假设为受厂商研发投入的影响。给定该概率分布函数,便可以得出每项基本技术研发成功所需的期望时间长度 $Et(k)$。由于知识投入达到研发所需要的最低程度 f 后,在各时点上厂商增加研发投入将提高其研发成功的概率,因此 $Et(k)$ 是 k 的减函数。考虑到厂商将按照预定的产品阶段规划来推出新产品,且每个产品阶段的时间跨度为 1,因此厂商必须保证 $Et(k)\leqslant 1$。而给定每项研发项目所需花费的期望时间,单位研发项目的期望成本就为 $Et(k)(k+f)$。

在具体的项目研发过程中,给定研发风险的概率分布函数,厂商需要选择最有效率的研发投入。如果现在厂商正处于产品阶段 s,且所有厂商都选择有效的技术进步目标,则厂商自主研发的最优投入问题可以表述为:

$$\min_{k_i} H(X_i^s)^{-\alpha} Et(k_i)(k_i+f) \tag{4.3}$$

$$s.t.\ \sum_{j\neq i}(X_j^s)^{-\beta} Hg_i(k_1,\cdots,k_i,\cdots,k_n)=(x_i^s)^{\sigma}$$

$$Et(k)\leqslant 1$$

该最优化问题的第一个约束条件的含义在于,为了保证新产品开发目标的顺利实现,厂商必须使能够实现的研发项目工作量的期望值等于目标研发项目工作量 $(x_i^s)^{\sigma}$。式(4.3)中参数 H 表示厂商为保证新产品顺利推出而实际需要完成的研发数量,而约束条件等号左边即表示厂商能够实现的基本技术的期望值。式(4.3)中厂商的最优化目标为最小化新产品研发的总成本。$(X_i^s)^{-\alpha}Et(k_i)(k_i+f)$ 反映了实际研发过程中的平均研发成本,即厂商在单位基本技术研发中平均需要支付的知识投入。如前文所述,其中的 $(X_i^s)^{-\alpha}$ 对应于知识通用性所带来的成本节约。

由于厂商是同质的,因此如果式(4.3)的最优化问题的解存在且唯一,那么在均衡时它们必然选择相同的研发投入水平。如果均衡解向量为 $\bar{k}^*=(k_1^{s*},\cdots,k_i^{s*},\cdots,k_n^{s*})$,则可以在此基础上得到代表性厂商自主研

发的总成本函数 C_i^{rs}：

$$C_i^{rs}(x_i^s)=(x_i^s)^{\sigma}(X_i^s)^{-\alpha}\sum_{j\neq i}(X_j^s)^{\beta}K,K=\frac{Et(k_i^*)(k_i^{s*}+f)}{g(k_1^{s*},\cdots,k_i^{s*},\cdots,k_n^{s*})} \tag{4.4}$$

就厂商研发成本与技术引进成本的关系,可以依据本书设定的基本分析背景来设置某些假设条件。依据本书的基本假设,技术市场内存在一系列研发能力与技术水平强于在位厂商的技术供应方。同时,本书的分析设定意味着存在着多种可以相互替代的基本技术(参见假设4.2及其后面的说明),因而技术供应方的竞争策略是相互替代的。当在位厂商通过委托技术供给方代为研发的方式引进技术时,由于 m 可以视为在位厂商引进技术的单位价格,那么技术替代性及众多技术供给方的市场结构会使技术市场竞争呈现出伯川德竞争的特点,从而使 m 等于技术供给方的单项基本技术研发成本。因此,在相同的市场环境中,由于技术供给方在研发上更具效率,如果不考虑在位厂商研发过程中由于知识通用性而产生的成本节约 $(X_i^s)^{-\alpha}$,且技术供给方与在位厂商分别就同一单位基本技术进行研发,那么此时在位厂商和技术供给方的研发成本将分别为 $\sum_{j\neq i}(X_j^s)^{\beta}K$ 和 m,并且我们有足够的理由假设如下不等式能够成立：

$$\sum_{j\neq i}(X_j^s)^{\beta}K>m \tag{4.5}$$

这一不等式关系之所以可以成立,不仅仅依赖于对技术供给方较强研发能力的判断,而且还因为它对在位厂商和技术供给方所面临的知识通用性做了非对称的处理：m 的数值本身包含了技术供给方研发中可能存在的知识通用性影响,而 $\sum_{j\neq i}(X_j^s)^{\beta}K$ 则没有考虑在位厂商研发过程中可能出现的知识通用性及相应的成本节约。

需要进一步说明的是,除了式(4.5)的不等式关系外,似乎难以对在位厂商和技术供给方研发成本做进一步的判断。例如,尽管技术供给方具有更高的研发效率,但是如果加入对在位厂商研发过程中知识通用性的考虑可能会使该不等式不再成立。这是因为技术供给方接受的全部技术进步任务是在位厂商的研发委托 $(X_i^s-x_i^s)$,由于 $X_i^s-x_i^s\leqslant X_i^s$,因此在位厂商所能获得的知识通用性所带来的成本节约幅度可能要更高。

此外,委托技术供应方代为研发通常不会是在位厂商所能使用的唯一技术引进方式。另外一种常见的方式是引进已有的专利技术。此时,m 就不再代表技术供给方的单位研发成本,而是对专利特许给技术供给方市场利润造成的潜在不利影响的补偿。① 此时,式(4.5)的不等式是否能够继续成立呢?如果考虑到在位厂商在引进技术上的成本比较,便可以认为式(4.5)仍能成立,因为如果厂商引进现有专利技术的单位成本高于委托技术供应方代为研发的单位成本,那么它将放弃这种技术引进方式。

4.3　厂商的最优技术进步路径

为了对在位厂商的技术进步行为进行描述,本节将在策略相关背景下讨论厂商最优技术进步方式的选择,这意味着每个厂商的决策都会考虑到其他竞争对手的可能的反应。在具体的模型设定上,假定 $\sigma \geqslant 2$,并且厂商的自主研发过程中存在最小规模 q 的限制,$q \geqslant 1$。形成这一自主研发最小规模的原因在于厂商对新产品的自主研发需要以一定数量的相关基础知识的积累为前提,这使得厂商的自主研发在 q 的研发规模上存在规模经济效应。而 $q \geqslant 1$ 则可以从基本技术单位角度来考虑,即厂商最小规模的研发需要至少以实现一项基本技术为前提。此外,这里的研究将不考虑厂商研发能力的动态变化。

4.3-1　技术进步中的成本最小化

由于这里的研究假设厂商的研发能力是外生的,故厂商技术进步方式的选择仅仅影响当期的技术进步成本,而不会改变未来的技术进步成

① 对此问题的进一步分析可以参见下文第 4.8 节。

本。[①] 这意味着厂商技术进步的成本最小化问题可以转变为各产品阶段上的成本最小化,即式(4.2)的最优化问题可以写为:

$$C(X_i^s) \equiv \int_0^{\bar{S}} \min_{x_i^s}[C_i^{rx}(x_i^s) + C_i^{bs}(X_i^s - x_i^s)]e^{-rs}ds \tag{4.6}$$

由于厂商技术进步方式的选择没有长期效应,因此在式(4.6)中,各产品阶段上厂商技术进步方式的选择是相互独立的,而总技术进步成本函数 $C(X_i^s)$ 则表现为各个产品阶段上技术进步成本函数的定积分形式。这种单期技术进步成本最小化的性质使我们可以将厂商技术进步最优方式的选择和最优技术进步幅度选择这两个问题分开来考虑。在下文的分析中,为了表述的方便,令:

$$C_i^{zs} \equiv \min_{x_i^s}[C_i^{rs}(x_i^s) + C_i^{bs}(X_i^s - x_i^s)] \tag{4.7}$$

由以上定义式可知,C_i^{zs} 为产品阶段 s 中,厂商 i 技术进步的总成本函数。

在式(4.7)的定义基础上可知,在本章假设下,动态最优化问题(4.1)的最优解的二阶条件要求成本函数 $C_i^{zs}(X_i^s)$ 是 $\dot{T}_i^s$ 的凸函数。由于该成本函数为厂商引进技术的成本函数 C_i^{bs} 与自主研发的成本函数 C_i^{rs} 之和,因而其凸性性质归根到底将由 C_i^{bs} 和 C_i^{rs} 的性质决定。考虑到在自主研发过程中存在着知识的外溢效应,因而随着研发项目数量的变动以及厂商产品质量路径的变化,厂商自主研发的成本函数对 $\dot{T}_i^s$ 而言可能并非具备理想的凸性性质,因此,在正式的分析之前,需要专门就自主研发成本函数的性质加以讨论。不过,需要注意的是我们讨论的是 C_i^{rs} 对何变量的凸性。在这里的分析中,C_i^{rs} 对 x_i^s 的凸性以及对 $\dot{T}_i^s$ 的凸性性质尤其重要:前者影响着式(4.7)最优化问题的二阶条件,而后者则影响着式

---

① 如果研发能力可以随时间而变化,那么当期厂商更多地进行自主研发可能会在未来更快地提高研发能力,从而影响未来的技术进步成本。但这里的研究为了简化,仅假设厂商的研发能力固定不变。

(4.1)动态最优化问题的二阶条件。①

要对 $C_i^{zs}(X_i^s)$ 的性质进行讨论，首先需要暂时将 X_i^s 视外生变量。由于最小的研发技术单位为 q，因此，对于任意 $x_i^s \geqslant q$，如果 $q^{\sigma}(X_i^s)^{-\alpha}\sum_{j\neq i}(X_j^s)^{\beta}K > mq$，则始终都会有 $C_i^{rs}(q) > C_i^{bs}(q)$。此时，厂商将没有动机进行自主研发，因为其研究项目都可以通过引进技术的方式以更廉价的方式来实现。这反过来表明厂商进行自主研发的条件为：

$$q^{\sigma-1}(X_i^s)^{-\alpha}\sum_{j\neq i}(X_j^s)^{\beta}K < m \tag{4.8}$$

由于 $\sigma-1\geqslant 1, 0<\alpha<1, X_j^s\geqslant q$，因此若式(4.8)成立，那么将有 $x_i^s \geqslant q$。

如果厂商希望对 q 单位以上的基本技术进行研发，那么所需要的前提条件将比式(4.8)更为严格，因为厂商还需要承担由于研发项目增加而带来的协调成本。但是，只要式(4.8)成立，那么厂商就一定会愿意进行研发，至于研发项目增加所带来的协调成本，则可以通过在技术引进和自主研发两种技术进步方式之间合理地分配项目比例来加以调整，这一过程实际上就是式(4.6)所描述的成本最小化。由式(4.4)可见，成本函数 C_i^{rs} 关于 x_i^s 的凸凹性质取决于的 σ 的取值。由于 $\sigma\geqslant 2$，因此 C_i^{rs} 是 x_i^s 的严格凸函数，而 C_i^{bs} 是 x_i^s 的线性函数，进而式(4.7)中的最优化问题的二阶条件成立，而相应的一阶条件为：

$$\sigma(x_i^{s*})^{\sigma-1}(X_i^s)^{-\alpha}\sum_{j\neq i}(X_j^s)^{\beta}K = m \tag{4.9}$$

由于 $\sigma\geqslant 2$，因此式(4.8)的条件还不足以保证存在能够使式(4.9)成立且具有满足 $x_i^s\geqslant q$ 的最优解。由式(4.9)可知，在式(4.8)成立的前提下，该一阶条件的成立要求：

$$\sigma q^{\sigma-1}(X_i^s)^{-\alpha}\sum_{j\neq i}(X_j^s)^{\beta}K \leqslant m \tag{4.10}$$

显然，这一条件要比式(4.8)更为严格。而 x_i^s 不取另一角点解 X_i^s 的

① C_i^{zs} 对 $\dot{T}_i^s$ 的凸性将使得动态最优化的必要条件得以满足。而式(4.2)动态最优化解是一个最优解的充分必要条件则要求 C_i^{zs} 是 $(T_i^s, \dot{T}_i^s)$ 的凸函数。不过，计算 C_i^{zs} 的海塞矩阵不难发现，当 C_i^{zs} 为 $\dot{T}_i^s$ 的凸函数时，它也一定是 $(T_i^s, \dot{T}_i^s)$ 的凸函数。

前提条件则为：

$$\sigma(X_i^s)^{\sigma-1-\alpha}\sum_{j\neq i}(X_j^s)^{\beta}K>m \tag{4.11}$$

由于 $q\geqslant 1$，$\sum_{j\neq i}(X_j^s)^{\beta}K>m$，因此 $q^{\sigma-1}\sum_{j\neq i}(X_j^s)^{\beta}K>m$，$\sigma\sum_{j\neq i}(X_j^s)^{\beta}K>m$。① 又由于 $\sigma-1-\alpha>0$，故比较式(4.11)和式(4.8)的不等式对 X_i^s 取值的限定可知，式(4.8)是比式(4.11)更强的条件。这表明只要厂商愿意进行自主研发，那么它就不会选择角点解 X_i^s。有鉴于此，在下文的分析中我们可以忽略式(4.11)。

如果式(4.10)的条件得以满足，那么求解式(4.9)的一阶条件可得：

$$x_i^{s*}=(\frac{m}{\sigma K})^{\frac{1}{\sigma-1}}(X_i^s)^{\frac{\alpha}{\sigma-1}}/[\sum_{j\neq i}(X_j^s)^{\beta}]^{\frac{1}{\sigma-1}}\epsilon[q,X_i^s] \tag{4.12}$$

而由此求解结果可得到单位产品阶段上厂商技术进步的成本函数：

$$C_i^{zs}(X_i^s)=(x_i^{s*})^{\sigma}(X_i^s)^{-\alpha}\sum_{j\neq i}(X_j^s)^{\beta}K+m(X_i^s-x_i^{s*}) \tag{4.13}$$

如果式(4.8)成立，但式(4.10)不成立，那么厂商的技术进步的成本最小化问题将始终取角点解 q，相应的技术进步成本函数为：

$$C_i^{zs}(X_i^s)=q^{\sigma}(X_i^s)^{-\sigma}\sum_{j\neq i}(X_j^s)^{\beta}K+m(X_i^s-q) \tag{4.14}$$

如果式(4.8)的条件不成立，那么厂商将仅通过技术引进的方式实现技术进步，此时，它的技术进步的成本函数为：

$$C_i^{zs}(X_i^s)=mX_i^s \tag{4.15}$$

最后，重新考虑式(4.10)，求解该不等式可知它对施加的限制条件为：

$$X_i^s\geqslant\left[\frac{\sigma\sum_{j\neq i}(X_j^s)^{\beta}K}{m}\right]^{\frac{1}{\alpha}}q^{\frac{\sigma-1}{\alpha}}$$

由于 $\sigma\sum_{j\neq i}(X_j^s)^{\beta}K>m$，$\sigma-1>\alpha$，$q\geqslant 1$，因此这一条件对 X_i^s 施加的限制要强于 $X_i^s\geqslant q$，从而保证了这里所讨论的 X_i^s 有意义。② 然而，这一结论使我们必须对 σK、m 和 $(n-1)$ 的关系进行限制，以保证后文的分析具有

① 关于这一条件，参见前文式(4.5)及其后面的说明。

② 如果式(4.10)不能保证 $X_i^s\geqslant q$，那么它就无法保证 $X_i^s\geqslant X_i^s$，因此这样的分析是没有意义的。此时就必须放弃式(4.10)这一不等式条件。

合理性。在下一小节分析中,本书将证明厂商对技术进步幅度的选择一定会使式(4.10)成立,即厂商自主研发的成本函数一定会呈现出式(4.13)的形式,并且厂商对最优自主研发项目的选择将遵循式(4.12)的要求。在此基础上,由于厂商是同质的,因此由式(4.10)可知均衡时 X_i^s 的取值下限为:

$$X_i^s = \left[\frac{\sigma q^{\sigma-1} K(n-1)}{m}\right]^{\frac{1}{\alpha-\beta}}$$

该取值下限仍需满足 $X_i^s \geqslant q$ 的要求,从而就必须有:

$$\left[\frac{\sigma K(n-1)}{m}\right]^{\frac{1}{\alpha-\beta}} \geqslant q^{\frac{\alpha-\beta-\sigma+1}{\alpha-\beta}} \tag{4.16}$$

因此,式(4.16)便构成了下文讨论的附加条件。在理解这一条件时应该注意分析上的逻辑顺序,即该不等式条件的出现实际上是以式(4.10)为前提条件的。当厂商决策面临式(4.10)约束条件时,它们的最优决策如果要符合经济含义上的要求,那么就必须有式(4.16)成立。从事后来看,$X_i^s \geqslant q$ 这一约束条件仍然发挥了作用。但是,正如上文分析所指出的,从事前来看,式(4.10)的不等式条件对 X_i^s 施加的约束要强于 $X_i^s \geqslant q$。

4.3-2 技术进步幅度与成本函数的性质

从前一小节的分析中可以看出,在单位产品阶段上,代表性厂商技术进步的成本函数存在三种可能的情况。如果式(4.10)的条件成立,那么成本函数将表现为式(4.13)的形式;如果式(4.10)不满足但式(4.8)成立,那么成本函数将表现为式(4.14)的形式;最后,如果式(4.8)和式(4.10)均不成立,那么自主研发对厂商而言将总是成本高昂的,此时单位产品阶段上技术进步的成本函数等同于引进技术的成本函数 C_i^{bs}[即式(4.15)]。

成本函数为何种形式取决于厂商对技术进步幅度 X_i^s 的选择。在正式的讨论之前,为了表述的方便,最好首先确定一些符号的表述。具体地,令满足式(4.10)要求的技术进步幅度仍以 X_i^s 表示,式(4.10)不满足但式(4.8)成立时的技术进步幅度则以$\tilde{X}_i^s$表示,不满足式(4.8)要求的技术进步幅度则以$\hat{X}_i^s$表示。由定义可知,$X_i^s > \tilde{X}_i^s > \hat{X}_i^s$。

下面的分析将表明,给定其他厂商的最优选择,X_i^s所属的区间是厂商最愿意选择的技术进步幅度,因为在各产品阶段上,该区间内的技术进步幅度较$\tilde{X}_i^s$和$\hat{X}_i^s$这两种选择而言都将给厂商带来更多的净利润。为了对此进行说明,首先注意到对市场收益函数R_i^s而言,更高的技术进步幅度意味着更高的市场收益,因为在产业初始质量水平和技术折旧率给定的前提下,更高的各产品阶段的技术进步幅度对应于各阶段更高的产品质量。如果t_i^s、$\hat{t}_i^s$和$\tilde{t}_i^s$分别代表厂商i以技术进步幅度X_i^s、$\tilde{X}_i^s$和$\hat{X}_i^s$提升产品质量时,其产品在产品阶段s的初始质量水平,那么将有$t_i^s > \tilde{t}_i^s > \hat{t}_i^s$,且对于三种不同的技术进步幅度,厂商$i$在该阶段的产描述了厂商在技术进步幅度$X_i^s$、$\tilde{X}_i^s$和$\hat{X}_i^s$间的选择倾向。①

命题4.1:当$\alpha \neq \beta$时,给定其他厂商的最优选择,在技术进步幅度X_i^s、$\tilde{X}_i^s$和$\hat{X}_i^s$之间,厂商最倾向于选择X_i^s。

证明:首先考虑$\tilde{X}_i^s$和$\hat{X}_i^s$之间的比较。当厂商的技术进步幅度属于类型$\tilde{X}_i^s$时,式(4.8)的不等式将成立,但式(4.10)不成立,从而有$q^{\sigma-1}(\tilde{X}_i^s)^{-\alpha}\sum_{j\neq i}(X_j^s)^{\beta}K \leqslant m$,且$x_i^{s*}=q$,而厂商在产品阶段$s$上的净利润$\tilde{\pi}_i^s$为:

$$\tilde{\pi}_i^s = R_i^s(\tilde{t}_i^s + \tilde{X}_i^s, \bar{T}_j) - q^{\sigma}(\tilde{X}_i^s)^{-\alpha}\sum_{j\neq i}(X_j^s)^{\beta}$$

$$K - m(\tilde{X}_i^s - q) > a + b[(\tilde{t}_i^s + \tilde{X}_i^s) - \bar{T}_j] - m\bar{X}_i^s$$

当厂商的技术进步幅度属于类型$\hat{X}_i^s$时,此时厂商将仅通过技术引进的方式实现技术进步。此时其在产品阶段s上的净利润$\hat{\pi}_i^s$为:

① 需要说明的是,由于厂商是同质的,因此在最优化下厂商必然采取相同的技术进步策略,即$X_i^{s*} = X_j^{s*}$。当$\alpha = \beta$时,这意味着命题4.1的讨论将失效,因为式(4.8)和式(4.10)都无法成立。故下文的分析将仅限于$\alpha \neq \beta$的情形。

$$\hat{\pi}_i^s = R_i^s(\hat{t}_i^s + \hat{X}_i^s, \overline{T}_j) - m\tilde{X}_i^s = \overline{Q} + b(\hat{t}_i^s + \hat{X}_i^s) - a\overline{T}_j - m\hat{X}_i^s$$

给定其他厂商的最优选择(即$\overline{T}_j$不变),由于$\tilde{t}_i^s > \hat{t}_i^s, b > m, \tilde{X}_i^s > \hat{X}_i^s$,因此$b\tilde{t}_i^s > b\hat{t}_i^s, (b-m)\tilde{X}_i^s > (b-m)\hat{X}_i^s$,从而不难发现$\tilde{\pi}_i^s > \hat{\pi}_i^s$。

下面,考虑X_i^s和$\tilde{X}_i^s$之间的比较。与X_i^s相比,如果厂商技术进步幅度属于类型$\tilde{X}_i^s$,那么不等式(4.10)将无法满足,即此时有$\sigma q^{\sigma-1}(X_i^s)^{-\alpha}\sum_{j\neq i}(X_j^s)^{\beta}K > m$,从而可得:

$$\tilde{\pi}_i^s < \overline{Q} + b(\tilde{t}_i^s + \tilde{X}_i^s) - a\overline{T}_j + (1 - \frac{1}{\sigma})qm - m\tilde{X}_i^s$$

而如果厂商的技术进步幅度属于类型X_i^s,则$x_i^{s*} \geqslant q$,且由式(4.13)和式(4.9)可知,此时厂商在产品阶段s上的净利润π_i^s为:

$$\pi_i^s = \overline{Q} + b(t_i^s + X_i^s) - a\overline{T}_j + mx_i^{s*}(1 - \frac{1}{\sigma}) - mX_i^s$$

由于$t_i^s > \tilde{t}_i^s, b > m, X_i^s > \tilde{X}_i^s, x_i^{s*} \geqslant q$,因此$bt_i^s > b\tilde{t}_i^s, (b-m)X_i^s > (b-m)\tilde{X}_i^s, mx_i^{s*}(1-1/\sigma) \geqslant mq(1-1/\sigma)$,进而可知$\pi_i^s > \tilde{\pi}_i^s$。

总结以上分析可知$\pi_i^s > \tilde{\pi}_i^s > \hat{\pi}_i^s$,即相对于其他两种类型的技术进步幅度,如果厂商的技术进步幅度属于类型X_i^s,那么它在各产品阶段上所得的净利润都要更高,因此厂商最倾向于选择此类型的技术进步幅度。

命题4.1不仅从数理上简化了下文的求解过程,还描述了厂商技术进步路径选择上的偏好。由于包含了自主研发的技术进步模式总能给厂商提供更高的净利润,因此厂商总是倾向于选择以该种模式实现技术进步。尽管通常而言,单项技术项目的自主研发成本会高于引进的成本,但是各研发项目间的知识外溢为厂商提供了一个通过调整技术进步幅度来降低自主研发总成本的途径,从而使厂商可以更为自主地控制自身的技术进步成本(相对于技术引进而言)。不过,这种成本控制的代价是,厂商需要牺牲技术进步幅度选择上的自由:为了使自主研发成为一种可行的技术进步方式,厂商的技术进步幅度需要满足式(4.10)的要求,而这为技术进步幅度的选择设定了下限。需要说明的是,命题4.1是下文所有分析的前提,这意味着下面的分析将不考虑 $\alpha=\beta$ 这一特殊的情形。

为保证动态最优化二阶条件的成立,若式(4.10)的条件得以满足,那么式(4.13)所确定的成本函数 $C_i^{zs}(X_i^s)$ 就必须是 $\dot{T}_i^s$ 的凸函数。对此性质的讨论归纳于引理 4.1 中。

引理 4.1:如果成本函数 $C_i^{zs}(X_i^s)$ 为式(4.13)所规定的形式,则它是 $\dot{T}_i^s$ 的凸函数。

证明:由于对于 $C_i^{zs}(\cdot)$ 而言,x_i^{s*} 是式(4.7)最优化问题的解,因而由包络定理可知:

$$\frac{\partial C_i^{zs}}{\partial \dot{T}_i^s}=-\alpha(x_i^{s*})^{\sigma}(X_i^s)^{-\alpha-1}\sum_{j\neq i}(X_j^s)^{\beta}K+m$$

将上式对 $\dot{T}_i^s$ 进一步求导可得:

$$\frac{\partial^2 C_i^{zs}}{\partial \dot{T}_i^{s2}}=\frac{\alpha(\sigma-1-\alpha)}{\sigma-1}K(x_i^{s*})^{\sigma}\sum_{j\neq i}(X_j^s)^{\beta}(X_i^s)^{-\alpha-2}$$

由于 $\sigma>2,0<\alpha<1$,因而 $\partial^2 C_i^{zs}/\partial \dot{T}_i^{s2}>0$,即 $C_i^{zs}(X_i^s)$ 是 $\dot{T}_i^s$ 的凸函数。证毕。

引理 4.1 的结论可以加深我们对命题 4.1 的认识。对于命题 4.1 而言,容易引起错觉的一点在于,似乎厂商无限制地提高 X_i^s 是有利可图的。但是引理 4.1 表明,这只是相对于式(4.10)的边界条件而言的。X_i^s 是否足够高以至于能够满足式(4.10)的要求,决定了最优技术进步方式组合 x_i^{s*} 的具体形式。如果 X_i^s 不能满足式(4.10)的要求,那么 x_i^{s*} 将表现为水平线 $x_i^{s*}=q$;而 X_i^s 能够满足式(4.10)要求时,x_i^{s*} 的形式将由式(4.9)决定。命题 4.1 表明,通过提高 X_i^s 而使 x_i^{s*} 由 q 转变为式(4.9)所决定的数值总可以增加厂商在各产品阶段的净利润,但引理 4.1 表明,一旦 x_i^{s*} 转变为式(4.9)的解后,继续提高 X_i^s 并不总是使各期净利润增加。其原因在于,此时 X_i^s 的增加对市场收益的边际效应是线性的,而技术进步成本函数则表现为 $\dot{T}_i^s$ 的凸函数。从动态最优化的二阶条件来看,市场收益函数的线性性质以及技术进步成本函数对 $\dot{T}_i^s$(以及对 X_i^s)的凸性决定了存在某个最优的 x_i^{s*} 的变化路径。下面的分析即旨在对此最优路径进行求解,并进而得出厂商的最优技术进步路径。

4.4　厂商的最优技术进步路径

前文分析的基本结论表明,代表性厂商的成本函数将表现为式(4.13)的形式(命题 4.1),且式(4.1)动态最优化问题的二阶条件得以满足(引理 4.1)。因此,在下文的分析中,我们将直接在式(4.13)成本函数的基础上讨论厂商最优产品质量的动态路径,并忽略对二阶条件的讨论。不过,需要注意的是,式(4.13)成本函数的成立以式(4.10)的不等式为前提,这意味着我们需要在式(4.10)的基础上为厂商的动态最优化问题添加额外的不等式约束。此外,观察命题 4.1 和引理 4.1 的证明不难发现,q 的具体取值对结论没有影响,因此在下文的分析中,为了表述的简便,令 $q=1$。

除了式(4.10)的约束条件外,本书还假定厂商的技术进步面临一定的技术约束。形成这种技术约束的主要原因可能在于,基础知识未能达到支持更高水平的研发的程度,或者由于缺少充分的技术整合能力,厂商在每次提高产品质量的尝试都将面临客观的技术约束,这种使得代表性厂商在各产品阶段上的技术进步幅度最多只能达到$\bar{X}$。式在(4.10)的约束条件和技术约束条件下,厂商产品质量决策的动态最优化问题为:

$$\max\pi_i = \int_0^S [R_i^s - (x_i^{s*})^{\sigma}(X_i^s)^{-\alpha} \sum_{j\neq i}(X_j^s)^{\beta}K - m(\dot{T}_i^s + \delta T_i^s - x_i^{s*})]e^{-rs}ds$$

$$T_i^0 = 0$$

$$[\frac{m}{\sigma K}/\sum_{j\neq i}(X_j^s)^{\beta}]^{\frac{-1}{\alpha}} \leqslant X_i^s \leqslant \bar{X}$$

为求解该动态最优化问题,选取$\dot{T}_i^s$ 作为控制变量,并建立如下现值汉密尔顿方程:

$$H_c = [R_i^s - (x_i^{s*})^{\sigma}(X_i^s)^{-\alpha}\sum_{j\neq i}(X_j^s)^{\beta}K - m(\dot{T}_i^s + \delta T_i^s - x_i^{s*})] + \lambda_i^s \dot{T}_i^s$$

$$+\mu_t^s\left\{X_i^s-\left[\frac{m}{\sigma K\sum_{j\neq i}(X_j^s)^\beta}\right]^{\frac{-1}{\alpha}}\right\}+\omega_i^s(\bar{X}-X_i^s)$$

其中,μ_i^s 和 ω_i^s 是库恩—塔克乘子。最优性条件和欧拉方程可以写为:

$$\lambda_i^{s*}=m-\alpha(x_i^{s*})^\sigma K(n-1)(X_i^s)^{-\alpha-1+\beta}-\mu_i^s+\omega_i^s \qquad (4.17)$$

$$\dot{\lambda}_i^{s*}=-[b+\delta\alpha(x_i^{s*})^\sigma K(n-1)(X_i^s)^{-\alpha-1+\beta}-m\delta]+r\lambda_i^s-\delta\mu_i^s+\delta\omega_i^s \qquad (4.18)$$

相应的横截条件为:

$$\lambda_i^{\bar{S}}=0$$

互补松弛条件为:

$$\mu_i^s\geqslant 0,\ \dot{T}_i^s+\delta T_i^s-\left[\frac{m}{\sigma K}/\sum_{j\neq i}(X_j^s)^\beta\right]^{\frac{-1}{\alpha}}\geqslant 0,\ \mu_t^s\left\{\dot{T}_i^s+\delta T_i^s-\left[\frac{m}{\sigma K}/\sum_{j\neq i}(X_j^s)^\beta\right]^{\frac{-1}{\alpha}}\right\}=0$$

$$\omega_i^s\geqslant 0,\bar{X}-(\dot{T}_i^s+\delta T_i^s)\geqslant 0,\omega_i^s[\bar{X}-(\dot{T}_i^s+\delta T_i^s)]=0$$

由于存在两个不等式约束,因此在厂商同质情形下总共需要讨论四种可能的互补约束情况(即两个不等式的各种组合)。不过,由于 X_i^s 无法同时取其上限值和下限值,因此 μ 和 ω 不能同时不为0,否则两个约束条件之间将互相矛盾。因此我们可以直接排除对这种情形的讨论。

为求解最优技术进步路径,首先考虑 $\omega_i^s>0$ 且 $\mu_i^s=0$ 的情况。此时,$X_i^s=\bar{X}$。由此求解可得:

$$x_i^{s*}=\left[\frac{m}{\sigma K(n-1)}\right]^{\frac{1}{\sigma-1}}\bar{X}^{\frac{\alpha-\beta}{\sigma-1}},\dot{\lambda}_i^{s*}=\dot{\omega}_i^s,\omega_i^s=c_1e^{(\delta+r)s}+E$$

其中:

$$E\equiv\frac{b}{\delta+r}-m+\alpha\left(\frac{m}{\sigma K}\right)^{\frac{\sigma}{\sigma-1}}(n-1)^{\frac{-1}{\sigma-1}}X^{-\frac{-\sigma+1+\alpha-\beta}{\sigma-1}}K(\bar{X})^{-\alpha-1+\beta}$$

以上结果表明,$\mu_i^s=0$ 且 $\omega_i^s>0$ 的情况不可能在区间内$[0,\bar{S}]$始终成立,对此结论的分析与证明归纳于引理4.2中。

引理4.2:$\mu_i^s=0$ 且 $\omega_i^s>0$ 的情况不可能在区间$[0,\bar{S}]$内始终成立。

证明:假设 $\omega_i^s>0$ 且 $\mu_i^s=0$ 始终成立,则 λ_i^{s*} 需要满足横截条件

$\lambda_i^{\overline{S}}=0$,而由以上求解的 ω_i^s 的表达式及式(4.17)可以解得:

$$\lambda_i^{s*}=c_1\mathrm{e}^{(\delta+r)s}+\frac{b}{\delta+r}$$

因此 λ_i^{s*} 的横截条件要求 c_1 满足如下等式:

$$c_1\mathrm{e}^{(\delta+r)\overline{S}}+\frac{b}{\delta+r}=0$$

而这要求 $c_1=-\frac{b}{\delta+r}\mathrm{e}^{-(\delta+r)\overline{S}}$。由此可得:

$$\omega_i^s=E-\frac{b}{\delta+r}\mathrm{e}^{(\delta+r)(s-\overline{S})},\lambda_i^{s*}=\frac{b}{\delta+r}[1-\mathrm{e}^{(\delta+r)(s-\overline{S})}]$$

因而可以进一步解得 $\omega_i^s>0$ 要求:

$$s<\overline{S}+\frac{1}{\delta+r}\ln\left[1-\frac{m(\delta+r)}{b}+\frac{\overline{X}^{-M}(\delta+r)}{Nb}\right]\equiv S_1$$

其中,$M\equiv1-\frac{\alpha-\beta}{\sigma-1}$,$N\equiv\frac{1}{\alpha}(\frac{m}{\sigma})^{-\frac{\sigma}{\sigma-1}}K^{\frac{1}{\sigma-1}}(n-1)^{\frac{1}{\sigma-1}}$。这与 $\omega_i^s>0$ 且 $\mu_i^s=0$在区间$[0,\overline{S}]$内始终成立的假设相矛盾,因此这一假设不成立。

引理4.2在否定 $\omega_i^s>0$ 且 $\mu_i^s=0$ 这一情形可以在区间$[0,\overline{S}]$内始终存在的同时,实际上还给出了该情形适合存在的区间范围,而这构成了描述厂商最优技术进步路径的基础。下文的分析还会以类似的方式给出其他各种情形所能存在的区间范围,并在此基础上讨论整个区间$[0,\overline{S}]$上厂商的最优技术进步路径。

接下来,考虑$\mu_i^s>0$ 且 $\omega_i^s=0$ 的情形。此时 $X_i^s=[\frac{m}{\sigma K}/(\sum\limits_{j\neq i}X_j^s)^{\beta}]^{\frac{-1}{\alpha}}$,$\dot{\lambda}_i^s=-\dot{\mu}_i^s,x_i^{s*}=1$。由于厂商是同质的,因而求解可得:

$$X_i^s=(\frac{m}{\sigma K}\cdot\frac{1}{n-1})^{\frac{1}{\beta-\alpha}}>1,x_i^{s*}=1,\mu_i^s=c_2\mathrm{e}^{(\delta+r)s}-D_1$$

其中,c_1 为待定常数,并且:

$$D_1\equiv\frac{b}{\sigma+r}-m+\alpha K(n-1)(X_i^s)^{-\alpha-1+\beta}$$

为了避免在后面的分析中出现理解上的偏差,需要特别明确的是,当 $\mu_i^s>0$ 时,X_i^s 是一个固定不变的常数,因而 D_1 也是常数。

以上结果也表明$\mu_i^s>0$不可能在区间$[0,\bar{S}]$内始终成立，具体的说明归纳在引理4.3中。

引理4.3：$\mu_i^s>0$且$\omega_i^s=0$的情况不可能在区间$[0,\bar{S}]$内始终成立。

证明：如果$\mu_i^s>0$在区间$[0,\bar{S}]$内始终成立，那么λ_i^s需要满足横截条件$\lambda_i^{\bar{S}}=0$，由式(4.17)及μ_i^s的表达式可知，这要求下式成立：

$$\frac{b}{\delta+r}-c_2\mathrm{e}^{(\delta+r)\bar{S}}=0$$

从而可以解得$c_2=\dfrac{b}{\delta+r}\mathrm{e}^{-(\delta+r)^{\bar{S}}}$。由此可知：

$$\mu_i^s=\frac{b}{\delta+r}\mathrm{e}^{(\delta+r)(s-\bar{S})}-D_1,\lambda_i^{s*}=\frac{b}{\delta+r}[1-\mathrm{e}^{-(\delta+r)(\bar{S}-s)}]$$

从上面的求解结果不难计算出，当$s<S_2\equiv\bar{S}+\dfrac{1}{\delta+r}\cdot\ln\dfrac{D_1(\delta+r)}{b}$时，$\mu_i^s<0$。由于$X_i^s>q=1,\sigma\geqslant2$，进而由式(4.10)可知：

$$(n-1)(X_i^s)^{\beta-\alpha-1}K<m$$

由于$\alpha\leqslant1$，这也表明：

$$\alpha K(n-1)(X_i^s)^{-\alpha-1+\beta}-m<0$$

由此可以进一步判断$\dfrac{D_1(\delta+r)}{b}<1$，即$\ln\dfrac{D_1(\delta+r)}{b}<0$。这也意味着$S_2<\bar{S}$。而以上分析表明，区间$[0,S_2)$内$\mu_i^s<0$的结果与在区间$[0,\bar{S}]$内$\mu_i^s>0$且$\omega_i^s=0$始终成立相矛盾，从而$\mu_i^s>0$且$\omega_i^s=0$不可能在区间内始终成立。

最后，考虑$\mu_i^s=0$且$\omega_i^s=0$的情形。将式(4.17)两边对s求导可得$\dot{\lambda}_i^{s*}$的表达式，将其代入式(4.18)可得如下微分方程：

$$\dot{y}+\frac{(\delta+r)}{M}y+\frac{N}{M}\cdot[b-m(\delta+r)]y^{1+M}=0$$

其中，$y=X_i^s$。该式是一个伯努利型微分方程。为了对其进行求解，将上式两边同时除以y^{1+M}，并令$u=y^{-M}$，则上面的微分方程可以写为：

$$\dot{u}-(\delta+r)u-N[b-m(\delta+r)]=0$$

通过以上变换，我们得到了一个标准的线性常微分方程，求解可得：

$$u = c_3 e^{\delta + r} - N\left(\frac{b}{\delta + r} - m\right)$$

其中，c_3 为待定常数。进一步地，我们可以通过 $u = y^{-M}$ 求出 X_i^s：

$$X_i^s = \left[c_3 e^{(\delta + r)s} - N(\frac{b}{\delta + r} - m)\right]^{-\frac{1}{M}} \tag{4.19}$$

同样的，由于横截条件 $\lambda_i^{\bar{S}} = 0$ 的存在，我们也可以证明 $\mu_i^s = 0$ 且 $\omega_i^s = 0$ 的情况不可能在区间 $[0, \bar{S}]$ 内始终成立。具体的分析归纳在引理 4.4 中。

引理 4.4：在区间 $[0, \bar{S}]$ 内，$\mu_i^s = 0$ 且 $\omega_i^s = 0$ 不可能始终成立。

证明：若 $\mu_i^s = 0$ 且 $\omega_i^s = 0$ 始终成立，那么 λ_i^{s*} 需满足横截条件，由此可以解得 $C_3 = bNe^{-(\delta + r)\bar{S}/(\delta + r)}$。求解可知，约束条件 $\frac{m}{\sigma K}^{\frac{-1}{\alpha - b}} (n-1)^{\frac{-1}{\beta - \alpha}} < X_i^s < \bar{X}$ 成立要求：

$$s > S_1 \text{ 且 } s < S_2$$

而这与 $\mu_i^s = 0$ 且 $\omega_i^s = 0$ 在区间 $[0, \bar{S}]$ 内始终成立相矛盾。证毕。

在引理 4.4 中，$\mu_i^s = 0$ 且 $\omega_i^s = 0$ 的成立要求 $s > S_1$ 和 $s < S_2$ 同时成立，但这两个条件是否相互冲突尚未可知。如果 $s > S_1$ 和 $s < S_2$ 之间并不冲突，那么必然有如下不等式成立：

$$\bar{S} + \frac{1}{\delta + r} \cdot \ln\left[1 + \frac{(\delta + r)\bar{X}^{-M}}{Nb} - \frac{m(\delta + r)}{b}\right] < \bar{S} + \frac{1}{\delta + r} \cdot \ln \frac{D_1(\delta + r)}{b}$$

通过化简可知该不等式等价于要求：

$$\bar{X}^{-M}\left(\frac{m}{\sigma K} \cdot \frac{1}{n-1}\right)^{\frac{\sigma - 1 - \alpha + \beta}{(\sigma - 1)(\beta - \alpha)}} = \left(\frac{X_i^s|_{s \geq S_2}}{\bar{X}}\right)^M < 1$$

由于 $M > 0, \bar{X} > [X_i^s]_{s \geq S_2}$，因此该不等式一定成立。这不仅表明区间 $[S_1, S_2]$ 一定存在，而且还说明 $S_1 < \bar{S}$。① 这一分析表明，$\mu_i^s = 0$ 且 $\omega_i^s = 0$ 的情形具备存在的可能。

以上分析表明，基于 μ_i^s 和 ω_i^s 取值基础上的三种可能的情形均不可

---

① 而这也意味着 $\bar{X}^{-M} < Nm$。

能始终在区间$[0,\bar{S}]$内始终成立，因此 X_i^s 的最优路径将表现为这三种情形的组合。可以证明，$\mu_i^s>0$ 且 $\omega_i^s=0$ 的情况将在区间$[S_2,\bar{S}]$内成立，因为如果在该区间内出现其他两种情况，则会出现矛盾（参见引理4.2和引理4.4），故在此区间内只能有 $\mu_i^s>0$ 且 $\omega_i^s=0$。而这意味着在最优路径上，$c_3=be^{-(\delta+r)^{\bar{S}}}/(\delta+r)$。这进一步决定了 X_i^s 和 λ_i^s 在产品阶段 S_2 所需达到的水平。而这意味着 $\mu_i^s=0$ 且 $\omega_i^s>0$ 不可能在区间(S_1,S_2)内成立，因为如果它的确成立，那么就必须有：

$$\lim_{s\to S_2^-}\left[c_1\mathrm{e}^{(\delta+r)s}+\frac{b}{\delta+r}\right]=\frac{b}{\delta+r}-c_2\mathrm{e}^{(\delta+r)S_2}=\frac{b}{\delta+r}[1-\mathrm{e}^{(\delta+r)(S_2-\bar{S})}]$$

这要求 $c_2=-b\mathrm{e}^{-(\delta+r)\bar{S}}/(\delta+r)$，但由引理4.2可知，区间$(S_1,S_2)$内不可能有 $\mu_i^s=0$ 且 $\omega_i^s>0$。

因此，唯一有条件在区间(S_1,S_2)内成立的情况就只能是 $\mu_i^s=0$ 且 $\omega_i^s=0$。而这要求：

$$\lim_{s\to S_2^-}\left[-\frac{c_3\mathrm{e}^{(\delta+r)S_2}}{N}+\frac{b}{\delta+r}\right]=\frac{b}{\delta+r}[1-\mathrm{e}^{(\delta+r)(S_2-\bar{S})}]$$

由此可以解得 $c_3=bNe^{1(\delta+r)\bar{S}}/(\delta+r)$。使用相同的方法，我们还可以得出在区间$[0,S_1)$内只可能有 $\mu_i^s=0$ 且 $\omega_i^s>0$ 的情况出现，并得出 $c_1=-be^{-(\delta+r)\bar{S}}/(\delta+r)$。

总结以上分析可以发现，在区间$[0,S_1)$内，$\mu_i^s=0$ 且 $\omega_i^s>0$；在区间$[S_1,S_2)$内，则有 $\mu_i^s=0$ 且 $\omega_i^s=0$；在区间$[S_2,\bar{S}]$内，则有 $\mu_i^s>0$ 且 $\omega_i^s=0$。因此，厂商的最优产品质量决策路径 T_i^{s*} 将满足命题4.2。

命题4.2:厂商的最优质量决策路径的变化路径 T_i^{s*} 满足:①

(1) $s\in[0,S_1)$ 时, $X_i^{s*}=\bar{X}$;

(2) $s\in[S_1,S_2)$ 时, $X_i^{s*}=\left\{\frac{bN}{\delta+r}[\mathrm{e}^{-(\delta+r)(\bar{S}-s)}-1]+Nm\right\}^{-\frac{1}{M}}$;

(3) $s\in[S_2,\bar{S}]$ 时, $X_i^{s*}=(\frac{m}{\sigma K})^{\frac{1}{\beta-\alpha}}(n-1)^{\frac{-1}{\beta-\alpha}}$。

证明:由引理4.2、引理4.3及引理4.4的分析可以归纳出该命题,故证明过程省略。

命题4.2给出了各产品阶段上厂商技术进步幅度在动态最优化下的变化路径。这一动态路径实际上也决定了厂商最优的产品质量路径。从中可以看出,在最优化路径上,厂商的技术进步幅度呈现出阶段性递减的趋势。为了对此进行说明,在区间 $[S_1,S_2)$ 内,将 X_i^{s*} 分别对 s 求一阶导数和二阶导数可得:

$$\frac{\partial X_i^{s*}}{\partial s}=-\frac{N\bar{Q}\mathrm{e}^{-(\delta+r)(\bar{S}-s)}}{M}\left\{\frac{bN}{\delta+r}[\mathrm{e}^{-(\delta+r)(\bar{S}-s)}-1]+Nm\right\}^{-\frac{1}{M}-1}<0$$

$$\frac{\partial^2 X_i^{s*}}{\partial s^2}=\frac{(bN)^2\mathrm{e}^{-(\delta+r)(S-1-s)}}{M}\left\{\frac{bN}{\delta+r}[\mathrm{e}^{(\delta+r)(s-\bar{S})}-1]+Nm\right\}^{-\frac{1}{M}-2}$$

$$\left[1+\frac{\mathrm{e}^{-(\delta+r)(\bar{S}-s)}}{M}-\frac{M(\delta+r)}{bN}\right]>0$$

由以上结果可见,在区间 $[S_1,S_2)$ 内, X_i^{s*} 呈现逐渐递减趋势,但递减的速度逐步减缓。由命题4.2的结论可知,这一递减过程将从 S_1 开始,并持续到时点 S_2,之后, X_i^{s*} 将维持在恒定的水平上。由这一分析可知,

---

① 对此命题有两点需要说明。首先,对于区间 $[S_1,S_2)$ 而言,要保证该区间内 X_i^{s*} 的取值是正的[这样才能符合式(4.5)所要求的约束条件],就必须有 $\frac{b}{\delta+r}[\mathrm{e}^{-(\delta+r)(\bar{S}-S)}-1]+Nm>0$。可以验证,在区间 $[S_1,S_2)$ 内这一条件自动满足。另一个需要说明的问题是,在 X_i^{s*} 的最优路径上存在着两个特殊的点。观察前面的分析可以看见,三种约束条件有效情形的出现区间均不包括产品阶段 S_1 和 S_2。而在这两个产品阶段上,计算可知分别有 $X_i^{s*}=0$ 和 $\omega_i=0$ 以及 $X_i^{s*}=1/\beta$ 和 $\mu_i=0$ 同时成立。这实际上是一种特殊情况。关于此类特殊情况的讨论可以参见Dixit(1990, p. 31)的介绍。在具体表述 X_i^{s*} 的最优路径时,为表述的简便,这两个产品阶段被归并入区间 $[S_1,S_2)$ 和 $[S_2,\bar{S})$ 内。而这种处理方式在下文的分析中还将继续使用。

X_i^{s*} 的最优路径如图 4.1 所示：

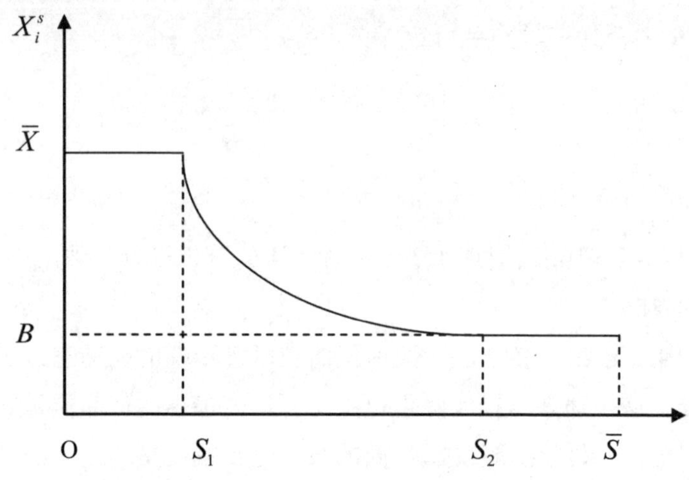

图 4.1 动态最优化下的变化路径

在命题 4.2 的基础上，根据式(4.9)，也可进一步求解出厂商自主研发项目数量的最优变化路径：

$$x_i^{s*} = \begin{cases} \left[\dfrac{m}{\sigma K(n-1)}\right]^{\frac{1}{\sigma-1}} \overline{X}^{\frac{\alpha-\beta}{\sigma-1}}, s\epsilon[0,S_1) \\ \dfrac{\sigma}{\alpha mN}\left\{\dfrac{bN}{\delta+r}\left[e^{(\delta+r)(s-\overline{S})}-1\right]+Nm\right\}^{\frac{\beta-\alpha}{\sigma-1-\alpha+\beta}}, s\epsilon[S_1,S_2) \\ 1, s\epsilon[s_2,\overline{s}] \end{cases} \tag{4.20}$$

由上式可知，当厂商面临技术约束时，x_i^{s*} 的动态轨迹可以划分为三个阶段。该变化路径如图 4.2 所示。

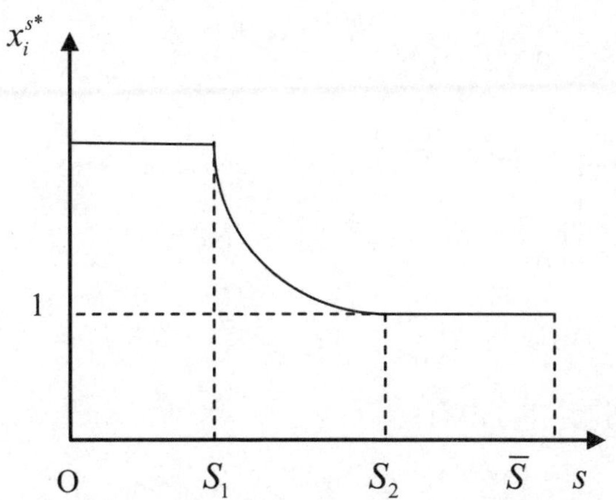

图 4.2 动态最优化下 x_i^{s*} 的动态变化路径

在区间$[0,S_1)$和$[S_2,\overline{S}]$内，x_i^{s*} 均为水平线段；在区间$[S_1,S_2)$内，由于 $\partial x_i^{s*}/\partial s<0$，$\partial^2 x_i^{s*}/\partial s^2>0$，因此$x_i^{s*}$ 呈现出递减下降趋势。这种变化趋势正好与 X_i^{s*} 的变动相对应。图 4.2 所示大致地反映了这种变化。

x_i^{s*} 描述了各产品阶段上厂商自主研发项目数量的变化路径，它从绝对量上衡量了厂商从事自主研发的动力。在观察以上分析结果时所需注意的是，由于 x_i^{s*} 仅代表绝对量水平，因此它无法全面反映厂商在自主研发与技术引进之间的侧重程度。例如，当 x_i^{s*} 上升时，不能认为厂商的技术进步方式更偏重于自主研发。此外，x_i^{s*} 表示的是厂商自主研发的最优项目数量，而非厂商在自主研发上的投入水平。

为了反映各产品阶段上厂商自主研发与技术引进之间的相对关系，本书引入自主研发项目比重和自主研发投入比重这两个指标。前者表示在各产品阶段上，厂商自主研发项目数量占总技术进步幅度的比重（即 x_i^{s*}/X_i^{s*}），后者则表示在各产品阶段上，厂商自主研发投入占总技术进步成本的比重（即 C_i^{rs*}/C_i^{zs*}）。

自主研发项目比重这一指标的求解极为简便，故本书选择首先考察该指标的性质。由命题 4.2 和式（4.20）计算可得：

$$\frac{x_i^{s*}}{X_i^{s*}}=\begin{cases}\left[\frac{m}{\sigma K(n-1)}\right]^{\frac{1}{\sigma-1}}\bar{X}^{-M},s\epsilon[0,S_1]\\ \frac{\sigma}{\alpha}\left\{\frac{b}{m(\delta+r)}\left[e^{-(\delta+r)(\bar{S}-s)}-1\right]+1\right\},s\epsilon[S_1,S_2)\\ \left(\frac{m}{\sigma K}\right)^{\frac{1}{\alpha-\beta}}(n-1)^{\frac{1}{\beta-\alpha}},s\epsilon[S_2,\bar{S}]\end{cases}\tag{4.21}$$

由式(4.10)可以判断$\left(\frac{m}{\sigma K}\right)^{\frac{1}{\alpha-\beta}}(n-1)^{\frac{1}{\beta-\alpha}}\equiv B<1$。① 由式(4.21)可以计算出,在区间$[S_1,S_2)$内有:

$$\frac{\partial(x_i^{s*}/X_i^{s*})}{\partial s}=\frac{\sigma}{\alpha m}\cdot be^{-(\delta+r)(\bar{S}-s)}>0$$

$$\frac{\partial^2(x_i^{s*}/X_i^{s*})}{\partial s^2}=\frac{\sigma(\delta+r)}{\alpha m}\cdot be^{-(\sigma+r)(\bar{S}-s)}>0$$

即x_i^{s*}/X_i^{s*}在区间$[S_1,S_2)$内呈加速上升趋势。这表明在动态最优化下,厂商的自主研发项目比重呈现出向某个小于1的固定常数B加速收敛的趋势,且这一收敛结束于产品阶段S_2。该过程可以用图4.3来反映。

总结以上分析不难看出,技术约束对厂商技术进步最优路径的唯一影响是限制了区间$[0,S_1]$内x_i^{s*}的取值,而在区间$(S_2,\bar{S})$内,x_i^{s*}的最优路径则受限于约束条件$X_i^{s*}\geqslant 1/B$的影响。现在,我们可以从静态和动态两个角度来审视知识外溢的成本节约和专利保护障碍所导致的额外成本对厂商自主研发决策的影响。在本书的分析中,静态的含义是将分析的视角限定于某特定的产品阶段上。此时,厂商的自主研发决策将遵循式(4.4)的要求。在静态意义上,给定各厂商的技术进步幅度,代表性厂商的最优自主研发项目数表现为体现技术联系的参数α的增函数和反映专利保护强度的参数β的减函数。当所有厂商都采取相同的技术进步幅度时(正如动态最优化的均衡结果那样),$\alpha>\beta$意味着代表性厂商技术进步幅度的增加将使它愿意对更多的技术项目进行研发。其原因在于,在动态最优化的博弈过程中,尽管厂商技术进步幅度的增加将引起其对手

① 当$q=1$时,由式(4.11)可知$\beta<1$。

技术进步幅度的同等变动,但是,由于$\alpha>\beta$,技术进步幅度的提升将总能为厂商的自主研发带来更多的成本节约。但是在动态角度上,正是$\alpha>\beta$这一参数条件使得厂商自主研发的最优项目数量随X_i^{s*}的增加而递减。引起这一变化的原因同样在于,$\alpha>\beta$意味着技术进步幅度减少使厂商损失的成本节约量总是超过专利障碍成本的下降幅度——在动态变化过程中,厂商的最优技术进步幅度呈现出递减趋势,从而造成了最优自主研发项目数量的逐渐下降。

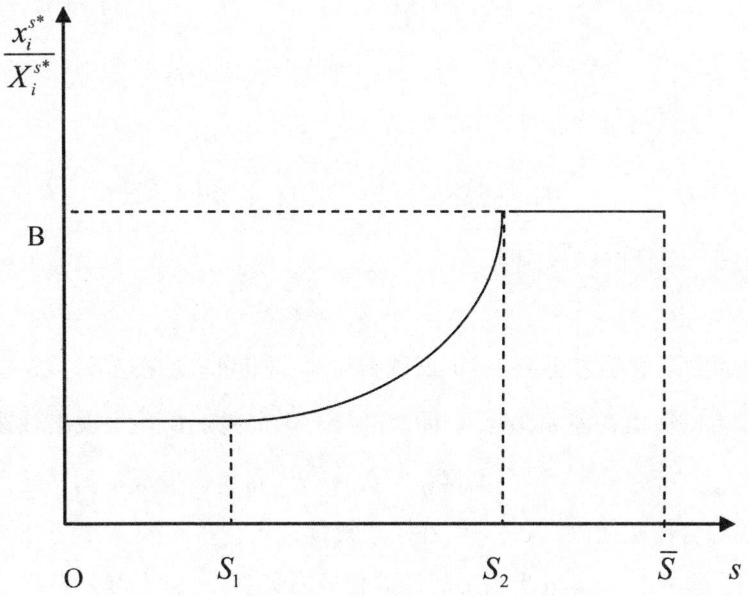

图 4.3　动态最优化下 x_i^{s*}/X_i^{s*} 的变化路径

不过,从式(4.21)的求导结果可以看出,x_i^{s*}/X_i^{s*}处于上升趋势。其原因在于,尽管$\beta<\alpha$,但由于$\sigma>1+\alpha$,因而始终有:

$$-\frac{\alpha-\beta}{\sigma-1-\alpha+\beta}>-\frac{1}{M}=-\frac{\sigma-1}{\sigma-1-\alpha+\beta}$$

该不等式意味着在区间$[S_1,S_2)$内X_i^{s*}始终以比x_i^{s*}更快的速度递减。换句话说,由于$\frac{\alpha-\beta}{\sigma-1}<1$,因而$x_i^{s*}$并不是随$X_i^{s*}$的减少而线性递减:$x_i^{s*}$的递减幅度不仅小于$X_i^{s*}$,而且其下降的速度也逐渐减缓,因此,$x_i^{s*}/$

X_i^{s*} 仍然呈现出上升趋势。

以上初步讨论的结果仅仅反映了代表性厂商在自主研发项目数量及其比重上的最优决策变化,但除此之外,还应该关注厂商在自主研发上的投入及其比重会如何变化。计算可得:

$$C_i^{rs*}=\begin{cases}\dfrac{m}{\sigma}\left[\dfrac{m}{\sigma K(n-1)}\right]^{\frac{1}{\sigma-1}}\bar{X}^{\frac{\alpha-\beta}{\sigma-1}},s\in[0,S_1)\\ \dfrac{m}{\sigma}\left(\dfrac{m}{\sigma K}\cdot\dfrac{1}{n-1}\right)^{\frac{1}{\sigma-1}}\left\{\dfrac{bN}{\sigma+r}\left[\mathrm{e}^{-(\sigma+r)(\bar{S}-s)}-1\right]+Nm\right\}^{\frac{\beta-\alpha}{\sigma-1-\alpha+\beta}}\\ s\in[S_1,S_2)\\ \dfrac{m}{\sigma},s\in[S_2,\bar{S}]\end{cases} \tag{4.22}$$

对比 C_i^{rs*} 和 x_i^{s*} 的动态路径可知,它们有着相同的结构。在区间$[0,\bar{S}]$内,C_i^{rs*} 始终可以写为:

$$C_i^{rs*}=mx_i^{s*}/\sigma \tag{4.23}$$

因此,C_i^{rs*} 的动态路径一定表现出与 x_i^{s*} 相同的变化趋势,只是在各产品阶段上的取值相差 m/σ 倍。即,在区间$[0,S_1)$内,C_i^{rs*} 呈现出减速递减的趋势,并在区间$[S_2,\bar{S}]$内恒定在常数 m/σ。自主研发成本的递减是两个因素的综合作用结果。一方面,在动态最优技术进步路径上,由于 $\alpha>\beta$,因而所有厂商最优技术进步幅度的递减趋势意味着,尽管专利障碍成本亦随之下降,但厂商从知识外溢中获取的成本节约幅度递减得更快,从而使得总的研发成本呈现出递增趋势。另一方面,厂商最优技术进步幅度随产品阶段的推移而递减,这使最优自主研发项目数量亦呈现递减趋势,而这会降低自主研发的总成本。由于 $\sigma>\alpha-\beta$,自主研发项目数量递减在降低总研发成本方面的效果要超过成本节约幅度(扣除专利障碍成本后)下降所造成的成本递增。这样,从总体上而言,C_i^{rs*} 将逐渐递减。

我们当然也可以计算出最优化下,厂商在自主研发上的投入占其当期总投入的比重,本书将这一指标称为自主研发投入比重。在式(4.23)的基础上,可以解得:

$$\frac{C_i^{rs*}}{C_i^{zs*}}=\frac{1}{1+\sigma(X_i^{s*}/x_i^{s*}-1)} \tag{4.24}$$

由于在最优动态路径上，x_i^{s*}/X_i^{s*} 呈现出向常数 B 逐步收敛的递增趋势(即 X_i^{s*}/x_i^{s*} 递减)，因此式(4.24)表明厂商自主研发投入比重的最优动态路径亦呈现出递增趋势，并在产品阶段 S_2 收敛于$\frac{1}{1-\sigma+\sigma/B}$。由于 $B<1$，这一常数值同样小于1。

4.5 比较静态分析

市场结构对厂商R&D行为的影响，一直是西方传统专利竞争文献所关注的主要问题之一。因此这里首先讨论市场结构的变化对厂商自主研发决策的相关影响。由于 x_i^{s*} 是区间$[0,\bar{S}]$上的分段函数，因此首先需要检查厂商数量的变化是否会改变 S_1 和 S_2 的取值(从而使各子区间出现变化)。由4.4节的分析可知：

$$\frac{\partial S_1}{\partial n}=\frac{-\beta}{\sigma-1}\cdot\frac{1}{n-1}\cdot\frac{\bar{X}^{-M}}{N\bar{Q}+(\delta+r)\bar{X}^{-M}-Nm(\delta+r)}<0$$

$$\frac{\partial S_2}{\partial n}=\frac{1}{\delta+r}\cdot\frac{b}{D_1(\delta+r)}\cdot\frac{\alpha K}{\beta-\alpha}\cdot(n-1)^{\frac{1-\beta+\alpha}{\beta-\alpha}}\left(\frac{m}{\sigma K}\right)^{\frac{\beta-\alpha-1}{\beta-\alpha}}<0$$

$\partial S_2/\partial n<0$ 意味着，如果厂商数量增加，则厂商的自主研发项目比重(x_i^{s*}/X_i^{s*})将更早地收敛于 B。这一结论对 x_i^{s*} 和 X_i^{s*} 同样适用。由于 S_1 和 S_2 分别对应于各最优变量分段函数的拐点，因此 $\partial S_1/\partial n$ 和 $\partial S_2/\partial n$ 的符号不仅反映了拐点位置的变化，还决定了拐点附近的函数值将如何变动。以 X_i^{s*} 为例。如果厂商数量的变化(比如说，上升至$\hat{n}$)使 S_1 下降至 S_1^n，那么这就意味着原先对应于 S_1 的拐点左移至了某点 S_1^n，在区间$[S_1^n,S_1)$内的函数值也相应地由 $X_i^{s*}=\bar{X}$变化为$\{bN_1^n[\mathrm{e}^{-(\delta+r)(\bar{S}-s)}-1]/(\delta+r)+N_1^n m\}^{-1/M}$。同理，由于厂商数量的增加会使 S_2 下降(假定下降至某点 S_2^n)，区间$[S_2^n,S_2)$内的函数值亦会有类似的变化。

区间$[S_1^n, S_1)$和$[S_2^n, S_2)$内的这种函数数值的变化无法用导数来描述,因此,以下比较静态不可能仅仅通过判断偏导数符号来进行。不过,区间$[0, S_1^n]$、$[S_1, S_2^n)$和$[S_2, \bar{S}]$内分段函数的结构不会发生变化,从而可以用求偏导数的方法进行比较静态分析。在区间$[S_1^n, S_1)$和$[S_2^n, S_2)$内,则只能考虑函数数值上的变动(或函数曲线的移动)。同样的,对x_i^{s*}、x_i^{s*}/X_i^{s*}、C_i^{rs*}和C_i^{rs*}/C_i^{zs*}这些分段函数,本书也将采取相同的方法进行比较静态分析。

当厂商数量发生改变时,区间$[S_1^n, S_1]$内分段函数X_i^{s*}的数值变动不是任意的,因为分段函数X_i^{s*}本身是连续的。当厂商数量未发生变动时,在产品阶段S_1上,必然有:

$$\left\{\frac{bN}{\delta+r}\left[e^{-(\delta+r)(\bar{S}-s)}-1\right]+Nm\right\}^{-\frac{1}{M}}=\bar{X} \tag{4.25}$$

这种限制实际上是由S_1的经济含义决定的:当$s<S_1$时,约束条件式(4.16)将是紧的,而$s \geqslant S_1$时,这一约束是松的。厂商数量的变动将改变在S_1坐标轴上的具体位置,但并不会改变其性质。在新的点S_1^n上,式(4.25)必定同样成立,而这一点正是厂商数量变化时,区间$[S_1^n, S_1]$内分段函数X_i^{s*}在数值变化上所面临的约束。不过,需要注意的是,厂商数量的变化会同时改变$\{bN[e^{-(\delta+r)(\bar{S}-s)}-1]/(\delta+r)+Nm\}^{-1/M}$的取值,因此厂商数量变化对区间$[S_1^n, S_1]$内$X_i^{s*}$函数值的影响,是通过函数曲线本身的平移及函数拐点改变而造成的函数取值跳动两个方面来实现的。在区间$[S_2^n, S_2]$内,X_i^{s*}的变化与此类似。

尽管到此为止,本部分的讨论都旨在推断厂商数量变化时分段函数X_i^{s*}的变化趋势,但这并不是本小节比较静态分析所希望得出的结论。x_i^{s*}、x_i^{s*}/X_i^{s*}、C_i^{rs*}和C_i^{rs*}/C_i^{s*}这些分段函数受厂商数量变动的影响才是分析的重点。不过,由于这些分段函数的取值均取决于X_i^{s*},因而以上讨论对下文的分析来说是不可缺少的铺垫。

下面,首先考虑厂商数量变动时x_i^{s*}的变化趋势,相应的结论归纳于命题4.3中。

命题4.3：当厂商数量上升时，区间$[0,S_2)$内x_i^{s*}曲线将下移，区间$[S_2,\overline{S}]$内x_i^{s*}曲线则保持不变。

证明：首先考虑区间$[0,S_1^n]$、$[S_1,S_2^n]$及$[S_2,\overline{S}]$内x_i^{s*}曲线的变化。根据式(4.20)可知，在这三个区间内分别有：

$$\frac{\partial x_i^{s*}}{\partial n}\Big|_{s<S_1^n}<0,\ \frac{\partial x_i^{s*}}{\partial n}\Big|_{S_1<s<S_2^n}=\frac{-\beta}{\sigma-1-\alpha+\beta}\cdot\frac{x_i^{s*}}{n-1}<0,\ \frac{\partial x_i^{s*}}{\partial n}\Big|_{s\geqslant S_2^n}=0$$

而在区间$[S_1^n,S_1)$内，随着原先坐标轴上的点S_1由于厂商数量的变化而左移至点S_1^n，x_i^{s*}在此区间内每点上的取值也转变为$\frac{\sigma}{\alpha mN}\left\{\frac{bN}{\delta+r}\left[e^{(\delta+r)(s-\overline{S})}-1\right]+Nm\right\}^{\frac{\beta-\alpha}{\sigma-1-\alpha+\beta}}$。验证可知对于任意$s\geqslant S_1^n$有：①

$$\left[\frac{m}{\sigma K(\hat{n}-1)}\right]^{\frac{1}{\sigma-1}}\overline{X}^{\frac{\alpha-\beta}{\sigma-1}}\geqslant\frac{\sigma}{\alpha mN_1^n}\left\{\frac{bN_1^n}{\delta+r}\left[e^{(\delta+r)(s-\overline{S})}-1\right]+N_1^n m\right\}^{\frac{\beta-\alpha}{\sigma-1-\alpha+\beta}}$$

因此区间$[S_1^n,S_1)$内x_i^{s*}取值的变化意味着厂商数量的增加使x_i^{s*}曲线下移。同理可以证明在区间$[S_2^n,S_2)$内，厂商数量的增加使曲线x_i^{s*}下降为$x_i^{s*}=1$。

总结以上分析可知，在区间$[0,S_2]$内，厂商数量增加使x_i^{s*}下降，而在区间$[S_2,\overline{S}]$内，x_i^{s*}没有变化。

命题4.3只讨论了厂商数量增加时x_i^{s*}的变动方向，其目的在于简化对问题的叙述。当厂商数量减少时，S_1和S_2不是左移，而是右移，而分段函数x_i^{s*}出现函数值跳动的区间则为$[S_1,S_1^n]$和$[S_2,S_2^n]$。此时，从命题4.3的分析中可以推断的是，厂商数量减少对x_i^{s*}的影响正好与命题4.3相反。命题4.3所描述的x_i^{s*}的变化，大致可以用图4.4来反映。

① 这实际上是由S_1^n的性质决定的，因为此时它对应着函数的拐点。

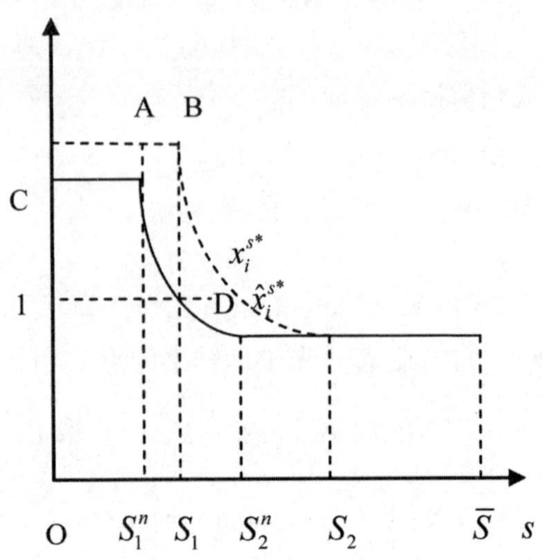

图 4.4　厂商数量增加时 x_i^{s*} 路径的变化

由图 4.4 可见，当 n 增加时，一方面，S_1 和 S_2 左移到 S_1^n 和 S_2^n，另一方面，x_i^{s*} 在区间 $[0,S_2)$ 内呈现下移趋势（由虚线段下移至实线段）。但是，这种下移通常不是平移，这主要是因为 n 的变化对点 S_1 和 S_2 的影响不同，并且在区间 $[S_1,S_2^n)$ 内各点上 x_i^{s*} 的递减幅度是有差异的。区间 $[S_2,\overline{S}]$ 内的 x_i^{s*} 不受厂商数量变化的影响，因为在该区间内 x_i^{s*} 的取值与厂商数量无关。

用类似的方法可以讨论厂商数量变动对最优自主研发项目数量比重的影响。同命题 4.3 一样，这里将仅讨论厂商数量增加时的情形，厂商数量减少的影响则正好与之相反。具体的分析与结论归纳于命题 4.4 中。

命题 4.4：当厂商数量上升时，在区间 $[S_1,S_2^n)$ 内，厂商最优自主研发项目比重不变，在区间 $[0,S_1)$ 和 $[S_2^n,\overline{S}]$ 内，厂商最优自主研发项目比重则呈现下降趋势。

证明：由式(4.21)可知，在区间 $[0,S_1^n)$、$[S_1,S_2^n)$ 和 $[S_2,\overline{S}]$ 内分别有：

$$\frac{\partial x_i^{s*}/X_i^{s*}}{\partial n}\bigg|_{s<S_1^n}<0,\frac{\partial x_i^{s*}/X_i^{s*}}{\partial n}\bigg|_{S_1<s<S_2^n}=0,\frac{\partial x_i^{s*}/X_i^{s*}}{\partial n}\bigg|_{s>S_2}<0$$

而在区间 $[S_2^n,S_2)$ 内，厂商数量的变化使 x_i^{s*}/X_i^{s*} 在此区间内每点上的取值转变为$\left(\frac{m}{\sigma K}\right)^{\frac{1}{\alpha-\beta}}(\hat{n}-1)^{\frac{1}{\beta-\alpha}}$。由于在厂商数量未出现变化时，$x_i^{s*}/X_i^{s*}$在区间$[0,S_1)$内是$s$的增函数，因而有：

$$x_i^{s*}/X_i^{s*}\mid_{s\in(S_2^n,S_2]} > x_i^{s*}/X_i^{s*}\mid_{s=S_2^n}=\left(\frac{m}{\sigma K}\right)^{\frac{1}{\alpha-\beta}}(\hat{n}-1)^{\frac{1}{\beta-\alpha}}\equiv\hat{B}$$

而这表明，厂商数量的增加使区间$[S_2^n,S_2)$内x_i^{s*}/X_i^{s*}变小。同理可以证明，在区间$[S_1^n,S_1)$内，厂商数量的增加也使x_i^{s*}/X_i^{s*}变小。总结以上分析可见，在区间$[S_1,S_2^n]$内，厂商最优自主研发项目比重不随厂商数量的增加而改变，而在区间$[0,S_1)$和$[S_2^n,\bar{S}]$内，厂商最优自主研发项目比重则随厂商数量的增加而呈现下降趋势。

命题4.4表明，厂商数量的增加对最优自主研发项目比重的影响，主要在于会使其收敛的比值B下降。其原因在于，在区间$[S_2,\bar{S}]$内，厂商数量的变化并不会对x_i^{s*}产生影响，但简单地求导便可发现此时X_i^{s*}与n正相关，因此从总体上而言，x_i^{s*}/X_i^{s*}与n负相关。图4.5反映了厂商数量增加时，x_i^{s*}/X_i^{s*}动态路径的变化。该图中，实线反映了变化后的曲线形态。

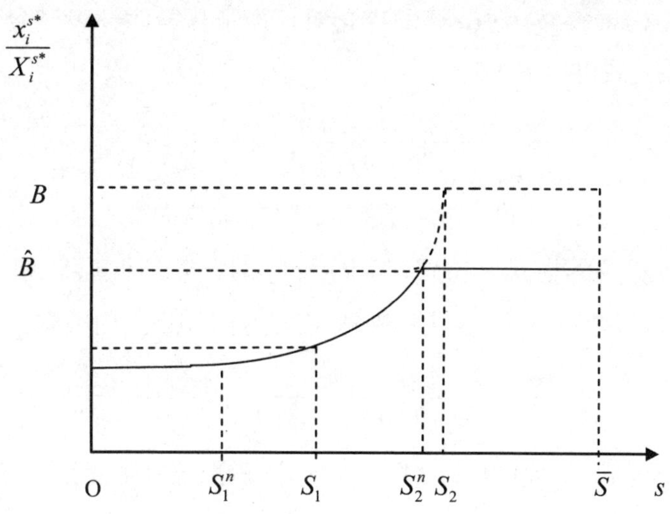

图4.5　厂商数量增加时x_i^{s*}/X_i^{s*}路径的变化

由式(4.23)和式(4.24)可知，C_i^{rs*}和C_i^{rs*}/C_i^{zs*}可以分别视为x_i^{s*}和

x_i^{s*}/X_i^{s*} 的增函数,因此在命题 4.3 和命题 4.4 的基础上,可以直接推断厂商数量变动,对最优研发投入及其在总技术进步成本中的比重的影响,相应的结论归纳于下面的推论 4.1 和推论 4.2 中。

推论 4.1:当厂商数量上升时,区间 $[0,S_2)$ 内厂商将减少最优自主研发投入,区间 $[S_2,\bar{S}]$ 内厂商的最优自主研发投入不变。

证明:由式(4.23)可知,C_i^{rs*} 与 x_i^{s*} 正相关。因此厂商数量变动时,最优自主研发投入与最优自主研发项目数量的变化方向相同,故可由命题 4.3 得出本推论。

推论 4.2:当厂商数量上升时,在区间 $[S_1,S_2^n)$ 内,厂商最优自主研发投入比重不变,在区间 $[0,S_1)$ 和 $[S_2^n,\bar{S}]$ 内,厂商最优自主研发投入比重则呈现下降趋势。

证明:由式(4.24)可见,C_i^{rs*}/C_i^{zs*} 与 x_i^{s*}/X_i^{s*} 正相关。因此,厂商数量变化对代表性厂商的最优自主研发投入比重的影响与其对最优自主研发项目数量比重的影响相同,故可以直接在命题 4.4 的基础上得出本推论。

接下来,考察技术瓶颈 $\bar{X}$ 的变化对厂商最优自主研发路径的影响。从 S_1 的表达式可以解得:

$$\frac{\partial S_1}{\partial \bar{X}} = \frac{-M\bar{X}^{-M-1}}{bN+(\sigma+r)\bar{X}^{-M}-mN(\sigma+r)}$$

由于 $b>m(\sigma+r)$ 且 $M>0$,因而 S_1 与 $\bar{X}$ 成反向变动关系。如果 $\bar{X}$ 的增加使 S_1 左移至 S_1^X,那么由式(4.20)及 S_2 的表达式可知,S_2 和区间 $[S_1,\bar{S}]$ 内 x_i^{s*} 的函数值不受 $\bar{X}$ 变化的影响,而在区间 $[0,S_1^X)$ 内则有:

$$\frac{\partial x_i^{s*}}{\partial \bar{X}} = \frac{\alpha-\beta}{\sigma-1}\left[\frac{m}{\sigma K(n-1)}\right]^{\frac{1}{\sigma-1}}\bar{X}^{\frac{\alpha-\beta}{\sigma-1}-1}>0$$

而在区间 $[S_1^X,S_1)$ 内,$\bar{X}$ 的上升将使 x_i^{s*} 的取值发生变化。x_i^{s*} 的这种变化情况可以由图 4.6 反映:

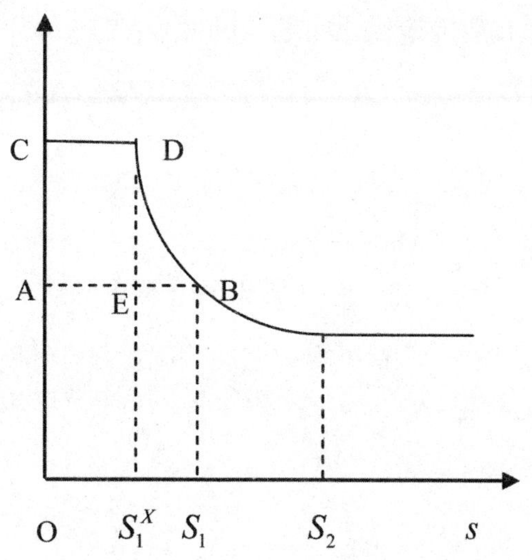

图 4.6 $\overline{X}$上升 x_i^{s*} 时轨迹的变动

从图 4.6 可以看出,当$\overline{X}$上升时,S_1 左移至 S_1^X,原有的区间$[S_1,S_2)$拓展为$[S_1^X,S_2)$,区间$[S_1^X,S_1)$内的 x_i^{s*} 曲线也由 EB 线段转变为曲线 DB。线段 AE 则上移至线段 CD。技术约束的上升意味着厂商面临的技术约束放松。从最优化模型角度来看,这仅仅改变了其中一个不等式约束条件,对其他求解结果并无影响。因此,它只会对 x_i^{s*} 的取值上限、拐点 S_1 的位置以及 S_1 附近的函数值产生影响。

4.6 联合利润最大化下厂商的最优技术进步路径

前文以博弈模型讨论了厂商在最优技术进步路径上的选择。在之前的分析中,厂商的决策目标是自身利润最大化,从而不会考虑提高产品质量的外部效应。这种外部性大致表现为产品质量提升对其他厂商市场需求的不利影响,以及给其他厂商带来的新增专利障碍成本。因此,可以推测,与联合利润最大化时厂商的决策相比,在自身利润最大化目标函数下,每个厂商的技术进步强度都将过高。为证明这一猜想,考虑所有厂商组成卡特尔前提下的最优技术进步问题。此时,所有厂商以联合利润最

大化为目标,因而相应的最优化问题可以写为:

$$\max_{\dot{T}_i}\pi_i=\int_0^{\bar{S}}\sum_i[R_i^s-(x_i^{s*})^{\sigma}(X_i^s)^{-\alpha}\sum_{j\neq i}(X_j^s)^{\beta}K-m(X_i^s-x_i^{s*})]\mathrm{e}^{-rs}\mathrm{d}s \tag{4.26}$$

$$s.t.\quad T_i^0=0$$

$$[\frac{m}{\sigma K}/\sum_{j\neq i}(X_j^s)^{\beta}]^{\frac{-1}{\alpha}}\leqslant X_i^s\leqslant\bar{X}$$

在同质厂商假设下,求解可得相应的最优化条件和欧拉方程为:①

$$\lambda^{s*}=m-(\alpha-\beta)(n-1)(x^{s*})^{\sigma}K(X^s)^{-\alpha-1+\beta}-\mu^s-\omega^s \tag{4.27}$$

$$\dot{\lambda}_i^{s*}=-[(b-b_1)+\delta(\alpha-\beta)(x_i^{s*})^{\sigma}K(n-1)(X_i^s)^{-\alpha-1+\beta}-m\delta]+r\lambda_i^s-\delta\mu_i^s+\delta\omega_i^s \tag{4.28}$$

比较此处的最优性条件和前文中的式(4.17)及式(4.18)的最优性条件可知,联合利润最大化对最优性条件的影响在于厂商间竞争性效应内部化。这主要体现在如下两个方面:首先,任意一个厂商产品质量变化量的增加都会使技术进步幅度增加,并进而使其他厂商面临更高的专利障碍;其次,在市场竞争方面,每个厂商产品质量的提高都会减少其他所有厂商的市场需求。联合利润最大化倾向于使这两种外部性内部化。

不过,除了某些系数的不同以外,此处最优性条件在结构上与式(4.17)和式(4.18)完全一致,因此可以按照前文的讨论方式进行求解。为了叙述的简便,此处将省略具体的求解过程。在联合利润最大化下,可以解得厂商技术进步幅度的最优变化路径 X_m^{s*} 为:

$$X_m^{s*}=\begin{cases}\bar{X},s\in[0,S_1^m)\\ \left\{\dfrac{(b-b_1)N_m}{\delta+r}[\mathrm{e}^{-(\delta+r)(\bar{S}-s)}-1]+mN_m\right\}^{-\frac{1}{M}},s\in[S_1^m,S_2^m)\\ \left(\dfrac{m}{\sigma K}\right)^{\frac{1}{\beta-\alpha}}(n-1)^{\frac{-1}{\beta-\alpha}},s\in[S_2^m,\bar{S}]\end{cases} \tag{4.29}$$

式(4.29)中的 N_m 对应于命题4.2中的常数项 N,但由于此处最优性

① 由于厂商是同质的,因而他们的最优策略一定是对称的,故而在以下分析表述中,去除了变量的下标“i”。

条件的某些常数项与前文 4.4 节的分析有所不同，N_m 与 N 相比也略有差异。计算可知：①

$$N_m = \frac{\alpha N}{\alpha - \beta} > N$$

S_1^m 则满足如下等式：

$$\left\{\frac{(b - b_1)N_m}{\sigma + r}\left[e^{-(\delta + r)(\bar{S} - s)} - 1\right] + mN_m\right\}^{-\frac{1}{M}} = \bar{X}$$

即

$$S_1^m = \bar{S} + \frac{1}{\delta + r}\ln\left[1 - \frac{m(\delta + r)}{b - b_1} + \frac{\bar{X}^{-m}(\delta + r)}{(b - b_1)N_m}\right]$$

而当 $X_m^{s*} = \left(\frac{m}{\sigma K}\right)^{\frac{1}{\beta - \alpha}}(n - 1)^{\frac{-1}{\beta - \alpha}}$ 时可以解得：

$\mu_i^s = \frac{b - b_1}{\delta + r}e^{(\delta + r)(s - \bar{S})} - D_m, x^{s*} = 1, D_m = \frac{b - b_1}{\delta + r} - m + (\alpha - \beta)(n - 1)K$ $(X_i^s)^{-\alpha - 1 + \beta}$

因此有：

$$S_2^m = \bar{S} + \frac{1}{\delta + r} \cdot \ln\frac{(\delta + r)D_m}{b - b_1}$$

由 S_2^m 的定义可知，在产品阶段 S_2^m，一定有：

$$\left\{\frac{(b - b_1)N_m}{\delta + r}\left[e^{-(\delta + r)(\bar{S} - s)} - 1\right] + mN_m\right\}^{-\frac{1}{M}} = \left(\frac{m}{\sigma K}\right)^{\frac{1}{\beta - \alpha}}(n - 1)^{\frac{-1}{\beta - \alpha}}$$

在式(4.29)的基础上，可以进一步求解联合利润最大化下厂商最优自主研发项目数量 x_m^{s*}、最优自主研发项目比重 x_m^{s*}/X_m^{s*}、最优自主研发投入 C_m^{rs*} 及最优自主研发投入比重 C_m^{rs*}/C_m^{zs*}。而在此基础之上，我们可以比较联合利润最大化下这些最优路径与前文 4.4 节的结果有何不同。

首先，比较式(4.29)和命题 4.2 的结果，可以得出命题 4.5。

命题 4.5：在任意产品阶段上，$X_m^{s*} \leqslant X^{s*}$。

① 实际上，只需将 N 中的 α 换为 $(\alpha - \beta)$ 即可得出 N_m。

证明：比较 S_1^m 和 S_1 的大小可知：

$$S_1 - S_1^m = \frac{1}{\delta + r}\left\{\ln\left[1 - \frac{m(\delta + r)}{b} + \frac{\bar{X}^{-M}(\delta + r)}{bN}\right] - \ln\left[1 - \frac{m(\delta + r)}{b - b_1} + \frac{\bar{X}^{-M}(\delta + r)}{(b - b_1)N_m}\right]\right\}$$

由于$\frac{m(\delta + r)}{b} > \frac{\bar{X}^{-M}(\delta + r)}{Nb}$，$N_m = \frac{\alpha N}{\alpha - \beta}$，因此有如下不等式成立：①

$$1 - \frac{m(\delta + r)}{b} + \frac{\bar{X}^{-M}(\delta + r)}{bN} > 1 - \frac{m(\delta + r)}{b - b_1} + \frac{\bar{X}^{-M}(\delta + r)}{(b - b_1)N} > 1 - \frac{m(\delta + r)}{b - b_1} + \frac{\bar{X}^{-M}(\delta + r)}{(b - b_1)N_m}$$

而这表明 $S_1 > S_1^m$。

而比较 S_2^m 和 S_2 的大小可知：

$$S_2 - S_2^m = \frac{1}{\delta + r} \cdot \ln \frac{1 - \frac{\delta + r}{b}[m - \alpha(n - 1)K(X_i^s)^{-\alpha - 1 + \beta}]}{1 - \frac{\delta + r}{b - b_1}[m - (\alpha - \beta)(n - 1)K(X_i^s)^{-\alpha - 1 + \beta}]}$$

由于$\frac{\delta + r}{b} < \frac{\delta + r}{b - b_1}$，$\alpha - \beta < \alpha$，显然有：

$$\frac{\delta + r}{b}[m - \alpha(n - 1)K(X_i^s)^{-\alpha - 1 + \beta}] < \frac{\delta + r}{b - b_1}[m - (\alpha - \beta)(n - 1)K(X_i^s)^{-\alpha - 1 + \beta}]$$

因此可以推断 $S_2 > S_2^m$。

由命题 4.2 和式(4.29)可知，在区间$[S_1, S_2^m)$内，由于 $e^{-(\delta + r)(\bar{S} - s)} < 1$，$M > 0$，因此计算可得：

$$\frac{X_m^{s*}}{X^{s*}} = \left\{\frac{\frac{(b - b_1)N_m}{\delta + r}[e^{-(\delta + r)(\bar{S} - s)} - 1] + mN_m}{\frac{bN}{\delta + r}[e^{-(\delta + r)(\bar{S} - s)} - 1] + mN}\right\}^{-\frac{1}{M}} <$$

---

① $\frac{m(\delta + r)}{b} > \frac{\bar{X}^{-M}(\delta + r)}{Nb}$这一条件可参见本书第 55 页脚注①。

$$\left\{\frac{\frac{bN_m}{\delta+r}[\mathrm{e}^{-(\delta+r)(S-s)}-1]+mN_m}{\frac{bN}{\delta+r}[\mathrm{e}^{-(\delta+r)(\bar{S}-s)}-1]+mN}\right\}^{-\frac{1}{M}}=(\frac{N_m}{N})^{-\frac{1}{M}}$$

由于$N_m>N$，因此$(N_m/N)^{\frac{-1}{M}}<1$，即由以上不等式缩放结果可知$X_m^{s*}<X^{s*}$。

而在区间$[S_2^m,S_2)$内，由S_2的定义可知，当$s<S_2$时$X^{s*}>\left(\frac{m}{\sigma K}\right)^{\frac{1}{\beta-\alpha}}(n-1)^{\frac{-1}{\beta-\alpha}}$，而此时$X_m^{s*}=\left(\frac{m}{\sigma K}\right)^{\frac{1}{\beta-\alpha}}(n-1)^{\frac{-1}{\beta-\alpha}}$，因此同样有$X_m^{s*}<X^{s*}$。而在区间$[S_1^m,S_1)$内，$X^{s*}=\bar{X}>X_m^{s*}$，最后，由命题4.2和式(4.29)可知，在区间$[0,S_1^m)$和$[S_2,\bar{S}]$内分别有$X_m^{s*}=X^{s*}=\bar{X}$和$X_m^{s*}=X^{s*}=\left(\frac{m}{\sigma K}\right)^{\frac{1}{\beta-\alpha}}(n-1)^{\frac{-1}{\beta-\alpha}}$。

综合以上分析可知，在任意产品阶段上，始终有$X_m^{s*}\leqslant X^{s*}$。

这一结论符合直觉的推断：在联合利润最大化下，原先每个厂商提高产品质量对其他厂商的不利影响（专利障碍和市场竞争）均被内部化，因而此种情形下厂商提高产品质量的动机，要小于其以最大化自身净利润为目标时的动机。

在命题4.5的基础上，我们可以进一步比较联合利润最大化下，厂商最优自主研发项目数量和投入，与自身利润最大化目标下的决策有何不同。相应的结论归纳于如下两个命题中：

命题4.6：在任意产品阶段上，$x_m^{s*}\leqslant x^{s*}$，$x_m^{s*}/X_m^{s*}\geqslant x^{s*}/X^{s*}$。

证明：由前文式(4.20)可知，在同质厂商假设下，$\partial x^{s*}/\partial X^{s*}>0$，因此由命题4.5可以直接推断$x_m^{s*}\leqslant x^{s*}$。

而在式(4.29)的基础上求解可得：

$$\frac{x_i^{s*}}{X_i^{s*}}=\begin{cases}\left[\frac{m}{\sigma K(n-1)}\right]^{\frac{1}{\sigma-1}}\bar{X}^{-M},s\in[0,S_1^m)\\ \frac{\sigma}{\alpha-\beta}\left\{\frac{b-b_1}{m(\delta+r)}[\mathrm{e}^{-(\delta+r)(\bar{S}-s)}-1]+1\right\},s\in[S_1^m,S_2^m)\\ \left(\frac{m}{\sigma K}\right)^{\frac{1}{\alpha-\beta}}(n-1)^{\frac{1}{\beta-\alpha}},s\in[S_2^m,\bar{S}]\end{cases}$$

将上式与前文式(4.21)对比可知,在区间$[S_1,S_2^m)$内有:①

$$\frac{x_m^{s*}/X_m^{s*}}{x^{s*}/X^{s*}}>\frac{\frac{\sigma}{\alpha-\beta}\left\{\frac{b}{m(\delta+r)}\left[e^{-(\delta+r)(\bar{S}-s)}-1\right]+1\right\}}{\frac{\sigma}{\alpha}\left\{\frac{b}{m(\delta+r)}\left[e^{-(\delta+r)(\bar{S}-s)}-1\right]+1\right\}}=\frac{\alpha}{\alpha-\beta}>1$$

即在区间$[S_1,S_2^m)$内$x_m^{s*}/X_m^{s*}>x^{s*}/X^{s*}$。

而在区间$[S_2^m,S_2)$内,$x_m^{s*}/X_m^{s*}=\left(\frac{m}{\sigma K}\right)^{\frac{1}{\alpha-\beta}}(n-1)^{\frac{1}{\beta-\alpha}}$。而由$S_2$的定义可知,在该区间内$x^{s*}/X^{s*}<\left(\frac{m}{\sigma K}\right)^{\frac{1}{\alpha-\beta}}(n-1)^{\frac{1}{\beta-\alpha}}$,因而此时仍然有$x_m^{s*}/X_m^{s*}>x^{s*}/X^{s*}$。而在区间$[S_1^m,S_1)$内$x^{s*}/X^{s*}=\left[\frac{m}{\sigma K(n-1)}\right]^{\frac{1}{\sigma-1}}\bar{X}^{-M}<x_m^{s*}/X_m^{s*}$。最后,在区间$[0,S_1^m)$和$[S_2,\bar{S}]$内有$x_m^{s*}/X_m^{s*}=x^{s*}/X^{s*}=\left[\frac{m}{\sigma K(n-1)}\right]^{\frac{1}{\sigma-1}}\bar{X}^{-M}$和$x_m^{s*}/X_m^{s*}=x^{s*}/X^{s*}=\left(\frac{m}{\sigma K}\right)^{\frac{1}{\alpha-\beta}}(n-1)^{\frac{1}{\beta-\alpha}}$。

综合以上分析可知,在任意产品阶段,始终有$x_m^{s*}\leqslant x^{s*}$,$x_m^{s*}/X_m^{s*}\geqslant x^{s*}/X^{s*}$。

命题4.7:在任意产品阶段上,$C_m^{rs*}\leqslant C^{rs*}$,$C_m^{rs*}/C_m^{zs*}\geqslant C^{rs*}/C^{zs*}$。

证明:由式(4.23)可知,$\partial C^{rs*}/\partial x^{s*}=m/\sigma>0$,因此在命题4.6的基础上可以直接推断$C_m^{rs*}\leqslant C^{rs*}$。而由式(4.24)可知,$C^{rs*}/C^{zs*}$是$x^{s*}/X^{s*}$的增函数,故而在命题4.6的基础上亦可推断$C_m^{rs*}/C_m^{s*}\geqslant C^{rs*}/C^{s*}$。

命题4.6和命题4.7表明,尽管在联合利润最大化下,厂商最优自主研发项目和投入,均小于自身利润最大化时厂商的最优决策水平,但是从比重上来看,则表现出相反的结果。造成这一结果的根本原因在于,在较低的技术进步幅度上,厂商研发过程中的知识外溢所带来的成本节约在边际量上较小,因而较低的技术进步幅度对应于较低的自主研发动机。但是,在厂商同质前提下,由于所有厂商采取相同的最优策略,因此在联

① 在理解此不等式缩放时,请注意$e^{-(\delta+r)(\bar{S}-s)}-1<0$

合利润最大化下,所有厂商的技术进步幅度都相对更低。相对于自身利润最大化下厂商的最优决策,这种技术进步幅度的下降,并不会引起厂商自主研发项目数量的同等幅度下降。因为尽管研发过程中厂商所能获得的成本节约幅度在相应地递减,但由于所有厂商的最优技术进步幅度都在下降。因此自主研发面临的专利障碍成本亦在递减,而这对自主研发来说是一个正向的激励。正是在这种正向激励下,虽然联合利润最大化时厂商亦会降低自主研发的项目数量,但程度要小于最优技术进步幅度的递减。因此从两者的比例上来看,自主研发项目数量占整个技术进步任务的比重反而上升。此分析对自主研发的投入比重也同样适用。

4.7　资金约束

在前面的分析中,厂商技术进步的约束主要来自技术整合能力的制约,即厂商在单位产品阶段上技术进步的最大幅度为$\bar{X}$。但在现实的研发活动中,厂商面临的另外一个重要约束通常表现为资金约束。在前面的分析中,为了简化起见,未对此问题进行分析,在此专门加以讨论。

假设每个产品阶段上,厂商所能用于技术进步的所有资金为$m\bar{C}$,因此,厂商的预算约束表现为:①

$$C_i^{zs} = (x_i^{s*})^{\sigma}(X_i^s)^{-\alpha}\sum_{j\neq i}(X_j^s)^{\beta}K + m(X_i^s - x_i^{s*}) \leqslant m\bar{C}$$

由前文式(4.9)可知,该预算约束可以被简化为:

$$X_i^s = \dot{T}_i^s + \delta T_i^s \leqslant \bar{C} + \left(1 - \frac{1}{\sigma}\right)x_i^{s*}$$

而厂商质量决策的动态最优化问题为:

$$\max\pi_i = \int_0^{\bar{S}}\left[R_i^s - (x_i^{s*})^{\sigma}(X_m^s)^{-\alpha}\sum_{j\neq i}(X_j^s)^{\beta}K - m(X_i^s - x_i^{s*})\right]\mathrm{e}^{-rs}\mathrm{d}s$$

---

① 由于m为固定常数,因此对此资金上限形式的设定并不是很强的假设。只要假定资金约束是一常数,则该常数总可以用此种形式来表示。

$$\text{s. t.}\quad T_i^0=0$$

$$\left[\frac{m}{\sigma K}\Big/\sum_{j\neq i}(X_j^s)^\beta\right]^{\frac{-1}{\alpha}}\leqslant X_i^s\leqslant\bar{C}+\left(1-\frac{1}{\sigma}\right)x_i^{s*}$$

为求解该动态最优化问题,建立如下现值汉密尔顿函数:

$$H_c=R_i^s-(x_i^{s*})^\sigma(X_i^s)^{-\alpha}\sum_{j\neq i}(X_j^s)^\beta K-m(X_i^s-x_i^{s*})+\lambda_i^s\dot{T}_i^s$$
$$+\mu_i^s\left\{X_i^s-\left[\frac{m}{\sigma K}\Big/\sum_{j\neq i}(X_j^s)^\beta\right]^{\frac{-1}{\alpha}}\right\}+\omega_i^s\left[\bar{C}+\left(1-\frac{1}{\sigma}\right)x_i^{s*}-X_i^s\right]$$

在同质厂商假设下,求解可得如下最优化条件:①

$$\lambda_i^{s*}=m-\alpha(x_i^{s*})^\sigma K(n-1)^\beta(X_i^s)^{-\alpha-1+\beta}-\mu_i^s+\omega_i^s\left[1-\frac{\alpha x_i^{s*}}{\sigma(X_i^s)}\right]\dot{\lambda}_i^{s*}$$
$$=-\left[b+\delta\alpha(x_i^{s*})^\sigma K(n-1)^\beta(\delta T_i^s+\dot{T}_i^s)^{-\alpha-1+\beta}-m\delta\right]+r\lambda_i^s-\delta\mu_i^s+\delta\omega_i^s$$

其横截条件为:

$$\lambda_i^{\bar{S}}=0$$

互补松弛条件为:

$$\mu_i^s\geqslant0,X_i^s-\left[\frac{m}{\sigma K}\Big/\sum_{j\neq i}(X_j^s)^\beta\right]^{\frac{-1}{\alpha}}\geqslant0,\mu_i^s\left\{X_i^s-\left[\frac{m}{\sigma K}\Big/\sum_{j\neq i}(X_j^s)^\beta\right]^{\frac{-1}{\alpha}}\right\}=0$$

$$\omega_i^s\geqslant0,\bar{C}+\left(1-\frac{1}{\sigma}\right)x_i^{s*}-X_i^s\geqslant0,\omega_i^s\left[\bar{C}+\left(1-\frac{1}{\sigma}\right)x_i^{s*}-X_i^s\right]=0$$

对比此处动态最优化问题的最优条件和前文4.4小节中动态最优化问题的最优条件可知,在 $\mu_i^s=0$ 且 $\omega_i^s=0$ 以及 $\mu_i^s>0$ 且 $\omega_i^s=0$ 两种情形下,两个最优化问题有着相同的解,因此这里不再加以讨论。唯一的区别在于 $\omega_i^s>0$ 时的最优解,因为相应的约束条件发生了变化。

如果 $\omega_i^s>0$,则 $\mu_i^s=0$。此时如下约束条件成立:

$$X_i^s=\bar{C}+\frac{\sigma-1}{\alpha mN}(X_i^s)^{\frac{\alpha-\beta}{\sigma-1}}$$

上式构成了一个以 X_i^s 为未知数的方程。由上式可见,随着指数 $(\alpha-\beta)/(\sigma-1)$ 取值的不同,该方程解的个数及数值也有所不同,因此不易直

① 可以验证,该最优化条件的二阶条件成立。

接求解。① 不过,该方程的形式表明,其解总可以用$\bar{C}(\sigma-1)/\alpha mN$和来表示,而这两项均只包含外生给定的常数变量。因此,可以断定的是,X_i^s的值一定是某一正值常数,而用这一常数来代替命题4.2中的$\bar{X}$,便可以得到资金约束下厂商最优质量决策。

以上分析表明,资金约束下厂商最优质量决策以及自主研发决策与技术约束下的决策在结构上完全相同,因而也有着大致相似的动态变化轨迹。两种不同约束条件下动态最优化解的差别差于区间$[0,S_1]$内X_i^{s*}和x_i^{s*}的取值有所不同,点S_1的位置(取值)也会存在差异。

4.8　对技术引进成本函数的讨论

本章4.1节的假设4.3对模型分析背景做出了如下限定:(1)产品市场中的在位厂商不是技术的供给方;(2)引进技术具有不变的边际成本m。这两项假设极大地简化了本书模型的求解,但似乎施加了对技术引进成本函数的较强限制。本节的目的即在于讨论假设4.3的经济含义及其适用的范围。

对技术引进成本函数的讨论,可以近似视为最优的技术授权合约应该如何设计。对此问题,西方已有一些较为成熟的理论分析。Gallini(1984)、Shapiro(1985)、Katz和Shapiro(1985、1986)、Gallini和Winter(1985)、Kamien和Taumen(1986)以及Lin(1996)等人讨论了不存在交易费用且信息对称时,专利授权的动机、专利授权对事前研发投入的影响、专利授权对社会福利的影响以及最优专利授权合约的形式。对信息不对称情况的讨论则可以参见Sappington(1982)、Wright(1983)、Bhattacharya和Ritter(1983)以及Gallini和Wright(1990)等人的研究成果。基于前文

① 实际上,如果$\frac{\alpha-\beta}{\sigma-1}$始终为整数(或其倒数为整数),那么使用"韦达定理"来对方程的解进行讨论还是可行的,但这一前提条件显然无法始终成立。

分析所暗含的信息假定，这里将继续在不存在信息不对称的前提下讨论厂商技术引进的成本函数。

在上述对称信息技术授权的分析文献中，技术授权可以发生在在位厂商之间，也可以发生在某一专门的技术研发者与各在位厂商之间。新技术的作用被假定为能够降低各在位厂商的生产的不变边际成本。从古诺博弈的基本结论可知，边际成本的降低能够改善厂商的市场利润，即使这种边际成本的降低对称地发生在每个在位厂商的生产过程中。因此，正如 Shapiro(1985)所指出的，如果市场中不存在交易费用，而且市场主体均具有完全信息，那么显然存在通过技术授权增进市场利润总和的可能。只要这些新增利润能够恰当地在各个市场主体之间分割，那么技术授权一定会发生。

在完全信息假设下，当技术授权采用两部收费方式时，拥有专利的技术授权方(Licensor)甚至能够实现市场的垄断利润。通常的两部收费表现为固定费用以及针对每单位产出所收取的专利特许费(Royalty)。当市场中只有一个在位厂商时，技术所有者的最优选择显然是令专利特许费为0，因为这样的合约不会带来对厂商边际生产成本的扭曲，从而可以保证厂商获取最大的垄断利润，对垄断利润的分割则通过收取固定费用来进行。如果市场中存在多个厂商，专利所有者也存在控制市场利润的可能，因为专利授权可以作为达成市场合谋的手段。此时，专利特许费不能为0，因为通过收取正的专利特许费，专利所有者能够提高厂商生产的边际成本，从而达到限制各厂商产出的目的。由于完全信息条件下专利所有者知道每个厂商的反应函数，因此他能够在此基础上为每个厂商计算出特定的专利特许费率，从而使市场总产出等于垄断产出水平。当然，为了实现这种产量限制，专利所有者可能制定了过高的专利特许费率，此时，他就需要通过收取一个负的固定费用来对各个厂商进行补贴。在现实的运作过程中，这种合约通常是不可行的，因为它会受到反垄断法的限制。由于法律上的因素，固定费用便通常被限定为非负的，而且由于合约的参与约束，对各个厂商收取的专利授权费，不能超过这些厂商从授权中获取的利润增量。在这种情况下,Gallini 和 Winter(1985)以及 Kamien 和 Tauman(1986)等人的分析结果表明,对专利所有者而言,最优的专利授权合约将表现为 0 固定费用和最高限度的特许费率。① 需要说明的是,以上分析中,专利所有者只是单纯的技术供给者,本身并不进行产品生产,这与假设 4.3 所描述的场景相一致。不过,即使假设专利授权发生在在位厂商之间,只要假设专利所有者有完全的讨价还价能力,则专利授权基础上的合谋以及最优合约的设计在本质上也不会发生改变。

以上理论对技术授权的分析与本书所描述的情景有较大差异。首先,在这些研究中,产品市场中只有一项新技术专利,因此技术授权方具有技术上的垄断地位,从而在授权合约的设计上有讨价还价的优势。其次,技术的作用被假设为降低生产的边际成本,而市场竞争呈现出古诺型的产量竞争或者伯川德式的价格竞争,这与本书的产品质量竞争有一定差异。这些分析背景上的差异使我们在利用这些理论成果分析本书厂商技术授权的最优决策时,需要对其结论进行一定的修正。

在本章的分析背景下,假设 4.3 的合理性和适用范围涉及两个主要的方面:(1)技术引进具有不变边际成本的合理性;(2)允许在位厂商之间相互进行技术授权会产生何种影响。

首先,考虑技术进步的边际成本问题。在这里的分析中,我们暂时遵循假设 4.3 所包含的另一设定,即在位厂商仅仅是技术市场的需求方,专利供给由专门的研发机构或市场外的其他厂商实现。此时,由前文的分析可知,由于市场结构呈现出寡头竞争格局,因此一个有效率的(至少对厂商和专利所有者而言)专利授权合约应该致力于引导厂商选择使市场总利润最大的产品质量提升路径。因此需要对厂商产品质量决策的边际

---

① 在现有分析背景下,该最高限度的特许费率表现为授权前后生产的边际成本之差,此时,专利所有者完全攫取了厂商的利润增量。当然,这一结论依赖于对专利所有者讨价还价地位的设定。

成本施加影响。① 接下来，考虑两部收费形式的专利授权合约，即固定收费加上一定的可变费用。由于在这里，需要调整的边际成本是相对于厂商的技术进步幅度而言的，因此所谓的可变费用与传统理论中的特许费用有不同的内涵，即它是根据产品质量提升幅度而非产量来征收的。对厂商边际成本的影响要求该可变费的比率（相对于产品质量而言）能够有效地限制厂商提升产品质量的动机。然而，正如前文分析所指出的，当技术市场呈现出伯川德竞争特性时，在位厂商在技术授权合约中拥有讨价还价权利。这种情形决定了各个在位厂商可以尽可能地获取技术授权所能带来的利润增量。在此前提下，实现合谋的专利授权合约由于需要对厂商产品质量调整带来过高的边际成本扭曲，因此在位厂商必然要求技术供给方通过某种形式的固定费用对其进行补贴。由于反垄断法律的存在，这往往是无法实现的。如果技术是由独立的研发机构供给的，那么由于固定费用被施加了非负限制，因此技术市场的伯川德竞争以及产品市场中的分散化决策必然导致一个固定费用为 0 的专利授权合约，并且在该合约中，可变费率会被压低到仅仅使可变费用能够弥补技术供给方研发成本的水平。

现在，有必要对比本章结论与传统理论有何区别。正如前文论述所提及的，在传统的专利授权文献中，在位厂商仅仅以分散化的古诺决策决定市场的产出与价格水平，因此市场合谋的实现就依赖于专利所有者对技术授权合约的设计，而技术上的垄断地位使它可以尽可能地通过专利特许费率改变厂商生产的边际成本，进而控制市场的产出水平。在本章的分析中，由于技术的可替代性，专利所有者不再拥有合约设计中的讨价还价能力，因此技术授权合约的设计就不可能由专利所有者来主导，从而使得合约设计同样呈现出类似于产品市场博弈的分散化特征。其结果

---

① 由于各个厂商产品质量的提升会降低其他厂商的市场需求，并增加它们研发时所面临的专利障碍，因此会对其他厂商施加负的外部性。由此可以推断，在联合利润最大化下，各个厂商的产品质量决策要低于非合谋情形，这与本章 4.6 节的基本结论是一致的。因此，力图实现合谋的专利授权合约需要通过提升产品质量调整的边际成本来实现对各个厂商技术进步目标选择的限制。

是,每个厂商都希望支付最低可能的可变费率。这一专利授权合约保证了技术供给方的参与约束,并使在位厂商以最低的成本引进技术;与此同时,由于专利费用以可变费率而非固定费用的形式支付,因此它也可以对各个在位厂商的产品质量提升决策起到一定的限制作用。

如果专利授权的可变费率为 m,且在某产品阶段上厂商引进 $(X-x)$ 单位的基本技术,那么在该产品阶段里,厂商技术引进的成本即为 $m(X-x)$,正如假设 4.3 所设定的形式。由于该可变费用正好弥补技术供给方的研发成本,因此关于 m 恒定不变的假设意味着技术供给方的研发成本函数具有不变的边际成本 m。本书已经分析了该条件的成立条件:技术供给方的研发能力恒定不变,且对其研发过程而言,有 $\sigma=1, \alpha=0$。当假定技术市场供给方具有极强的研发能力时,前两个条件都能近似地成立。但是,在本章的分析中,如果假设对技术供给方而言有 $\alpha=0$ 便可能产生逻辑上的问题,因为之前的分析已经假设对产品市场在位厂商而言均有 $\alpha>0$,而且似乎很难解释为何基本技术间的相关性在技术市场中的研发机构和产品市场中的厂商之间会有截然不同的表现。

但是,我们可以进一步考虑技术不是由独立的技术研发机构提供,而是由其他市场里的厂商所提供的。① 此时,专利授权可变费用弥补的不应是这些厂商的研发成本,因为这些技术通常并不是专门为了满足技术市场需求而"生产"的:它们往往是这些厂商在其他市场实行技术竞争的产物。在这种情况下,可变费率所要弥补的不是技术研发成本,而是对技术授权可能引致的潜在竞争的补偿。即当在位厂商从其他市场中的企业获取技术时,它在一定程度上获得了进入其他市场的技术条件,从而可能为技术供给方所在的市场带来额外的竞争。为此,它需要向技术授权方

① 例如,国际汽车企业向中国国内汽车企业提供技术。

提供一定的补偿。① 如果其他市场中厂商的市场收益函数同样符合本书所定义的产品质量的线性函数形式,那么当在位厂商引进$(X-x)$单位技术时,它对技术授权方所施加的潜在竞争损失便表现为$(X-x)$的线性函数,当技术授权费用正好弥补这一竞争损失时,在位厂商的技术进步成本函数便同样表现为$(X-x)$的线性函数,具体的函数形式主要取决于专利的剩余期限。比如说,如果平均而言,在位厂商所引进的技术的专利保护将在 h 个产品阶段后失效(从期望值上来说,可以视 h 为特定常数),且技术折旧率和贴现率分别为 δ 和 r(相对于产品阶段而非时间而言),那么在某$(X-x)$单位的技术授权发生后的第 s 个产品阶段上,技术供给方所面临的利润损失为$\bar{m}(X-x)(1-\delta)^s$,而总损失贴现和为$\bar{m}(X-x)\int_0^h(1-\delta)^s e^{-rs}ds$。② 其中,$\bar{m}$代表单位产品阶段内,每单位技术授权给技术供给方带来的利润损失。由于 h 以及贴现率和折旧率均为常数,因此$\bar{m}\int_0^h(1-\delta)^s e^{-rs}ds$ 亦为常数。该常数可以称为厂商对技术供给方利润损失的补偿系数。

在假设 4.1 中,本书曾假设所考察的产品市场拥有$\bar{S}$个产品阶段。当在位厂商向其他市场的厂商寻求技术授权时,如果其他市场在产品阶段$\bar{S}$

---

① 不可否认,专利授权费用的收取可能会改变这些厂商的研发策略,这取决于专利授权费用是否能够增加研发的边际收益。当我们以一个动态博弈来考察这一过程时,可以发现如果现有研发决策已经能够满足技术需求方的需要时,均衡时的专利授权费用不会对研发决策产生影响。考虑如下的博弈过程:在博弈第 1 阶段,技术供给方为其所在市场的技术竞争进行研发,并预期此研发会带来一定的市场收益以及一定的专利授权收益;在博弈的第 2 阶段,技术供给方与技术需求方签订授权合约。当技术供给方仅仅为了满足市场技术竞争(即不考虑授权收益)所做的研发决策已经能够满足技术需求方的需要时,技术需求方就没有必要再通过授权费用对供给方提供额外的研发激励。此时,由逆向归纳法可知,在博弈的第 2 阶段,由于技术需求方拥有讨价还价能力,因此技术授权费用刚好弥补技术供给方的潜在市场损失,这也就意味着在博弈的第 1 阶段,技术供给方研发的边际收益仅仅受市场技术竞争收益的影响,从而其研发强度不受专利授权费用的影响。

② 之所以可以将$(X-x)$写在积分号之外,是因为这里讨论的是某特定产品阶段上技术授权对之后各个产品阶段技术供给方的利润影响。这里的$(X-x)$仅仅是某个产品阶段上的技术授权量,而不是一个动态变化路径。

后仍将持续 h 个以上阶段,那么我们就可以断言假设 4.3 关于 m 的设定在被考察市场的任意一个产品阶段上均能成立,并且有 $m=\bar{m}\int_0^h(1-\delta)^s e^{-rs}ds$ 。

但是,如果其他市场在产品阶段$\bar{S}$后无法再持续 h 个阶段,就需要对上述结论进行修正。因为在产业经营的末期,$\bar{m}\int_0^h(1-\delta)^s e^{-rs}ds$ 的取值会发生变动。为了说明这一问题,假定在产品阶段$\bar{S}$后所有市场均消失。由于产品阶段$\bar{S}$后市场不再存在,因此也就不再存在对技术供给方利润损失的补偿问题。具体而言,由于产品阶段是有限的,如果技术授权发生在第 t 个产品阶段,且 $t\geqslant\bar{S}-h$,那么总损失贴现和对$(X-x)$的系数就要写为 $\bar{m}\int_0^{\bar{S}-t}(1-\delta)^s e^{-rs}ds$ 。这也就是说,对最后那 h 个阶段里的技术授权来说,系数$\bar{m}\int_0^{\bar{S}-t}(1-\delta)^s e^{-rs}ds$ 将随技术授权发生时间 t 的推移而递减。这个分析结果并不能保证技术进步成本函数的不变边际成本性质在每个产品阶段上均能成立。它说明,该不变边际成本性质在前$(\bar{S}-h)$个产品阶段中一定成立;同时,为了近似地保证假设 4.3 关于不变边际成本的设定始终具有合理性,就要求 h 较小或者 δ 较大。此时,最后那 h 个产品阶段中技术授权的边际成本虽然仍会发生变化,但幅度很小。这意味着,如果被考察市场经营结束后,技术供给方所在的其他市场不能持续足够长的时间,那么本书的结论就最适用于如下两种情形:(1)技术供给方不愿意将较新的技术授权给其他厂商;(2)市场中技术更新换代的速度较快。第二种情形直观地对应于较高的技术折旧率 δ,而第一种情形则对应于较小的 h,即在给定的法定专利保护年限下,由于技术供给方不会立即将其获得的新技术授权给其他厂商使用,因此专利授权发生于更接近专利失效的时点。

不过,需要特别补充说明的是,以上情况的出现,依赖于对技术供给方潜在利润损失的补偿系数与其单位基本技术研发成本的比较。即只有当在位厂商发现引进其他市场中厂商的现有技术在单位技术引进成本上更有优势时,这种技术引进方式才会在技术交易市场中出现。否则,在位厂商会认为让技术供给方代为研发是更好的技术引进方式。因此,以上分析暗含了对技术供给方潜在利润损失弥补系数取值范围的限制。

接下来,考虑在位厂商之间相互授权的情形。在假设 4.3 中,本书假定在位厂商不是技术供给方,因此它们之间不会发生技术授权。现在,需要进一步讨论的是,放弃这一假设是否会改变本章分析的结论。需要注意的是,由于在位厂商的技术研发是出于产品市场竞争的需要,因此与在位厂商向其他市场的企业获取技术的情形一样,这里的专利授权费用不是对研发成本的弥补,而是对市场竞争损失的弥补。当在位厂商相互进行技术授权时,技术的扩散会提高各厂商竞争对手的产品质量,从而对其自身的市场利润产生冲击。因此,在位厂商间的技术授权费用必须能够弥补授权方的市场利润损失。

当在位厂商相互实行技术授权时,在同质厂商假设下,可以设想每个厂商均会同时成为技术的供给方与需求方。此时,尽管技术替代性依然存在,但最终的专利授权合约不一定会呈现出伯川德解的特征。在前文对在位厂商向市场外技术供给方寻求技术授权时,之所以授权合约为伯川德解,是因为在法律限定的范围内,技术供给方无法通过固定费用的补贴,来使在位厂商支付较高水平的可变专利使用费率。但当在位厂商可以相互实行专利授权时,由于专利费用的支付是相互的,因此每个厂商都可以通过向技术需求方支付相应的可变费用,来达到让对方接受较高可变费率的目的。这种交叉补贴使各在位厂商有可能通过技术授权实现产品研发的垄断解,从而实现默契合谋。

尽管当在位厂商相互实行技术授权时,最终的专利授权可变费率是不确定的,但是可以肯定的是,如果存在签订合谋契约的可能,那么专利授权合约一定表现为某种与技术引进量相关的可变费用,而相应的可变费率即为厂商技术引进的边际成本,而且如果联合利润最大化产量存在且唯一,那么就每个产品阶段而言,该边际成本表现为固定的常数。唯一不能确定的是,由于合谋情形下厂商寻求的是动态意义上的联合利润最大化,因此该边际成本在每个产品阶段之间可能是不同的。从这个意义上来说,假设 4.3 的确施加了较强的限制。

当然,如果合谋契约完全无法实现,那么专利授权合约便表现为对技术供应方市场利润损失的补偿。由于在本章的模型设定中,厂商的市场销售收入表现为竞争对手平均产品质量的线性减函数,因此当其向竞争对手实行专利授权时,所损失的市场利润就表现为其竞争对手技术引进量的线性函数。这也就意味着,当在位厂商相互实行技术授权时,相应的技术进步成本函数同样具有不变的边际成本。如果厂商同时从其他在位厂商和市场外的技术供应方引进$(X-x)$单位的基本技术,那么基于成本最小化的考虑,技术引进的成本函数可以写为 $\min\{m_1,m_2\}(X-x)$。其中,m_1 和 m_2 则分别代表为弥补市场内其他厂商和市场外技术供给方由于专利授权所受利润损失而确定的可变费用率。当 m_1 和 m_2 均为常数时,便可认为当进一步考虑在位厂商间技术授权时,假设 4.3 所设定的厂商引进技术的成本函数在性质上不会发生变化,从而本章的分析结论亦不会发生改变。①

① 由前文分析可知,m_1 和 m_2 在如下两种情形下可以近似为常数:(1)厂商不愿意将较新的技术授权给其他厂商;(2)市场中技术更新换代的速度较快。除此之外,还要求 m_1 和 m_2 中至少有一个要小于技术供给方的平均研发成本,否则在位厂商就会放弃引进现有专利,转而通过委托技术供给方代为研发的方式引进技术。

第五章

最优专利制度

在之前的各章分析中，本书一直简单地假设技术引进和自主研发在完美的知识产权保护下展开。但是，从我国知识产权保护现状来看，尽管相关立法已经趋于完备，但是法律的执行情况却不尽如人意。

专利的保护强度将显著地影响企业自主研发和专利许可的期望收益，因而会对企业的最优技术进步选择产生根本性的影响。严格来说，专利的保护强度受两个基本因素的影响。第一个因素是专利保护的执行程度；第二个因素则涉及法律所设定的专利的排他能力。在正式的理论研究中，这种排他能力由专利的长度和宽度共同决定。专利的长度决定了专利垄断权所能持续的最长时间，而专利的宽度则决定了现有专利垄断权是否会轻易被新技术的出现所取代。在正式讨论专利保护对企业最优技术进步方式选择的影响之前，本章节将简单讨论最优专利制度设计的相关理论。

5.1　最优的专利长度

5.1－1　最优的专利长度：创新激励还是社会福利？

考虑在一个竞争性的市场环境中，所有厂商初始生产的边际成本为不变常数 C_0。市场中某厂商（令其为厂商 m）的研发努力将降低其生产的边际成本。根据边际成本降低幅度的差异,可以区分两种市场竞争结果。具体分析可以参见图5.1。

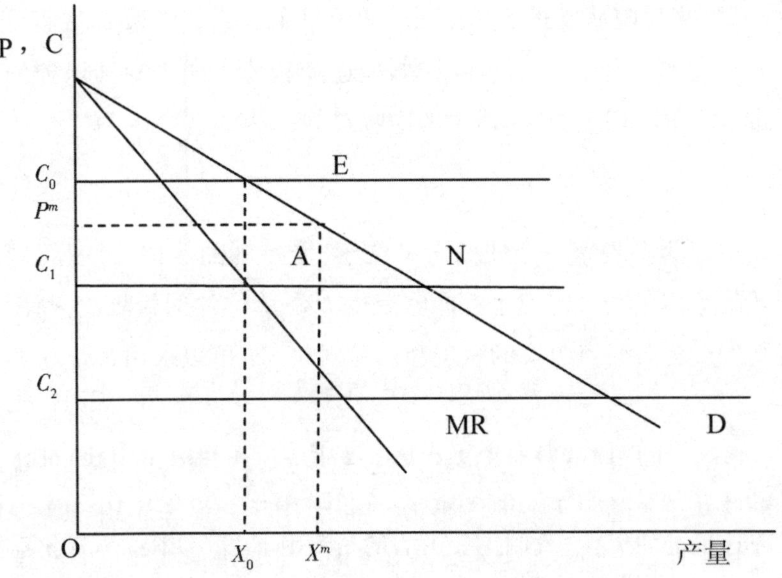

图5.1　研发对厂商利润的影响

图5.1中,向下倾斜的曲线D为市场需求曲线。如果厂商m通过生产工艺的研发将其边际成本降低至C_1,那么他就可以将产品价格制定为$(C_0-\varepsilon)$,并获得其他厂商的全部市场需求。① 此时,创新给厂商m带来的市场收益为$(C_0-C_1)X_0$,即图5.1中矩形C_0C_1AE的面积。当然,厂商m的创新还可能使其边际成本降低至C_2。在这种"剧烈创新"下,厂商m将发现,工艺改进后他将可以以成本降低后的垄断价格p^m销售产品,而其他厂商将被排挤出市场。在这里的分析中,我们将主要关注与边际成本C_1相对应的"非剧烈创新"。

"非剧烈创新"的特点在于,厂商m无法通过创新将其他厂商驱逐出市场,因此,市场总需求始终稳定在X_0的水平。这样,创新所带来的市场收益就表现为(C_0-C_1)的线性函数。令$B\equiv C_0-C_1$,则B反映了研发投

① ε为正的无穷小量。

入所带来的创新成果。

令 R 为厂商 m 的研发投入。Nordhaus(1969)使用了一个简化的函数 $B=\beta R^{\alpha}$ 来反映研发投入和创新效果之间的关系。参数 α 被假设为小于 1,以便体现研发投入的边际报酬呈递减趋势。如果专利保护的期限为 T,那么厂商 m 进行技术研发的净收益为:

$$\pi = \int_0^T \beta R^{\alpha} X_0 \mathrm{e}^{-rt} \mathrm{d}t - R \tag{5.1}$$

其中,r 为贴现率。上式的含义在于,受专利的保护,厂商的创新在专利期限 T 内的每个时点上都能够获得 BX_0 单位的创新收益,而创新总收益则表现为各时点收益的贴现和。从式(5.1)可以求出最优化的一阶条件:

$$\alpha\beta R^{\alpha-1} X_0 \frac{1-\mathrm{c}^{-rT}}{r} = 1 \tag{5.2}$$

在这里的研究中,我们主要关心的是专利长度(期限)的变化对厂商研发的影响。从式(5.2)可知,T 的延长强化了对厂商创新成果的保护,从而可以增加厂商研发的边际收益,并激励厂商进行更大幅度的创新。但是,延长专利期限的边际激励效果是递减的。这主要受到两个因素的影响:(1)受贴现的影响,当专利保护长度连续增加时,最后一时点上的创新收益贴现值在不断递减,这意味着对厂商 m 而言,延长专利保护长度的边际收益是递减的;(2)由于 $\alpha<1$,因此厂商的研发投入受边际报酬递减因素的影响。

那么,从社会角度来看,延长专利保护期限是否有社会成本呢? 对这一点的分析仍需借助图形 5.1。在无专利保护的情形下,新技术的出现将迅速被模仿,从而社会生产的边际成本将从 C_0 下降至 C_1,而由此带来的社会福利的提高则表现为梯形 C_0C_1NE 的面积。而在专利保护存在时,只有厂商 m 拥有使用新技术的权利。① 前文分析已经表明,此时,厂

① 其他厂商也可以通过专利许可的方式来获得新技术的使用权。但这不会改变分析的结论,因为厂商 m 愿意提供专利许可的前提是特许收益不小于矩形 C_0C_1AE 的面积。

商 m 会成为市场中唯一的生产厂商,并且商品总供给量仍为 X_0,价格为 C_1。此时,新技术的应用改善了厂商 m 的生产者剩余,这表现为图 5.1 中矩形 C_0C_1AE 的面积。比较梯形 C_0C_1NE 和矩形 C_0C_1AE 可知,三角形 EAN 的面积即为专利保护所带来的社会福利损失,它产生的原因在于专利保护赋予了厂商 m 一定的市场势力。

显然,从社会福利最大化来看,存在着专利长度上的权衡取舍。增加专利保护长度可以更好地激励厂商的创新。但是,由于专利保护的每个时点上都会出现部分的福利损失,因此延长专利保护也意味着将出现更多的社会福利损失。在前文所描述的分析背景下,延长专利保护长度对厂商创新激励的边际效果是递减的,这意味着在创新激励和社会福利的权衡取舍之间,将存在着一个最佳的专利保护长度。

5.1-2　专利保护长度与创新速度(Horowitz 和 Lai,1996)

假设市场中存在一个在位厂商 m。该厂商沿着一个连续的质量阶梯进行产品开发,并且单位产品质量的提升需支付不变的研发投入 c。因此,如果厂商在产品质量阶梯上的移动距离为 d(即产品质量的提升幅度为 d),那么他需要支付的研发成本为 cd。除研发成本外,厂商的生产还需要支付 η 单位的不变边际成本。

厂商 m 的研发被假定在一个离散的时间轴上展开。如果 t 表示时间,那么 $t=-1,0,1,2,\cdots$。其中,$t=-1$ 所对应的产品质量为初始技术,厂商 m 的创新活动则从 $t=0$ 开始。当厂商 m 完成某项产品质量提升的研发后,该产品技术将在 τ 时期内受到专利保护。τ 即为专利保护的长度。在 τ 期后,市场中的潜在进入者将对厂商 m 的技术成果进行无成本的模仿。

假定在第 t 个时期,市场中所存在的全部产品类型的集合为 I_t。① 对于 I_t 中的某产品 i,如果其在产品质量阶梯上的位置为 $v(i)$,那么代表性消费者对此产品质量的主观评价为 $q=\lambda^{v(i)}$,而其效用最大化问题则被假

① 如果两个产品有相同的质量,那么它们将被归为同一类产品。

定为:①

$$\max_{x_i^t} U(t) = \sum_{i \in I_t} q(i) x_i^t \quad (5.3)$$

$$\text{s. t.} \quad \sum_{i \in I_t} p_i^t x_i^t = E$$

式(5.3)中,x_i^t 为商品 i 的消费数量,p_i^t 为商品的价格,E 则为代表性消费者的收入约束。式(5.3)意味着,在代表性消费者看来,不同质量的产品之间是可以相互替代的。这使得厂商 m 有可能通过其与模仿者之间的产品质量差异来阻止潜在进入厂商的进入。

令 $m(t)$ 为厂商 m 在时期 t 时在产品质量阶梯上所处的位置,$n(t)$ 为时期 t 潜在进入厂商所能模仿的最高产品质量。由于厂商 m 是创新的主导厂商,因此 $m(t) = \max\{v(i) \mid i \in I_t\}$。而受专利保护的影响,潜在进入厂商的模仿与厂商 m 的研发之间有 τ 个时期的滞后,故:

$$n(t) = \begin{cases} n(t) = 0, 0 \leqslant t < \tau \\ n(t) = m(t - \tau), t \geqslant \tau \end{cases} \quad (5.4)$$

对于潜在进入厂商而言,由于生产单位产品的边际成本为 η,故他们所能制定的最低价格为 $p_n = \eta$。此时,只要厂商 m 设定产品价格为 $p_m = \eta\lambda^{m-n} - \varepsilon$ 便可阻止进入。② 为说明这一点,注意到在定价 p_n 和 p_m 下有:

$$\frac{MU_m}{p_m} = \frac{\lambda^m}{\eta\lambda^{m-n} - \varepsilon} > \frac{\lambda^n}{\eta} = \frac{MU_n}{p_n}$$

即,在定价 p_n 和 p_m 下,由于产品 n 和 m 和之间是互相替代的,代表性消费者的最佳选择为角点解 $x_m = E/p_m$。在此分析结论上可知,厂商 m 在时期 t 的利润为:

$$\pi_t = (p_m - \eta) x_m = \left(p_m - \frac{p_m}{\lambda^{m-n}}\right) x_m = \left(1 - \frac{1}{\lambda^{m-n}}\right) p_m x_m = \left(1 - \frac{1}{\lambda^{m-n}}\right) E \quad (5.5)$$

厂商 m 的最优化问题即为选择每个时期内的产品质量水平最大化总利润贴现和,即

① 显然,v 的提高应带来产品质量评价的提高,因此可以假设 $\lambda > 1$。

② ε 为正的无穷小量。

$$\max_{m(t)}\sum_{t=0}^{\infty}\delta^{t}\{\pi_{t}[m(t),n(t)]-c[m(t)-m(t-1)]\}$$

上式中,δ 为贴现因子。由上式求解可知,最优化的一阶条件为对任意 $t\geqslant 0$ 有:

$$\delta^{t}\frac{\partial\pi_{t}}{\partial m(t)}+\partial^{t+\tau}\frac{\partial\pi_{t+\tau}}{\partial m(t)}-c\delta^{t}+C\delta^{t+1}=0$$

使用式(5.4)和式(5.5),可以进一步将上式写为:

$$\lambda^{m(t-\tau)-m(t)}=\frac{c(1-\delta)}{E\ln\lambda}+\delta^{\tau}\lambda^{m(t)-m(t+\tau)} \tag{5.6}$$

以上分析是针对最优的产品质量 $m(t)$ 而展开的。使用相同的方法分析 $m(t+\tau)$ 可知,在最优化下有:

$$\lambda^{m(t)-m(t+\tau)}=\frac{c(1-\delta)}{E\ln\lambda}+\delta^{\tau}\lambda^{m(t+\tau)-m(t+2\tau)} \tag{5.7}$$

将式(5.7)代入式(5.6)可得:

$$\lambda^{m(t-\tau)-m(t)}=\frac{c(1-\delta)}{E\ln\lambda}(1+\delta^{\tau})+\delta^{2\tau}\lambda^{m(t+\tau)-m(t+2\tau)} \tag{5.8}$$

使用相同的方法,可以进一步分析在最优化下 $m(t+2\tau),\cdots,m(t+\phi\tau)$ 的表达式,并最终将式(5.8)写为

$$\lambda^{m(t-\tau)-m(t)}=\frac{c(1-\delta)}{E\ln\lambda}(1+\delta^{\tau}+,\cdots,+\delta^{\phi\tau})+\delta^{(\phi+1)\tau}\lambda^{m[(t+\phi\tau)-m(t+(\phi+1)\tau]} \tag{5.9}$$

当 ϕ 趋向正无穷时,式(5.9)等号右边最后一项趋向于0。此时,可以从式(5.9)得出:

$$m(t)-m(t-\tau)=\frac{1}{\ln\lambda}\cdot\ln\frac{E\ln\lambda(1-\delta^{\tau})}{c(1-\delta)} \tag{5.10}$$

式(5.10)中,$[m(t)-m(t-\tau)]$ 反映了每 τ 期内的创新幅度。由于 $\delta<1$,因此 $[m(t)-m(t-\tau)]$ 是 δ 的增函数,即专利保护可以激励在位厂商进行更大幅度的创新。此外,令 $d(t)\equiv m(t)-m(t-\tau)$,则厂商 m 在各时期上的创新决策为:

$$d(t)=\begin{cases}\frac{1}{\ln\lambda}\ln\frac{E\ln\lambda(1-\delta^{\tau})}{c(1-\delta)}, t=0,\tau,2\tau,3\tau,\cdots\\ 0,\text{其他}\end{cases}$$

即厂商 m 每隔 τ 单位的时间间隔就进行一次幅度为 d(t) 的研发。其内在的经济机制在于，由于专利保护的长度为 τ，因此在时段 τ 内，厂商 m 使用已有技术便可以阻止进入并获取正的市场利润。当专利保护失效后，厂商 m 便再进行一次新的创新来维持自己的市场势力。

由于市场内的创新间隔为 τ，因此创新的频率为 $1/\tau$，而创新的速度（令其为 z）便可以写为：①

$$z = \frac{m(t) - m(t-\tau)}{\tau} = \frac{1}{\tau \ln\lambda} \ln \frac{E\ln\lambda(1-\delta^{\tau})}{c(1-\delta)} \tag{5.11}$$

从式（5.11）可以看出，调整专利保护的长度对创新速度会产生两种相反的影响。一方面，增加 τ 会提高创新的幅度 d(t)；另一方面，τ 的提高又会降低创新频率 $1/\tau$。因此，从最大化创新速度这个角度来看，最优专利长度的设计应当在这两种效应之间进行权衡。如果 τ^* 是使得创新速度最大化的专利宽度，那么由 max$z$ 可解得 τ^* 需要满足的一阶条件：②

$$(\delta^{-\tau} - 1) \ln \frac{E\ln\lambda(1-\delta^{\tau})}{c(1-\delta)} = \tau \ln \frac{1}{\delta} \tag{5.12}$$

如果政府的政策目标是尽可能促进社会技术进步的速度，那么由此而制定的专利保护长度通常和社会福利最大化并不一致。由此而产生的问题是，为实现创新速度最大化而设置的专利长度 τ^* 与实现社会福利最大化的专利长度有何差异？

为分析专利长度设定对社会福利的影响，注意到消费者所获得的效用水平有两种不同的情形。当 $0 \leq t < \tau$ 时，由于没有潜在进入威胁，厂商 m 会设置产品价格为 $p_m = \eta\lambda^m$，而消费者将获得 E/η 单位的效用；当 $t \geq \tau$ 时，厂商 m 的定价为 $p_m \approx \eta\lambda^{m-n}$，而消费者将获得单位的效用 $\lambda^{m(t-\tau)} E/\eta$。

令 w 表示代表性消费者的效用贴现之和，并假设消费者与厂商 m 具有相同的贴现因子。由于创新是每隔 τ 期而出现一次的，故对于任意非

① 要保证分析有意义，必须有 $E\ln\lambda(1-\delta^{\tau}) > c(1-\delta)$。

② 实际上，我们还可以证明满足式（5.12）的 τ^* 存在且唯一。具体证明过程可以参见 Horowitz 和 Lai（1996）论文的附录 1。

负整数j,有：

$$\lambda^{m(j\tau)}=\lambda^{m(j\tau+1)}=\cdots=\lambda^{m[(j+1)\tau-1]}=\left[\frac{(1-\delta^{\tau})E\ln\lambda}{c(1-\delta)}\right]^{j+1}$$

因此,在厂商 m 的最佳创新决策下有：

$$w(\tau)=\sum_{t=0}^{\infty}\delta^{t}U(t)=\sum_{j=0}^{\infty}\sum_{t=j\tau}^{(j+1)\tau-1}\delta^{t}\cdot\frac{E}{\eta}\cdot\left[\frac{(1-\delta^{\tau})E\ln\lambda}{c(1-\delta)}\right]^{j}$$

而上式可以进一步写为:①

$$w(\tau)=\frac{1-\delta^{\tau}}{1-\delta}\cdot\frac{E}{\eta}\cdot\frac{1}{1-\dfrac{(1-\delta^{\tau})\delta^{\tau}E\ln\lambda}{c(1-\delta)}} \tag{5.13}$$

在式(5.11)基础上,式(5.13)可以写为：

$$w[z(\tau),\tau]=\frac{E}{\eta(1-\delta)}\cdot\frac{1-\delta^{\tau}}{1-(\lambda^{z}\delta)^{\tau}}$$

由上式可知,将w对τ求导可以解得：

$$\frac{dw}{d\tau}=\frac{\partial w}{\partial\lambda^{z}}\cdot\frac{\partial\lambda^{z}}{\partial z}\cdot\frac{dz}{d\tau}+\frac{\partial w}{\partial\tau}$$

在上式中,等号右边第一项反映了专利长度对社会福利的间接效应,即专利长度的改变通过影响创新速度来改变社会福利。第二项则反映了专利长度调整的直接影响。由于消费者的效用贴现,这一项始终是负的。从上式可以看出,如果τ^{w}是社会福利最大化下的专利长度,那么$\tau^{w}<\tau^{*}$。为说明这一点,注意到当$\tau=\tau^{*}$时,$dz/d\tau=0$,进而$dw/d\tau=\partial w/\partial\tau<0$。这一结论说明,为促进研发速度,政府会倾向于设置过强的专利保护。

5.2 最优的专利宽度

前文的论述已经表明,专利保护长度的增加可以提高创新厂商垄断市场势力所持续的时间,从而激励研发。在这里的分析中,我们需要进一

① 具体的计算过程可以参见 Horowitz 和 Lai(1996)论文的附录 2。

步考虑专利宽度的影响。由于专利宽度的增加可以强化专利的排他性范围,因此可以提高单位时点上创新厂商由专利所获得的市场势力。因此,如果专利保护期限内每时点上,创新厂商都能获得 π 单位的利润,那么 π 的提高便可以用来反映专利宽度的增大。

令 π 表示专利保护的宽度。假设政府希望使企业能够通过创新获得 V 单位的现值收益,以便为创新提供必要激励。在此背景下,最优专利制度的设计便表现为在创新收益不小于 V 的前提下,通过选择 π 和 T 的组合来最大化社会福利 W。由于专利宽度的提高通常会倾向于增强创新厂商的市场势力,因此可以假设 $W'(\pi)<0$。在专利保护过期后,厂商的利润流将下降至 $\bar{\pi}$,而社会福利将上升至 $\bar{W}=W(\bar{\pi})$。

接下来,考虑专利制度变化对社会福利和厂商收益的影响。令 Ω 表示未来各期社会福利的贴现和,则有:

$$\Omega(T,\pi) = \int_0^T W(\pi)\mathrm{e}^{-rt}\mathrm{d}t + \int_T^\infty \bar{W}e^{-rt}\mathrm{d}t$$

而创新厂商各期利润的贴现和为:

$$V(T,\pi) = \int_0^T \pi\mathrm{e}^{-rt}\mathrm{d}t + \int_T^\infty \bar{\pi}\mathrm{e}^{-rt}\mathrm{d}t \tag{5.14}$$

从式(5.14)可以看出,政府可以通过调节专利长度和宽度来维持厂商的特定创新收益。最优专利制度的设计可以归结为在约束条件 $V(T,\pi)\geqslant V$ 下寻找能够使 Ω 最大化的专利长度 T 和专利宽度 π。

从社会福利角度来看,增加企业的创新收益将不可避免地引起社会福利的下降。从专利宽度角度来看,增加专利宽度会强化专利期限内单位时点上的福利扭曲;而从专利长度来看,延长专利期限会增加福利扭曲持续的时间。因此,最优的专利制度必然应使 $V(T,\pi)=V$。在任意给定的专利长度 T 下,可以令 $\phi(T)$ 满足 $V[T,\phi(T)=V]$。这样,社会福利最大化问题就转变为:

$$\max_T \Omega[T,\phi(T)] = \int_0^T W[\phi(T)]\mathrm{e}^{-rt}\mathrm{d}t + \int_T^\infty \bar{W}\mathrm{e}^{-rt}\mathrm{d}t \tag{5.15}$$

此外,根据 $\phi(T)$ 的定义可知:

$$V = \int_0^T \phi(T)\mathrm{e}^{-rt}\mathrm{d}t + \int_T^\infty \bar{\pi}\mathrm{e}^{-rt}\mathrm{d}t = \phi(T)\frac{1-\mathrm{e}^{-rT}}{r} + \bar{\pi}\frac{\mathrm{e}^{-rT}}{r} \tag{5.16}$$

从专利制度对厂商创新收益的影响来看,当专利长度减小时,为使厂商的创新收益维持在 V 的水平,政府必须相应地提高专利保护宽度。从社会福利上来看,这意味着改变专利保护长度会带来两种相反的效应。一方面,减少专利长度意味着专利所造成的福利扭曲的期限缩短,从而倾向于提高社会福利;另一方面,约束条件 $V[T,\phi(T)]=V$ 意味着减少专利长度必然要求增加专利宽度 $\phi(T)$,而这会强化专利保护期限内每个时点上的福利扭曲。因此,最优专利长度的设计取决于这两种效果的权衡取舍。

求解式(5.15)的最优化问题可以得到如下一阶条件:

$$\frac{d\Omega}{dT}=\{W[\phi(T)]-\bar{W}\}e^{-rT}-W'[\phi(T)]\frac{1-e^{-rT}}{r}\phi'(T)=0 \quad (5.17)$$

由式(5.16)进一步求导不难解得 $\phi'(T)$ 的表达式,将其代入式(5.17)可得:

$$\frac{d\Omega}{dT}=\{W[\phi(T)]-\bar{W}\}e^{-rT}-[\phi(T)-\bar{\pi}]W'[\phi(T)]e^{-rT}=0$$

如果上式的解存在,且满足二阶条件,那么我们便可以找到社会福利最大化下的最优专利长度 T^*,以及相应的最优专利宽度 $\phi(T^*)$。但是,在这里的分析中,对角点解的分析却能得到更有意思的结果。具体而言,考虑 $W''<0$ 的情形。此时,将有如下条件成立:

$$\frac{W[\phi(T)]-\bar{W}}{\phi(T)-\bar{\pi}}>W'[\phi(T)]$$

而这显然意味着 $d\Omega/dT>0$,即最优的专利长度 T^* 将趋向于正无穷。

5.3 累积性创新与创新阻塞

5.3-1 单项初始专利下的创新阻塞(Green 和 Scotchmer,1995)

在累积性创新中,新技术的研发需要使用已有专利的知识。这意味着初始技术和新技术之间紧密联系,从而对创新的福利分析应当从两个阶段创新的整体结果来评价。例如,假设专利保护期限为 T 时,某初始创新厂商 1 支付研发投入 c_1 可以开发出技术 x,并由此获得 $\pi^x(T)$ 的收益。显然,如果 $\pi^x(T)$ 是厂商 1 研发的唯一收益,那么只有 $\pi^x(T) \geqslant c_1$ 时,厂商 1 才愿意进行研发。接下来,考虑市场中的另一个后续研发厂商 2,他在观察到厂商 1 研发结果后,能够形成一项新的技术构想。如果他愿意支付 c_2 单位的研发成本,那么便可以以技术 x 为基础开发出新技术 y。当厂商 2 实现研发后,社会中的技术总量为 $x+y$。如果厂商 1 和厂商 2 联合起来使用技术 $x+y$,两个厂商可以获得的总利润为 $\pi^{x+y}(T)$。从社会福利最大化角度来看,当 $\pi^{x+y}(T)-\pi^x(T) \geqslant c_2$ 时,研发出技术 y 将是有效率的;而当 $\pi^x(T)-C_1+\max\{\pi^{x+y}(T)-\pi^x(T)-c_2,0\} \geqslant 0$ 时,开发出技术 x 便是有效率的。但是,在厂商分散决策下,极有可能 $\pi^x(T)-c_1+\max\{\pi^{x+y}(T)-\pi^x(T)-c_2,0\} \geqslant 0$ 时 $\pi^x(T)<c_1$,那么厂商 1 就不愿意进行初始研发。此时,由于厂商 1 未能获得足够的创新激励,整个社会研发均被阻塞。在这种情形下,为了保证社会研发的效率,应该在 $\pi^x(T)$ 之外给予厂商 1 额外的创新收益。

Green 和 Scotchmer(1995)认为,专利宽度的设定可以用来分割累积性创新下的收益,并为厂商 1 和厂商 2 提供必要的创新激励。在这里的分析框架下,可以假设专利宽度为某特定的技术水平 y^*。当厂商 2 的后续研发结果为 $y \leqslant y^*$ 时,新技术 y 未能超出初始专利 x 的宽度。此时,如果厂商 2 需要使用技术成果 y,那么他必须从厂商 1 那里获得专利特许,否则便将构成专利侵权。厂商 1 和厂商 2 之间的专利特许可以在事前发生,也可以在事后进行。事前专利许可是指在厂商 2 支付研发投入 c_2 之前,便向厂商 1 寻求专利技术的许可,这样,无论他的研发结果是否超过专利宽度 y^* 的限定,他总可以使用新技术 y。事后专利许可则是指厂商 2 在研发完成之后向厂商 1 获取专利许可。

为构建一个正式的分析框架,假设厂商 2 研发的类型 y 服从概率分布 G,且这一点为共同知识。为简化分析,我们暂时假设当厂商 1 完成投资后,厂商 2 将观察到 y 的具体取值。稍后,我们将考虑厂商 2 始终无法

观测到 y 的情形。

接下来,考虑厂商 1 和厂商 2 的序贯博弈,博弈顺序如下:

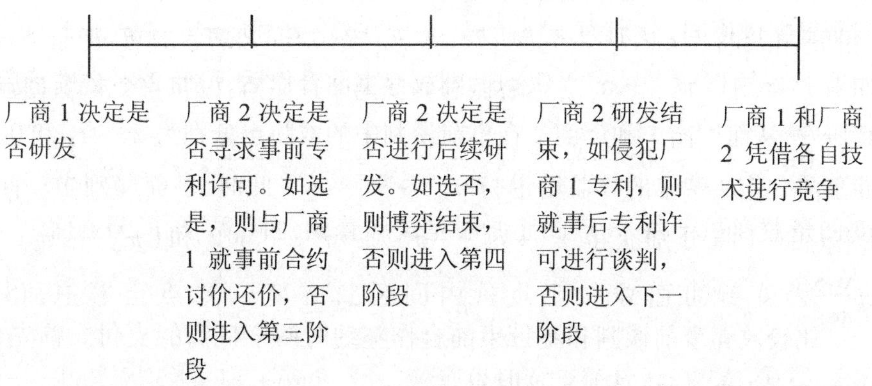

上图简要地描述了博弈的顺序。在博弈的支付方面,假定两个厂商拥有对等的讨价还价能力,并且在博弈的最后一个阶段,两个厂商的竞争将分别给厂商 1 和厂商 2 带来利润 π_c^x 和 π_c^y。通常而言,$\pi^{x+y} \geqslant \pi^x + \pi_c^y \geqslant \pi_c^x + \pi_c^y$。此外,令 c_{2L} 为 c_2 可能取得的最小数值,并假设 $\pi_c^y \geqslant c_2$。

若厂商 2 没有获取事前专利许可,但仍选择进行后续研发,那么厂商 1 和厂商 2 将面临两种可能的结果。如果 $y > y^*$,那么两个厂商的竞争将分别产生利润 $\pi_c^x - c_1$ 和 $\pi_c^y - c_2$。如果 $y \leqslant y^*$,那么厂商 2 需要和厂商 1 进行事后专利许可谈判。此时,谈判中待分割的收益为 $\pi^{x+y} - \pi^x$。由于两个厂商拥有相同的讨价还价能力,因而厂商 1 通过谈判将获得支付 $\pi^x + (\pi^{x+y} - \pi^x)/2 - c_1$,而厂商 2 将获得支付 $(\pi^{x+y} - \pi^x)/2 - c_2$。这一结果预示着事后专利许可可能会导致无效率的创新阻塞:由于谈判不会顾及沉没成本,因此厂商 2 的研发成本 c_2 没有得到分担。如果 $\pi^{x+y} - \pi^x \geqslant c_2$ 但 $(\pi^{x+y} - \pi^x)/2 < c_2$,那么从社会福利来看,投资于后续研发是有效率的,但厂商 2 却缺乏必要的投资动力。

接下来,考虑事前谈判的结果。在事前谈判中,厂商的威胁点来自于他们放弃事前许可所能得到的收益。如果 $y > y^*$,则两个厂商谈判的威胁点分别为 $\pi_c^x - c_1$ 和 $\pi_c^y - c_2$,而事前合作(相对于不合作)所能增加收益为 $\pi^{x+y} - \pi_c^y - \pi_c^y$。因此,事前谈判下厂商 1 和厂商 2 的支付分别为 $\pi_c^x -$

$c_1+(\pi^{x+y}-\pi_c^y-\pi_c^y)/2$ 和 $\pi_c^y-c_2+(\pi^{x+y}-\pi_c^y-\pi_c^y)/2$。若 $y\leqslant y^*$ 且 $(\pi^{x+y}-\pi^x)/2\geqslant c_2$，则事前合作不会带来新增收益，故事前谈判和事后谈判所得支付相同，分别为 $\pi^x+(\pi^{x+y}-\pi^x)/2-c_1$ 和 $(\pi^{x+y}-\pi^x)/2-c_2$。如果 $y\leqslant y^*$ 且 $(\pi^{x+y}-\pi^*)/2<c_2$，则放弃事前合作后，厂商 2 不会进行后续研发，从而厂商 1 和厂商 2 在事前谈判中的威胁点分别为 π^x-c_1 和 0，而事前合作所带来的收益增量为 $\pi^{x+y}-\pi^x-c_2$。此时，事前谈判中厂商 1 和厂商 2 将分别获得 $\pi^x-c_1+(\pi^{x+y}-\pi^x-c_2)/2$ 和 $(\pi^{x+y}-\pi^x-c_2)/2$。

比较放弃事前谈判和签订事前合作契约时两个厂商的支付。首先，由于 $\pi^{x+y}\geqslant\pi_c^x+\pi_c^y$，当 $y>y^*$ 时有：

$$\pi_c^x-c_1\leqslant\pi_c^x-c_1+(\pi^{x+y}-\pi_c^y-\pi_c^y)/2$$

$$\pi_c^y-c_2\leqslant\pi_c^y-c_2+(\pi^{x+y}-\pi_c^y-\pi_c^y)/2$$

即事前合作下两个厂商的收益都有可能增加。而当 $y\leqslant y^*$，$(\pi^{x+y}-\pi^x)/2\geqslant c_2$ 时，或者 $y\leqslant y^*$，$(\pi^{x+y}-\pi^x)/2<c_2$ 且 $\pi^{x+y}-\pi^x-c_2\leqslant 0$ 时，是否签订事前合作是无差异的。最后，如果 $y\leqslant y^*$，$(\pi^{x+y}-\pi^x)/2<c_2$ 且 $\pi^{x+y}-\pi^x-c_2>0$ 时，则有：

$$\pi^x-c_1<\pi^x-c_1+(\pi^{x+y}-\pi^x-c_2)/2$$

$$0<(\pi^{x+y}-\pi^x-c_2)/2$$

因此，签订事前特许合约不会使两个厂商的收益受到损失，反而可能带来额外的支付。这说明，均衡时两个厂商将倾向于签订事前特许合约。由此带来的好处是，厂商 2 的研发决策将是有效率的，因为只要 $\pi^{x+y}-\pi^x-c_2\geqslant 0$，厂商 2 就愿意进行后续研发。

那么，事前许可能否保证厂商 1 的研发决策的有效性呢？如果 $\pi^{x+y}-\pi^x-c_2\leqslant 0$，那么厂商 1 只需根据 π^x-c_1 是否大于 0 来决定研发投资便能保证初始研发的有效性，从而事前谈判是有效率的。而当 $\pi^{x+y}-\pi^x-c_2>0$，且 $\pi^{x+y}-c_1-c_2\geqslant 0$ 时，由于事前谈判中厂商 2 总能获得正的支付，因此厂商 1 的支付将小于 $\pi^{x+y}-c_1-c_2$，从而事前不一定能给厂商 1 的研发提供必要激励。

显然,为使厂商 1 的研发符合社会福利最大化的要求,需在事前许可中向厂商 1 提供极足够的收益,以至于能够弥补研发总成本 $c_1 + c_2$。增加专利的长度 T 是实现这一目标的有效手段。但是,正如本书之前所提及的,专利长度的增加,意味着在位厂商垄断力量的增强,而这可能带来更多的社会福利净损失。另一种办法则是调整专利宽度,以便在厂商间的事前许可谈判中向厂商 1 转移更多的收益。这样的调整不仅可以保证为厂商 1 的研发提供必要激励,还能尽可能缩短专利长度。

在现有分析背景下,将专利宽度设定为 $y^* = +\infty$ 将是一个最优的选择。这种专利宽度设定的动因来自于如下观察:在相同条件下,厂商 2 未获得事前许可时,在专利侵权发生情形下其所获收益相对较小,而这可以限制他在事前许可谈判中所能做出的威胁。此外,由于厂商 2 在后续研发开始前能够观察到 y 的数值,因此他也无法在 $\pi^{x+y} - \pi^x - c_2 \geqslant 0$ 时做出可置信的放弃研发的威胁。

然而,如果厂商 2 的研发具有无法消除的风险,那么无限的专利宽度可能并不总是最优的。为说明这一点,假设厂商 2 只知道 y 服从分布 G。此外,假设 $\pi^{x+y} = \pi^x + \pi_c^y$。① 如果厂商 2 没有获得事前专利许可,但仍进行了后续研发,则其期望支付为:

$$E\pi = \int_{y*}^{+\infty} \pi_c^y \mathrm{d}G + \int_0^{y*} \frac{1}{2}(\pi^{x+y} - \pi^x)\mathrm{d}G - c_2 = \int_{y*}^{+\infty} \pi_x^y \mathrm{d}G + \int_0^{y*} \frac{1}{2}\pi_c^y \mathrm{d}G - c_2 \tag{5.18}$$

当 $E\pi_c^y/2 < c_{2L}$ 时,厂商 2 在事前许可谈判中可以通过威胁不进行后续研发而得到支付 $(E\pi_c^y - c_{2L})/2$。但是,注意到 $E\pi_c^y/2 - c_{2L} < 0 < (E\pi_c^y - c_2)/2 - c_{2L}$,因而此时存在 $y = +\infty$ 使得:

$$\int_{y^{**}}^{+\infty} \pi_x^y \mathrm{d}G + \int_0^{y^{**}} \frac{1}{2}\pi_c^y \mathrm{d}G - c_2 = 0 \tag{5.19}$$

由于 c_{2L} 是 c_2 所能取得的最小值,因此可以分情况讨论。在 $E\pi_c^y/2 < c_{2L}$ 的前提下,当 $c_2 > c_{2L}$ 时,由式(5.18)和式(5.19)可知,将专利宽度设定

---

① 符合这一假设的例子是 $\pi^x = 0$,即初始技术没有实际的市场应用价值。

为 $y^* = +\infty$ 和 $y^* = y^{**}$ 是无差异的。在这两种专利宽度下，厂商 1 通过事前许可谈判都将获得支付 $\pi^x - c_1 + (E\pi_c^y - c_2)/2$。但是，当 $c_2 = c_{2L}$ 时，若 $y^* = +\infty$，则 $E\pi < 0$，从而厂商 1 在事前许可谈判中仍将获得支付 $\pi^x - c_1 + (E\pi_c^y - c_2)/2$，而如果 $y^* = y^{**}$，则 $E\pi = 0$，从而厂商 2 无法在事前许可中以自己必然放弃后续研发为可信的谈判威胁，即无论是否能够获得事前许可，厂商 2 都将进行后续研发，而这使得事前谈判中需要分割的谈判收益为 0，从而相对于专利宽度 $y^* = +\infty$，$y^* = y^{**}$ 能够向厂商 1 转移更多支付。

5.3－2 "反公共地悲剧"与专利池

现实中，累积性创新的开展往往需要不止一项初始专利。Heller (1998) 认为，如果后续研发需要使用多项初始专利，那么后续研发厂商可能会在专利许可中面临多重垄断定价，从而因需要负担过高的专利许可费用而被迫放弃后续研发努力。这一创新阻塞现象被 Heller 称为"反公共地的悲剧"(tragedy of the anticommons)，而造成这一现象的根本原因在于，初始专利所有者在设置专利许可费用时，仅从个体利润最大化出发，从而他们的定价相互施加了负外部性。在这一认识基础上，Heller 和 Eisenberg(1998)以及 Bessen 和 Maskin(2000)等人指出，如果所有相关的初始专利能够联合起来形成一个以联合利润最大化为目标的专利联盟(专利池，Patent Pool)，则社会福利将得以提高。

Lerner 和 Tirole(2004)则认为，如果初始专利过多，各项初始专利之间会出现竞争性的替代关系，并缓解创新阻塞，而这意味着专利联盟只在初始专利较少时才能改进社会福利。本章节将以他们的模型为基础来介绍"反公共地悲剧"与专利联盟对社会福利的影响。

考虑一个存在 n 项初始专利技术的市场。市场中的某个后续研发厂商 s 可以从这项初始技术中选取 m 项来进行进一步的研发，由此产生的技术改进利润为 $\theta + V(m)$，$V'(m) > 0$，$V''(m) \leqslant 0$。由于只有厂商 s 知道后续研发的方法，因此初始专利所有者并不知道 θ 的具体取值，而是认为它服从区间$[\underline{\theta},\overline{\theta}]$上的概率分布$F(\cdot)$。此外,$F(\cdot)$被假定为具有递增的风险率,即$f/(1-F)$为增函数。许多常见的分布函数均具有这一性质。

为进一步分析的需要,假设厂商s选用了所有初始专利技术作为进一步研发的基础,并向初始专利所有者i支付p_i单位的专利特许费用,$i=1,\cdots,n$。此时,厂商s进行后续创新的净利润为:

$$\pi=\theta+V(n)-\sum_{i=1}^{n}p_i \tag{5.20}$$

显然,厂商s进行后续创新的前提条件是$\pi\geqslant 0$。这意味着对每个初始专利所有者而言,厂商s对初始专利的需求即为初始专利会被选用的概率。因此,厂商s对n项初始专利所组成的专利集合的需求曲线为:

$$D[\sum_{i=1}^{n}p_i-V(n)]=1-F[\sum_{i=1}^{n}p_i-V(n)]$$

由此,我们可以进一步写出初始专利所有者的最优化问题:

$$\max_{p_i}p_iD[\sum_{i=1}^{n}p_i-V(n)]=p_i\{1-F[\sum_{i=1}^{n}p_i-V(n)]\}$$

由于每个初始专利所有者都是同质的,因此均衡时他们将选择相同的许可价格。令$\hat{p}$表示这一均衡价格,并令$\hat{P}\equiv n\hat{p}$,则有:①

$$D[\hat{P}-V(n)]=-\hat{p}D'[\hat{P}-V(n)] \tag{5.21}$$

式(5.21)中,等号的左边反映了初始专利所有者提高专利许可收费的边际收益,即给定需求D,价格的上升增加了专利特许收益;等号右边则体现了相应的边际成本——由于专利特许价格的提高,厂商s进行技术改进的收益呈现下降趋势,从而其放弃后续研发的概率上升。从这个角度来看,在提高专利特许价格的过程中,每个初始专利所有者实际上都相互施加了负外部性。为对此进行更严格的说明,假设所有初始专利所有者实施联合利润最大化,并收取统一的专利费用。令P^*为联合利润最大化下的最优专利特许总费用,那么P^*将满足:

$$D[P^*-V(n)]=-P^*D'[P^*-V(n)] \tag{5.22}$$

① 由于$F(\cdot)$具有递增的风险率,可以验证最优化的二阶条件满足。

现在,回到初始专利所有者的个体利润最大化。由于式(5.21)对每个初始专利所有者均成立,因此在个体利润最大化下:

$$nD[\hat{P}-V(n)] = -\hat{P}D'[\hat{P}-V(n)] \tag{5.23}$$

比较式(5.22)和式(5.22)可知,当$\hat{P}=P^*$时$nD[\hat{P}-V(n)]>D[P^*-V(n)]$,但两式等号右边取值相等。这说明$\hat{P}>P^*$,即初始专利所有者个体利益最大化所带来的多重垄断定价使后续研发厂商承担了过于沉重的专利许可费用,从而倾向于阻碍后续创新;而如果初始专利所有者能够联合起来组成统一的专利联盟,那么社会福利将得到改进。

当然,以上分析是有前提的,即我们假定厂商 s 一定会选择所有的初始专利。根据厂商 s 的利润函数可知,这种情形出现的前提是,给定初始专利所有者的定价$\hat{p}$,$V'(n)\geqslant\hat{p}$。如果 $V'(n)<\hat{p}$,则厂商 s 将不会选择全部的项初始专利,而是会根据 $V'(m)=\bar{p}$这一最优化的一阶条件进行选择。在这种情形下,有一些初始专利所有者将无法获得特许收益,因此将有动力降低专利收费。这种初始专利间的竞争会不断持续,直至使专利特许费用降低至$\bar{p}=V(n)<\hat{p}$。这一分析表明,如果初始专利的数量很多,那么初始专利间的竞争将压低均衡时的专利许可价格。此时,如果专利联盟出现,那么专利联盟所实施的垄断定价可能甚至可能高于$n\bar{p}$,从而专利联盟的出现并不总是能够增进社会福利。

5.4 累积性创新中的最优专利宽度

正如前文所指出的,新知识的产生通常需要以已有知识为基础。这种创新过程被称为序贯创新(sequential innovation)或累积性创新(cumulative innovation)。Heller 和 Eisenberg(1998)、Bessen 和 Maskin(2000)以及 Llanes 和 Trento(2009)等人在 Heller(1998)的"反公共地悲剧"(tragedy of the anticommons)基础上指出,在这种创新活动中,若初始专利间是互补的,那么后续研发的开展需同时获取全部初始专利的许可。对每个初始专利所有者而言,提高许可定价可能会阻碍后续研发,但产生的损失将由全部专利所有者承担,这种外部性会导致超过社会最优水平的定价,进而引发创新阻塞(holdup)。这一结论的推论是,由于专利联盟可对互补性专利实施联合利润最大化定价,它可以消除分散定价中的负外部性,从而可以提高社会福利。

而 Lerner 和 Tirole(2004)则认为,如果初始专利过多,各项初始专利之间会出现竞争性的替代关系,并缓解创新阻塞,而这意味着专利联盟只在初始专利较少时才能改进社会福利。然而,在 Lerner 和 Tirole 的分析(以及其他主要的创新阻塞文献)中,后续研发的开展被假定为必须以获得事前(即后续研发开展之前)初始专利许可为前提。但正如 Anand 和 Khanna(2000)的经验研究所指出的,在许多行业的专利许可中,事前许可只占较小的比重。①

造成以上理论与现实差异的主要原因在于现有模型没有充分考虑专利宽度的作用。②专利宽度不仅仅会影响专利侵权概率,还可以调节初始专利数量及初始专利的许可价格③,从而可以对创新阻塞问题进行协调。因此,本章节在 Lerner 和 Tirole(2004)的研究基础之上,通过构建一个包含多项初始专利技术的序贯研发模型讨论了最优专利宽度的设计原则,并在此基础上考察了专利宽度对创新阻塞的协调机制以及专利联盟的社会福利效应。

---

① 他们的研究指出,在 SIC 35 和 SIC 36 行业分类中,事前许可仅占 5% ~6% 的比重。这些分类主要对应于计算机和电子行业,而这些行业一般被认为具有显著的累积性创新特征。在他们的分析中,只有 SIC 28(对应于化学和制药行业)分类中的事前许可比重最高,但也仅占总量的 23%。

② 在现有产业组织理论的研究中,专利宽度指任意两项专利之间所必须存在的最小技术差异。

③ Scotchmer(1991)、Green 和 Scotchmer(1995)以及 Chang(1995),以及我国学者董雪兵和史晋川(2006)、寇宗来(2004)以及寇宗来和张剑(2006)的研究已经意识到专利宽度可以影响后续研发与初始专利相冲突的概率,但这些分析均假设后续研发只以一项初始专利为基础,故并未涉及专利宽度对初始专利数量的调整。

5.4-1 模型设定、分析框架与比较基准

5.4-1-1 基本设定

考虑一个存在 M 个同质初始研发机构和众多同质生产性厂商的初始产品市场。[①] 与 Gallini 和 Winter(1985)的分析相类似,假设研发机构并不进行产品生产,而初始产品的生产厂商若想进入市场,需从研发机构那里购买相应的产品技术。初始技术的实现方式均匀地分布在一个周长为 u 的萨洛普圆周(Salop Circle)上。圆周上各点对应于不同的产品技术特征,但它们所能实现的产品功能是相同的。初始研发机构依次在圆周上选择一点作为自己的技术定位,并支付研发成本 c 来获得相应的初始专利。当存在多个初始专利时,每个初始专利所有者将从初始产品生产厂商那里获得 c 单位的许可收入。[②]

在初始研发的基础上,市场中将随机出现一个类型为 c_s 的后续研发厂商 s,该厂商有一项技术改进创意 x_x。c_s 反映了实现该创意的研发成本,并且是厂商 s 的私人信息。其他厂商均认为 c_s 服从$[0, +\infty]$之上的概率分布 $F(\cdot)$[令其密度函数为$f(\cdot)$],且 $F(\cdot)$ 具有递增的风险率(hazard rate)。[③]

借鉴 Lerner 和 Tirole(2004)的设定,若厂商 s 选择 m 个初始专利为

---

① 该市场结构与 Shapiro(2001)的设定有一定相似性。在他的分析中,产品市场具有竞争性特点,且市场中存在许多研发机构。

② 此结论也可参见 Lerner 和 Tirole。他们指出,当各专利对其使用者而言具有相同功能时,专利许可价格的制定将类似于伯川德价格竞争,并且专利间的竞争会使专利许可利润为0。在本文设定的分析背景下,如果存在个 N 个初始专利和 e 个初始产品生产厂商,那么专利许可价格竞争均衡时,每个初始专利将向初始产品生产厂商征收相同的许可价格 Nc/e,并获得 e/N 的专利许可需求,而相应的许可收入为 c:均衡时,没有初始专利会提高许可价格,因为这会使它失去所有需求;也没有初始专利会降低许可价格,因为这会使许可总收入小于研发成本,从而造成亏损。

③ 即 $f/(1-F)$ 递增。许多常见的分布函数(如均匀分布、指数分布等)均具有这一性质。

基础来开展后续研发①,则由此产生的新产品将为厂商 s 带来 $V(x_s,m)$ 单位的生产利润,并会对其所采用 m 的项初始专利进行替代;后续研发成果与初始专利的技术差异则取决于技术改进幅度 x_s。由于 x_s 是外生给定的,因此 V 可简化为 m 的函数。可以认为 $V'(m)\geqslant 0, V''(m)<0$,因为增加初始专利的使用有利于产品性能的完善,但这一过程受到技术兼容性的制约。此外,由于新技术研发改进了初始专利技术,因此还可假设 $V(1)>c$,即对任意 $x_x>0$,在任意一项初始专利基础上所形成的新技术的市场价值超过该初始专利的实现成本。由 V 的性质可知,一定存在某唯一的$\bar{m}$满足 $V'(\bar{m})=c$,并且 $V(m)/m$ 是 m 的单调减函数。依据 V 的性质,进一步假定初始研发机构数量 M 满足 $V(M)/M<c$。在这一假设下,$\bar{m}<M$。

如果专利宽度为 $w\in[0,+\infty)$,那么萨洛普圆周上的任意两个初始专利之间距离不能小于 w。给定专利宽度 w 和圆周周长 u,专利宽度所允许的最大初始专利数量 n 为:

$$n=\max\{u/w,1\} \tag{5.24}$$

上式的含义在于,当 $w\leqslant u$ 时,专利宽度最多只允许 u/w 个初始专利存在;当 $w>u$ 时,圆周上的任意两点都将被认定为同一项专利,因此专利宽度所允许出现的最大初始专利数量为 1。由于初始研发机构的数量为 M,因此市场中可以形成的最大初始专利数量为 $\min\{n(w),M\}$。当然,市场中实际产生的初始专利数量还取决于初始研发机构的研发动力。若 N 表示实际的初始专利数量,则 $N\leqslant\min\{n(w),M\}$。

专利宽度还决定了后续研发成果对初始专利侵权的概率。给定新技

---

① 由于专利法对专利信息充分公开的规定,获取初始专利的相关知识并不一定需要以获得专利许可为前提。例如,我国专利法第二十六条第 3 款规定:专利申请说明书应当对发明或者实用新型做出清楚、完整的说明,以所属领域的技术人员能够实现为准。如果专利申请未满足这一充分公开要求,将很有可能无法通过专利申请的实质审查。简单起见,本文假设厂商 s 可以从专利信息公开中获得全部必需的初始专利知识。此外,厂商 s 是否是初始专利所有者并不影响本文分析的基本结论。本文假设厂商 s 没有初始专利。

术创意 x_s 和专利宽度 w,可以假定在司法仲裁中,后续研发结果被判定为与其研发所使用的初始专利相冲突(专利侵权)的概率为 $G(x_s,w)$。由于 x_s 是外生给定的,因此下文简单地将这一侵权概率表示为 $G(w)$。通常而言,可以假定 $G'(w)>0, G(0)=0, G(+\infty)=1$。

假定研发机构和厂商都是风险中性的。对厂商 s 而言,如果他选用了 m 个初始专利,并预计需要为其中的初始专利 $l(l=1,\cdots,m)$ 支付 Eb_l 的专利许可费,那么后续研发的期望利润 π_s 为:

$$\pi_s = V(m) - \sum_{l=1}^{m} Eb_l - c_s \tag{5.25}$$

如果 $\pi_s \geqslant 0$,那么厂商 s 将实施后续研发,反之,则后续研发不会开展。被厂商 s 选用的初始专利 l 的期望利润(令其为 π_l)则为:

$$\pi_l = F[V(m) - \sum_{l=1}^{m} Eb_l](Eb_l - c) \tag{5.26}$$

式(5.26)的含义在于,厂商 s 在 $\pi_s \geqslant 0$ 时会研发,而初始专利 l 的所有者预计该事件的概率为 $F[V(m) - \sum Eb_l]$。由于初始专利 l 会被后续研发形成的新技术替代,因而此时初始专利所有者仅获得许可收入 Eb_l;厂商 s 放弃后续研发的概率则为$[1-F[V(m)-\sum Eb_l]\}$,此时初始专利所有者的净支付为向初始产品生产厂商提供技术许可的利润0。其他未被厂商 s 选用的初始专利则始终获得净支付0。在以上分析基础上可以发现,只要 $\pi_l \geqslant 0$,那么初始研发机构将有动力实施研发,而这等价于要求 $Eb_l \geqslant c$。

5.4-1-2 分析框架

实际的专利宽度设计需要根据各个厂商可能的最优行动来实施,以便尽可能使初始研发和后续研发满足社会福利最大化的要求,而这要求对厂商的最优行为进行分析。为此,假定厂商按如下顺序行动:

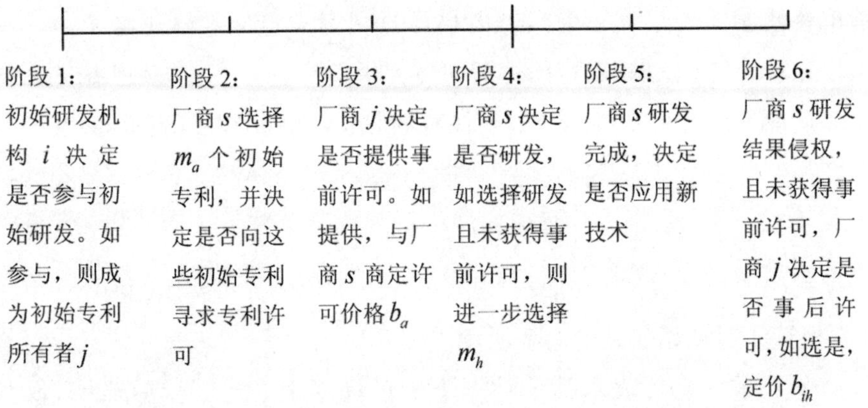

阶段 1:	阶段 2:	阶段 3:	阶段 4:	阶段 5:	阶段 6:
初始研发机构 i 决定是否参与初始研发。如参与，则成为初始专利所有者 j	厂商 s 选择 m_a 个初始专利，并决定是否向这些初始专利寻求专利许可	厂商 j 决定是否提供事前许可。如提供，与厂商 s 商定许可价格 b_a	厂商 s 决定是否研发，如选择研发且未获得事前许可，则进一步选择 m_h	厂商 s 研发完成，决定是否应用新技术	厂商 s 研发结果侵权，且未获得事前许可，厂商 j 决定是否事后许可，如选是，定价 b_{ih}

上图描述了初始研发机构和后续研发厂商的决策顺序。从中可以看出，专利许可可以发生在后续研发开展之前，也有可能发生在后续研发结束之后。本书称前一种许可方式为事前许可，称后一种为事后许可。同时，下文将以下标"a"和"h"来表示与事前许可和事后许可相对应的变量。

博弈共分为 6 个阶段。在阶段 1，若初始研发机构选择研发，那么他将成为初始专利所有者，并且博弈进展到第 2 阶段，否则博弈结束。① 在阶段 2，若厂商 s 选择 m 个初始专利，并希望获取事前许可，那么博弈进行到第 3 阶段；反之，则博弈直接进入第 4 阶段。在第 3 阶段，若厂商 j 愿意提供事前许可，那么他决定事前许可价格 b_{la}；反之，则博弈进入第 4 阶段。在博弈第 4 阶段，厂商 s 需要决定是否实施后续研发。在该决策完成后，如果事前许可已经达成或者厂商 s 放弃研发，那么博弈结束；如果事前许可未达成，且厂商 s 实施研发，那么他要选择初始专利的使用数量 m_h，在此之后，博弈将进行到阶段 5。在阶段 5，由于厂商 s 在未获得事前许可的前提下完成了研发，他需要决定是否应用新技术。如果应用新技术，那么专利侵权发生时，厂商 s 需要向厂商 j 获取事后专利许可，此时博弈进入第 6 阶段。厂商 j 在第 6 阶段决定是否提供事后许可，并制定事后

① 代表性初始专利所有者被标识为 j，因为可能不是所有研发机构都愿意进行研发。

许可价格 b_{lh}。

5.4－1－3 比较基准:社会福利最大化

从前文设定可知,社会计划者的福利最大化问题可以表示为:①

$$\max_{m,b_l,w} W = F\left[V(m) - \sum_{l=1}^{m} b_l\right]\left[V(m) - c_s - \sum_{l=1}^{m} b_l\right] \tag{5.27}$$

$$\text{s.t.} \quad m \leqslant N, N \leqslant \max\{n(w), N\}, \pi_l \geqslant 0$$

式(5.27)中,b_l 为厂商 s 向初始专利 l 支付的许可费用,约束条件 $\pi_l \geqslant 0$ 保证了对初始研发的必要激励。

令上标“$**$”表示社会计划下的最优变量。式(5.27)表明,仅当 $V(m) \geqslant c_s + mc$ 时,后续研发可以增进社会福利,否则会带来社会福利的净损失。因此,社会福利最大化下应当有 $b^{**} = c$。该专利许可价格可以阻止无益的后续研发,并且也为初始研发提供了必要激励。此外,由于$\bar{m}$满足 $V'(\bar{m}) = c$,从而应当有 $m^{**} = \bar{m}$。专利宽度的设计应当允许能有$\bar{m}$个初始专利存在。定义$\bar{w}$满足$\mu/\bar{w} = \bar{m}$。由于 $n'(w) < 0$,专利宽度应当被设定为 $w^{**} \leqslant \bar{w}$。在此专利宽度和许可定价 b^{**} 下,社会福利达到最高水平。

以上结论构成了下文分析的比较基准。最优专利宽度的设计应当考虑到厂商的最优行动规则,并尽可能使他们的行为符合社会福利最大化的要求。

5.4－2　分散决策下的专利许可

为分析专利宽度的设定,首先需要讨论在给定的专利宽度下,厂商会

① 在这里的分析中,初始产品生产的社会福利并未体现出来。这是因为前文假定初始产品市场中有大量潜在生产厂商,而生产厂商可能需要支付一定的调整成本(令其为 z,可以理解为厂商为应用初始专利技术所需支付的相关成本)。此时,如果市场中消费者总数是固定的,每个消费者只购买一件产品,且消费者总效用为 v,那么市场中所能容纳的生产厂商的最大数量 e 将满足 $v = ez + Nc$。其中,Nc 为生产厂商获取初始专利许可所支付的全部费用。预计到市场临界容量,均衡时将有 e 个初始产品生产厂商进入市场,并且,由于初始专利间的竞争会使研发机构从初始产品生产中获得的许可利润为0,因此,初始产品市场中的社会福利将为 $v - ez - Nc = 0$,从而没有在式(5.27)中体现出来。

如何行动。遵循逆向归纳的分析原则,下文的分析将从事后许可展开。此外,这里的分析将暂时假设初始专利所有者之间不存在专利许可定价上的合谋行为。

5.4-2-1 分散决策下的事后许可

首先,考虑后续研发结束且事后侵权发生时的情况(即博弈的阶段6)。此时厂商 s 将完全丧失讨价还价地位,因为如果不获取专利许可,它便无法销售新产品。命题 5.1 描述了这一情景下的专利许可定价均衡。①

命题 5.1:令 $\hat{b}_h \equiv V(m_h)/m_h$。事后侵权发生时,如果 $\hat{b}_h \geqslant c$,那么初始专利所有者愿意提供事后专利许可,且事后许可定价为 $(b_{1h}^*, \cdots, b_{lh}^*, \cdots, b_{mh}^*)$,其中 $b_{lh}^* = \hat{b}_h$。

证明:事后侵权发生时,初始专利所有者有完全的讨价还价能力,但每个初始专利所有者定价时都不希望 $\sum b_{lh} > V(m_h)$,因为这会迫使厂商 s 放弃应用新技术,从而使自己丧失获取许可收入的机会。因此,初始专利所有者 $l(l=1,\cdots,m_h)$ 应在约束 $\sum b_{lh} \leqslant V(m_h)$ 下尽可能提高 b_{lh},从而有:

$$b_{lh} = V(m_h) - \sum_{k \neq l}^{m_h} b_{kh}$$

其中,b_{kh} 为其他初始专利所有者的事后许可定价。由于所有初始专利所有者都依据上式进行事后许可定价,因此可以解得均衡时 $b_{1h}^* = \cdots = b_{mh}^* = \hat{b}_h$。

事后侵权发生时,若不提供专利许可,那么初始专利所有者可以获得0支付。当 $\hat{b}_h \geqslant c$ 时,提供专利许可则可以获得 $\hat{b}_h - c \geqslant 0$,因此初始专利所有者愿意提供事后许可。

命题 5.1 表明,事后侵权时,初始专利所有者将平分厂商 s 技术改进的全部收益。在此基础上,我们可以进一步考虑事前许可未实现时厂商

① 需要注意的是,该命题讨论的是事后许可实际发生时的专利许可定价,因此是以初始研发和后续研发完成为前提的。对厂商是否有动力参与初始研发和后续研发的讨论将在稍后的篇幅中展开。

s 的初始专利选择决策。对这一问题的讨论归纳在命题5.2中。

命题5.2:如果$\hat{b}_h \geqslant c$,事前许可未能实现且厂商 s 希望继续实施后续研发时,$m_h^* = N$。

证明:事后专利侵权发生的概率为 $G(w)$,而由命题1可知,$\hat{b}_h \geqslant c$ 时事后专利许可一定会发生。此时,厂商 s 预计事后侵权时需支付的期望总费用为:

$$\sum_{l=1}^{m_h} Eb_{lh} = G(w) m_h \hat{b}_h = G(w) V(m_h)$$

此时,厂商对初始专利数量的选择将以事后许可的期望总费用为基础,即

$$\max_{m_h} \pi_{sh} = V(m_h) - G(w) V(m_h) - c_s \tag{5.28}$$

由于 $G(w) \epsilon [0,1]$,$V' \geqslant 0$,最优化时厂商 s 将选择所有的初始专利,即 $m_h^* = N$。

命题5.2表明,虽然事后侵权时厂商 s 将损失全部的技术改进收益,但该事件并不一定发生,而初始专利使用量的增加却总能提高技术改进的收益,故厂商 s 有动力采用所有的初始专利作为技术改进的基础。① 由以上分析可以定义:

$$R(w) \equiv G(w) V[n(w)] / n(w) \tag{5.29}$$

当 $m_h^* = N = n(w)$,且事前许可未能实现时,$n(w) R(w)$ 就是厂商 s 预期开展后续研发所要支付的全部许可费用。而对于初始专利所有者 l,当$\hat{b}_h \geqslant c$ 时,他的预期利润则为:

$$\pi_{lt} = F\{V[n(w)] - n(w) R(w)\}[R(w) - c] \tag{5.30}$$

以上分析均是在$\hat{b}_h \geqslant c$ 的前提下展开的。如果$\hat{b}_h < c$,那么初始专利所有者显然不愿意提供事后特许。但5.4-2-2的分析将表明,$\hat{b}_h < c$ 的情况并不会出现。

5.4-2-2 事前许可合约

接下来,考虑厂商的事前许可决策。假设事前许可费用已经确定,那

① 当然,如果 $\pi_{hs}(m_h^*) < 0$,那么厂商 s 将放弃后续研发。

么厂商 s 的最优化行为可以描述为：

$$\max_{m_a} \pi_{sa} = V(m_a) - C_s - \sum_{l=1}^{m_a} b_{la} \tag{5.31}$$

即给初始专利技术的事前许可价格 b_{la}，厂商 s 通过选择 m_a 个初始技术来最大化后续研发的期望利润。在这一决策目标下，厂商 s 将优先选择定价较低的那些初始专利。

为进一步分析的需要，先假设所有的初始专利都会被厂商 s 选择，即 $m_a = N$。此时，初始专利所有者的最优化问题为：

$$\max_{b_{la}} \pi_{la} = F\left[V(N) - \sum_{l=1}^{N} b_{la}\right](b_{la} - c) \tag{5.32}$$

如果式(5.32)最优化问题的解为 b_a^m，那么 b_a^m 需要满足如下一阶条件：①

$$(b_a^m - c)f[V(N) - n\, b_a^m] = F[V(N) - N\, b_a^m] \tag{5.33}$$

式(5.33)表明，如果厂商 s 始终选择所有的初始专利，那么每个初始专利所有者都会对自己专利的许可征收垄断价格，因此厂商 s 将面临 N 次垄断定价，从而会产生创新阻塞。

接下来，我们需要放弃所有的初始专利都会被厂商 s 选择这一假设，并得出对事前许可均衡的全面描述。这一分析归纳在命题 5.3 中。

命题 5.3：令 (b_a^*, m_a^*) 表示事前许可下的均衡，定义 $\hat{m}_a$ 满足 $V'(\hat{m}_a) = \hat{b}_a^m$。若 $\hat{m}_a \geqslant N$，则 $b_a^* = \hat{b}_a^m, m_a^* = N$；当 $\hat{m}_a < N$ 时，则有 $b_a^* = \max\{V'(N), c\}, m_a^* = \min(N, \bar{m})$。

证明：当 $\bar{m}_a \geqslant N$ 时，即使许可费为 $\hat{b}_a^m$，厂商 s 也会选择所有的初始专利，故初始专利所有者会收取许可价格 $\hat{b}_a^m$，而厂商 s 决策的一阶条件 $V'(m_a^*) = \hat{b}_a^m$ 仅在 $\hat{m}_a = N$ 时可以成立。当 $\hat{m}_a > N$ 时，则只能取角点解 $\hat{m}_a = N$。不过，在这两种情况下均有 $\hat{m}_a = N$。

若 $\hat{m}_a < N$，且许可费用为 $\hat{b}_a^m$，则求解式(5.31)可知，厂商 s 只会选择

① 在 $F(\cdot)$ 具有递增风险率假设下，不难验证二阶条件成立。同时，由于初始专利所有者是同质的，因此均衡时有 $b_{al}^m = \cdots = b_{al}^m$，故式(5.33)去掉了下标"$l$"。

$\hat{m}_a$ 个初始专利。此时，只要 $b_a^* \geqslant c$，那么未被选择的初始专利就有动力降低许可收费。如果 $V'(N) \geqslant c$（即 $\bar{m} \geqslant N$），那么初始专利的价格竞争将持续至厂商 s 刚好选择所有初始专利，即 $b_a^* = V'(N)$；如果 $V'(N) < c$（$\bar{m} < N$），则初始专利间的竞争会驱使 $b_a^* = c$，而厂商 s 将设定 $m_a^* = \bar{m}$。

命题 5.3 的启示在于，由于专利宽度可以影响初始专利的数量，通过降低专利宽度至$\bar{w}$来增加初始专利数量至$\bar{m}$，可以调节事前专利许可价格至社会最优水平。当然，专利宽度的调节还会影响厂商对事前许可和事后许可的选择。因此单纯以调节事前许可价格为目标是不可行的。如何在厂商行为动机基础上设计最优的专利宽度将在 5.4－2－3 讨论。

5.4－2－3 分散决策下的最优专利宽度

专利宽度的设定既应当限制初始专利许可费用以避免创新阻塞，还应当为初始研发提供必要激励。而初始专利所有者和厂商 s 对事前许可和事后许可的选择倾向将显著影响专利宽度设定的效果。例如，由命题 5.3 可知，若专利宽度设定为$\bar{w}$，则事前许可价格将满足社会最优的要求。但是，如果此时$\bar{m}R(\bar{w}) < \bar{m}c$，那么即使初始专利所有者愿意提供事前许可，厂商也会拒绝，从而专利许可只能发生在事后，而这会使初始研发的期望利润为负，因此没有足够多的厂商参与初始研发。如果$\bar{m}R(\bar{w}) > \bar{m}c$，社会福利也会受损，因为初始专利所有者会拒绝提供事前许可，而事后许可期望费用 $R(\bar{w}) > c$ 会扭曲后续研发决策。

因此，最优专利宽度的设计必须考虑到初始专利所有者和厂商 s 的行动倾向。具体而言，事前许可的出现需以初始专利所有者和厂商 s 的共同意愿为前提，即 $\pi_{la}^* \geqslant \pi_{lh}^*$ 和 $\pi_{sa}^* \geqslant \pi_{sh}^*$ 必须同时成立。当 $\pi_{la}^* < \pi_{lh}^*$ 或 $\pi_{sa}^* < \pi_{sa}^*$ 时，专利许可将只能在专利侵权发生时以事后许可的形式进行。为了对这些问题进行分析，本书需要首先对 $R(w)$ 的单调性质进行讨论。

引理 5.1：$R(w)$ 是 w 的单调增函数。

证明：令$\underline{w}$满足 $n(\underline{w}) = M$。由式（5.29）可知，在区间 $[\underline{w}, u]$ 内求导可得：

$$R'(w) = G'(w)\frac{V[n(w)]}{n(w)} + G(w)\left\{\frac{V[n(w)]}{n(w)}\right\}'$$

由于 $V(0)=0, V'\geqslant 0, V''<0$，因此 $n>0$ 时 $V(n)/n$ 是 n 的单调减函数。此外，区间 $[\underline{w}, u]$ 内 $n(w)$ 是 w 的减函数，从而该区间内 $n'(w)\cdot d(V/n)/dn>0$。这表明在区间 $[\underline{w}, u]$ 内，$R'(w)>0$。

在区间 $[0, \underline{w}]$ 和 $[u, +\infty]$ 内则有 $R(w)=G(w)V(M)/M$ 和 $R(w)=G(w)V(1)$，而 $G(w)$ 是 w 的增函数，故区间 $[0, \underline{w}]$ 和 $[u, +\infty]$ 内 $R'(w)>0$。这表明在整个区间 $[0, +\infty)$ 内 $R(w)$ 均表现为 w 的单调增函数。

在引理 5.1 基础上，定义 $\tilde{w}$ 为满足如下条件的专利宽度：

$$R(\tilde{w})=G(\tilde{w})V[n(w)]/n(\tilde{w})=c \tag{5.34}$$

由于 $R(w)$ 是 w 的连续函数，并且 $R(0)=0<c, R(+\infty)=V(1)>c$，因此由引理 1 可知，在区间 $[0, +\infty)$ 内一定存在唯一的 $\tilde{w}$ 满足 $R(\tilde{w})=c$。

由于初始专利数量影响着专利许可价格，因此，为进一步讨论专利宽度的设计，还需要讨论初始研发的进入结果。引理 2 概括了下文分析所需要使用的基本结论。

引理 5.2：若 $w=\tilde{w}$，则 $N=n(\tilde{w})$。

证明：若 $w=\tilde{w}$，则有 $V[n(w)]/n(\tilde{w})=c/G(\tilde{w})>c$。由于 $N\leqslant n(\tilde{w})$，这表明 $\hat{b}_h>c$，即如果事后侵权发生，那么初始专利所有者一定愿意提供事后专利许可。此外，由于 $V(M)/M<c$，因此 $n(\tilde{w})<M$。

给定专利宽度 $\tilde{w}$，若市场中初始专利数量为 $N<n(\tilde{w})$，则 R 的实际取值（以 R_N 表示）为 $R_N=G(\tilde{w})V(N)/N$。由于 $N<n(\tilde{w})$，故 $R_N>R(\tilde{w})=c$。这表明 $N<n(\tilde{w})$ 时有：

$$\pi_{lh}=F[\mu+V(N)-NR_N](R_N-c)>0$$

由于初始专利所有者总能够拒绝提供事前专利许可，因此 π_{lh} 总是他能实现的期望利润水平，而这意味着当 $N<n(\tilde{w})$ 时，总有研发机构愿意参与初始研发。这种初始研发会持续至 $N=n(\tilde{w})$。当 $N=n(\tilde{w})$ 时，有 $R(\tilde{w})=c$，而初始专利所有者的事后许可期望利润为 0。

接下来，考虑专利宽度的设定。在这里的分析中，专利宽度设计的目标是尽可能提高社会福利。尽管前文指出厂商的选择倾向可能会损害社会福利，但专利宽度的设定仍有可能使厂商决策满足社会福利最大化的要求。命题5.4概括了相应的分析结论。

命题5.4:若 $n(\tilde{w}) \geqslant \bar{m}$,则令 $w^* = \tilde{w}$ 可实现社会福利最大化。

证明:先考虑 $n(\tilde{w}) = \bar{m}$ 的情形。由命题5.3和 $\tilde{w}$ 的定义可知,此时 $\bar{m}R(\tilde{w}) = \bar{m}b_a^* = \bar{m}c$。而由引理5.2可知,此时 $N = \bar{m}$,从而 $m_a^* = m_h^* = \bar{m}$。因而无论专利许可在事前还是事后发生,厂商决策总能满足社会福利最大化的要求。

下面,考虑 $n(\tilde{w}) > \bar{m}$ 的情形。由引理5.2、命题5.2和命题5.3可知 $N = n(\tilde{w})$,并且事前许可发生时将有 $b_a^* = c, m_a^* = \bar{m}$;而在事后许可中则有 $Eb_h^* = R(\tilde{w}) = c, m_h^* = N = n(\tilde{w})$。此时,厂商 s 会认为事前许可严格好于事后许可,因为:

$$V[n(\tilde{w})] - n(\tilde{w})R(\tilde{w}) = V[n(\tilde{w})] - n(\tilde{w})c < \max V(m) - mc = V(\bar{m}) - \bar{m}c$$

因此,厂商 s 会寻求事前许可,而初始专利所有者在事前许可、事后许可以及不提供任何许可下的期望利润均为0,从而没有动力拒绝厂商 s 的请求。这意味着均衡时 $b_a^* = c, m_a^* = \bar{m}$,即厂商决策满足社会福利最大化的要求。

最后,注意到在 $n(\tilde{w}) = \bar{m}$ 和 $n(\tilde{w}) > \bar{m}$ 两种情形下,后续研发需要支付的期望费用均为 $\bar{m}c$,从而专利许可收费刚好可以阻止无益的后续研发,并且不会阻碍有益的后续创新。

命题5.4表明,在市场分散决策背景下,社会福利最大化的实现是有条件的:为使厂商决策满足社会福利最大化的要求,专利宽度应在保证初始研发必要收益的前提下使市场中有足够多的初始专利可供选择。剩下的问题是,如果 $w^* = \tilde{w}$ 时 $n(\tilde{w}) < \bar{m}$,专利宽度如何设置。命题5.5概括了分析的结论。

命题5.5:如果 $n(\bar{w}) < \bar{m}$,专利宽度仍应设定为 $w^* = \tilde{w}$。

证明:当 $n(\tilde{w}) < \bar{m}$ 时,由引理5.2可知,$N = n(\tilde{w}) < \bar{m}$。由于 $R(\tilde{w}) = c < b_a^*$,厂商 s 会拒绝事前许可。从而均衡时期望专利许可总费用为 $n(\tilde{w})c$,且 $m_h^* = N = n(\tilde{w})$。此时,改变 w^* 无法实现更高的社会福利:由

于 $n(\tilde{w})<\bar{m}$,提高社会福利的唯一可能是减少 w^* 来使 $n(w^*)\to\bar{m}$,而引理1表明,若 $w<\tilde{w}$,则 $R(w)<c\leqslant b_a^*$,即厂商 s 会拒绝事前许可,且事后许可的期望利润为负,从而初始研发机构没有动力使初始专利数量增至 $n(\tilde{w})$ 以上。

由于命题5.4和命题5.5分析了 $w^*=\tilde{w}$ 时所有可能发生的情况,因此这两个命题表明,就是最优的专利宽度。不过,随 $n(\tilde{w})$ 取值的变化,社会福利状况会有较大区别。在命题5.5中,由于 $n(\tilde{w})<\bar{m}$,即使每项初始专利的许可费用都被降低到最低程度,但是仍然有 $V[n(\tilde{w})]-n(\tilde{w})c<V(\bar{m})-\bar{m}c$,从而类型为 $V[n(\tilde{w})]-n(\tilde{w})c<c_s\leqslant V(\bar{m})-\bar{m}c$ 的厂商 s 将不具备开展后续研发的动力。这表明 $n(\tilde{w})<\bar{m}$ 时,专利宽度的设计只能实现次优结果。

命题5.4和命题5.5的结论还表明,如果 $n(\tilde{w})<\bar{m}$,那么专利许可将始终以事后许可的方式进行,而当 $n(\tilde{w})=\bar{m}$ 时,专利许可则会在事前许可和事后许可之间随机分布。这一分析结论也是对 Anand 和 Khanna (2000)经验分析结果的一种解释。

5.4-3 专利联盟与社会福利

在专利联盟下,初始专利所有者实施集体利润最大化决策。由于专利联盟下的合谋,各初始专利之间不会出现竞争,而事前许可定价由如下最优化问题决定:

$$\max_{B_a}\pi_1=(B_a-Nc)F[V(N)-B_a] \tag{5.35}$$

其中,B_a 为专利联盟事前许可定价。令式(5.35)最优解为 $\hat{B}_a^m$,则 $\hat{B}_a^m$ 需满足:

$$(\hat{B}_a^m-Nc)f[V(N)-\hat{B}_a^m]=F[V(N)-\hat{B}_a^m] \tag{5.36}$$

而由式(5.33)可以得到:

$$(N\,b_a^m-Nc)f[V(N)-N\,b_a^m]=NF[V(N)-N\,b_a^m] \tag{5.37}$$

由于 $F(\cdot)$ 具有递增的风险率,可以验证当 $\hat{m}_a\geqslant N$ 时,$N\,\hat{b}_a^m>B_a^m$,即 $\hat{m}_a\geqslant N$ 时专利联盟可以降低事前许可中后续研发被阻碍的可能。而在事后许可中,专利联盟在专利侵权时将获取后续研发厂商的全部收益,即其定价为$\hat{B}_h^m = V(m_h^*)$,并且每个联盟成员均分这一收益。对此结论的分析思路与命题5.1的证明相类似。

从以上分析可以看出,专利联盟的形成不会改变事后专利许可的均衡结果,但是可能会限制专利宽度对事前许可定价的调节作用,从而损害社会福利。命题5.6归纳了这一推断。

命题5.6:若W^*和W^m分别为分散决策和专利联盟下的最大社会福利,则$W^m \leqslant W^*$。

证明:由命题5.4和命题5.5可知,W^*所对应的专利宽度为$\tilde{w}$。当$n(\tilde{w}) \leqslant \bar{m}$时,始终有$R(\tilde{w}) \leqslant b_a^*$,$n(\tilde{w})R(\tilde{w}) \leqslant \hat{B}_a^m$。因此无论是否存在专利联盟,厂商$s$均会拒绝事前许可,而专利联盟不会改变事后许可均衡。此外,与命题5.5的证明相类似,即使有专利联盟存在,当$n(\tilde{w}) < \bar{m}$时,降低专利宽度至$\tilde{w}$也不会提高社会福利。这表明$n(\tilde{w}) \leqslant \bar{m}$时,$W^* = W^m$。

当$n(\tilde{w}) > \bar{m}$时,由命题5.4可知$W^* = W^{**}$。但在专利联盟下,在事后许可中,尽管$R(\tilde{w}) = c$,但$m_h^* = n(\tilde{w}) > \bar{m}$。而在事前许可中,专利联盟不会使每个成员的收益小于事后许可的期望收益,从而总许可费用不会小于Nc。此时,改进福利的唯一可能在于在保持$R(w) = c$成立的前提下使$m_h^* = n(w) = \bar{m}$,但由于$R(w)$是w的单调函数,不存在这种改进可能,从而$W^m < W^*$。

在已有研究中,专利联盟至少在某些前提下是可以增进社会福利的。但命题5.6表明,如果考虑到专利宽度的协调作用,结论可能正好相反。其原因在于,专利联盟限制了专利宽度对事前许可定价的调节作用,并限制了厂商s对更有效率的许可方式的选择。

5.4-4 结语

为拓展现有创新阻塞模型,本章节同时考虑了事前许可与事后许可的可能性,并将专利宽度的调节作用拓展至对初始专利数量的影响上。结果表明,最优的专利宽度应当在事后专利许可下,初始专利的期望许可价格等于诱使厂商进行初始研发的临界价格。这一专利宽度水平不仅可以为初始创新提供必要的激励,而且可以限制事前许可价格和事后许可的期望价格,从而缓解许可收费对后续研发决策的扭曲。此外,由于专利联盟的形成会阻碍专利宽度对事前专利许可定价的调节,因此可能会妨碍后续研发厂商选择更有效率的专利许可方式。从整体福利结果来看,专利联盟无法增进社会福利,反而可能会带来社会福利的净损失。

对本章节分析的一个有益拓展是引入专利保护的长度。本章节的模型可以视为在专利保护长度给定前提下对专利宽度设计的讨论。引入专利长度概念后,后续研发厂商就不需要一次性完全弥补初始专利所有者的研发成本,而是可以在专利有效期限内分期支付,因此专利长度会影响最低专利许可价格的取值,从而可以调节后续研发厂商选择初始专利的决策。由于专利长度给定时,这种分期补偿费用是给定的常数,因而以上拓展不会影响专利宽度设定原则,但可以为专利制度设计研究提供更为丰富的视角。

第六章

知识产权保护与后发国家的经济增长

无论是新古典增长理论还是新增长理论均指出,技术进步是经济长期持续增长的最根本因素,而 R&D 作为实现技术进步的重要手段,也被许多研究所关注。自 20 世纪 60 年代以来,大量研究致力于讨论 R&D 的影响因素及其对技术进步和生产率的促进作用。在这些研究中,不乏运用中国数据所开展的分析,例如,Hu(2001)、张海洋(2005)以及吴延兵(2006)等人在采用中国工业企业和行业数据的基础上讨论了自主研发支出,对生产率与全要素生产率的影响作用。这些研究表明,R&D 对我国生产率与技术进步有显著的促进作用。

然而,对于中国这样的后发国家,自主研发并不是唯一的技术进步方式。Teece(1977)、Mansfiled、Schwartz 和 Wagner(1981)以及 Barro 和 Sala-i Martin(1997)等均指出,对发展中国家而言,与通过 R&D 实现技术进步相比,模仿或者引进的方式在成本上具有明显的优势。因此可以通过技术扩散过程中的模仿与引进实现经济增长的收敛。林毅夫(2002)、赵兰香和穆荣平(2003)、宋晓梅(2005)以及林毅夫和张鹏飞(2005)等人也认为,由于目前中国的技术水平与发达国家存在着较大的差距,通过技术引进和合作创新实现技术进步,能够获得成本上的节约,并能够通过技术引进过程中的外溢效应,在较短的时间内缩短与发达国家的技术差距。从我国技术进步实践来看,自 20 世纪 80 年代以来,对国外先进技术的引进和模仿,在我国的技术进步活动中占据了重要地位,而 Hu 等(2005)、朱平芳和李磊(2006)以及吴延兵(2008)的经验研究均表明,技术引进对我国企业生产效率有正面促进作用。

当后发国家可以同时采用自主研发和技术引进两种手段推进技术进步时，知识产权保护强度便会影响一国的技术进步模式。易先忠和张亚斌(2006)、张亚斌、易先忠和刘智勇(2006)以及易先忠、张亚斌和刘智勇(2007)指出，知识产权保护的强化在鼓励自主创新的同时，也倾向于提高模仿成本，因此知识产权保护对技术进步的影响取决于后发国家的创新能力。当自主研发能力较低时，后发国家将主要依靠模仿和技术引进来实现技术进步。此时，强化知识产权保护显然不利于后发国家的技术进步。沈国民(2009)应用中国省际数据的经验研究也验证了这一结论。这些研究为理解后发国家知识产权保护与技术进步的关系提供了理论依据。

在以上研究基础上，有两个方面的问题需要做进一步的研究。首先，尽管现有研究肯定了自主研发和技术引进，在促进技术进步上的重要作用，但是这两者之间的比例是如何确定的？它的变化对技术进步和经济增长又会产生怎样的影响？对这些问题目前还缺少系统性的讨论。其次，由于后发国家在技术进步过程中处于相对落后地位，因此知识产权保护的强化还可能直接抑制后发国家的自主创新，而这是现有研究所没有考虑的。后发国家的研发不仅要面对技术上的不确定性(即研发结果不确定)，还需要面对发达国家已有技术所构成的专利障碍。如果知识产权保护强度很高，那么从事后来看，在给定的专利创新性要求下，如果后发国家研发成果与发达国家已有专利相比未能实现实质性创新，则后发国家将无法应用创新成果。而这意味着，受创新结果不确定性的影响，强化知识产权保护会降低后发国家自主研发的期望收益，并抑制事前的R&D投入。如果考虑到这种负面影响，知识产权保护与一国的自主创新乃至整体的技术进步之间可能就不再是单纯的线性正相关关系。

对上述两方面问题的讨论构成了本章主要的研究主题。为分析后发国家技术进步模式的决定机制以及知识产权保护的影响作用，本章通过引入技术引进与自主研发两种基本的技术进步方式，拓展了 Romer

(1990)的中间产品内生增长模型:中间产品生产技术不仅可以从本国研发部门获取,还可以通过引进国外技术来实现;研发部门的最优研发数量与投入则取决于自主研发成本函数的利润最大化。

6.1 技术进步路径的选择与经济增长

考虑一个包含最终产品部门、中间产品部门和研发部门的技术后发国家。根据 Romer(1990)的设定,社会的人力资本总量为固定数量 H,且社会最终产品的生产函数为:

$$Y = H_Y^{\alpha} \int_0^A x_i^{\beta} di \tag{6.1}$$

其中,H_Y 和 x_i 分别为最终产品生产所使用的人力资本和中间产品的数量。A 反映了社会可以生产的中间产品的种类,A 的增大表示一国技术水平的提高。参数 α 和 β 均为正数,且满足 $\alpha + \beta = 1$。全部中间产品的使用量则构成了资本投入 K。

令 p_i 为第 i 种中间产品的价格,则最终产品生产对中间品 i 的需求可以从以下利润最大化问题中得到:

$$\max_{x_i} \int_0^A (H_Y^{\alpha} x_i^{1-\alpha} - p_i x_i) di \tag{6.2}$$

求解可得:

$$(1-\alpha) H_Y^{\alpha} x_i^{-\alpha} = p_i \tag{6.3}$$

式(6.3)给出了第 i 种中间品的需求函数。由于最终产品生产部门对各种中间品的需求是对称的,因此均衡时各种中间品的需求必然相等,从而可以去除下标"i"。在此基础上,代表性中间产品生产厂商将根据式(6.3)的需求曲线决定利润最大化的产品销售价格:①

$$\max_x px - rx - p_A = (1-\alpha) H_Y^{\alpha} x^{1-\alpha} - rx - p_A \tag{6.4}$$

① 根据 Romer(1990)的设定,中间品厂商具有垄断的市场势力,故其最优化问题等价于最优垄断定价。

其中,r 为利率,p_A 则为中间品生产厂商为获得相应中间产品生产技术所支付的技术购买费用(或专利许可费用)。根据 Romer(1990)的设定,中间品可以逆向转化为资本,因此中间品生产的机会成本表现为相应的资本利息损失 rx。式(6.4)的最优化问题将决定中间产品的垄断定价。求解该最优化问题可知相应的垄断定价为$\bar{p}=r/(1-\alpha)$。因此,结合式(6.3)可知最终产品部门实际使用的每种中间品数量为$\bar{x}=\{\bar{p}/[(1-\alpha)H_Y^{\alpha}]\}^{-1/\alpha}$。

在标准的中间品内生增长模型中,中间产品生产技术仅由本国研发部门提供。但是,像中国这样的技术后发国家不仅能够通过自身的技术研发和模仿实现技术进步,还可以通过引进国外先进技术来提高自身技术水平。为在模型中反映中间产品技术的引进,假定国外技术总量为 $A^*>A$,而本国可以从国外技术市场获取的技术总量为 $\eta(A^*-A)$,其中 $0<\eta<1$。这一设定的含义在于,由于本国总体技术水平低于国外技术发达国家,因此在世界技术市场中,国外技术 A^* 存量要超过本国技术存量 A,而(A^*-A)则反映了国内外技术差距。参数 η 反映了本国能实际利用的国外技术数量,$\eta<1$ 则体现了技术适宜性的限制,即并不是所有国外先进技术都适合在本国使用。①

与研发和技术引进相关的一个重要因素是知识产权保护的强度。它不仅反映了知识产权制度的实际执行情况,还衡量了一国知识产权制度构建的合理性与完善程度。后发国家尽管可以通过借鉴和模仿国外先进技术来提升本国技术水平,但是国外已有的先进技术专利也构成了本国自主研发的障碍。给定后发国家专利法所规定的专利宽度②,如果技术后发国家研发的新技术,与发达国家已有专利之间的差异小于该专利宽

---

① 关于技术适宜性的讨论,可以参见 Atkinson 和 Stiglitz(1969)、Basu 和 Weil(1998)以及 Acemoglu 和 Zilibotti(1999)等人的研究。

② 在现有文献中,专利宽度常被界定为专利法规定的两项专利技术之间所能存在的最小技术差异。如果某研发结果与已有专利的技术差异小于专利宽度,那么当专利保护能够完美实施时,该研发结果将被认定为对已有专利的侵权。对专利宽度的讨论可以进一步参见 Klemperer(1990)和 Gallini(1992)等人的研究。

度的限定,那么在专利法上将被视为对国外已有专利的侵权。当然,在实际的专利执法过程中,如果专利保护执行不利,那么即使法律意义上的侵权发生,侵权行为也不一定会被制止。除此之外,专利保护所覆盖的行业与技术领域大小,也会影响实际的专利保护效果。

因此,引入知识产权保护强度有两方面的意义。一方面,它影响着后发国家研发的效果:由于研发结果具有不确定性,若专利制度越完善(如覆盖的领域越广),或者对专利宽度的认定和执行更严格,那么本国的研发成果被认定侵犯国外专利的可能性就更高;而如果知识产权保护的执行程度越高,则侵权时本国研发成果被禁止应用的可能性也更高;另一方面,加强专利保护也有利于维护本国研发部门和国外专利所有者的专利转让收益。遵循以上思路,如果本国知识产权保护强度为 w,那么本国研发部门的技术成果被认定侵犯国外专利且被禁用的概率可以定义为 $f(w)$,并且 $f(0)=0$,$f(\infty)=1$,$f'(w)>0$,$f''(w)<0$。① $f(w)$ 函数性质的经济含义在于,当各方面立法和执法逐步完善,各项知识产权制度更加协调与合理时,成功认定并查处专利侵权行为的可能性就越高。因此 $f'(w)>0$,但随着关键性专利制度的逐步完善,继续增加专利保护强度的效果将逐渐递减,$f''(w)<0$。故需要说明的是,中间品生产厂商在未获得专利许可的前提下,盗用已有专利技术而被查处的概率也可以用 $f(w)$ 来反映:部分或完全盗用现有专利的行为,可以等同于使用了与已有专利相近似的技术,而这种行为被认定为侵犯现有专利并被查处的概率正好符合函数 $f(w)$ 的定义。

尽管本书考虑了从国外引进技术的可能性,但这不会从根本上改变

---

① 为分析的简化,这里没有考虑研发本身面临的技术风险。如需进行完整的界定,可以假设研发结果所服从的概率分布函数为 $G(\cdot)$,且国外已有专利的技术水平为 v',而专利宽度为 b。这样,后发国家创新结果未能对发达国家专利进行实质性创新的可能性为 $G(|v-v'|\leq b)$。在特定专利保护强度 w 下,后发国家研发成果被判定为侵权且被禁用的概率为 $G(|v-v'|\leq b)\cdot f(w)$。但是,在本文分析中专利制度本身(即这里的专利宽度 b)是外生给定的,从而 $G(|v-v'|\leq b)$ 为常数。而这意味着只需要考虑概率 $f(w)$ 对自主创新的影响。因此,为表述和分析的简便,本文省去了对创新风险 $G(|v-v'|\leq b)$ 的讨论。

Romer(1990)对专利定价的分析:在中间品生产厂商购买某专利技术时,对专利的竞标将使得专利价格等于中间品厂商各期垄断利润的贴现和,即

$$p_A(t)=\int_t^{+\infty}\mathrm{e}^{-\int_t^{\tau}r(s)ds}\pi(\tau)\mathrm{d}\tau$$

从而有:

$$p_A=\frac{\pi}{r}=\frac{\alpha}{r}\bar{p}\cdot\bar{x}=\frac{\alpha}{r}(1-\alpha)H_Y^{\alpha}\bar{X}^{1-\alpha} \tag{6.5}$$

为进一步分析的需要,令 y 和 z 分别表示本国研发部门开发的,可以应用的中间品技术数量和从国外引进的中间品技术数量,而本国技术增量将等于这两种技术数量之和,即 $A=y+z$。此外,假设本国中间产品设计方案的形成由以下生产函数决定:

$$n=AH_R^{\rho} \tag{6.6}$$

式(6.6)中,H_R 为本国研发部门所使用的人力资本,n 为研发部门所能产生的全部技术创意的数量。由前文设定可知 $H_R+H_Y=H$。参数 ρ 则满足 $0<\rho<1$。式(6.6)生产函数意味着,社会知识存量 A 的使用具有非排他性,从而所有知识存量都可以用来创造新的技术。这表明,研发部门的生产成本只表现为人力资本投入的成本。

如果研发部门打算开发出 y 项可以实际应用的中间品生产技术,而 W_R 为研发部门单位人力资本的价格,那么自主研发的成本最小化问题可以表示为:

$$\min W_R H_R \tag{6.7}$$

$$\text{s.t.}\quad [1-f(w)]n=[1-f(w)]AH_R^{\rho}=y$$

式(6.7)约束条件的含义在于,尽管研发部门能够形成的技术创意有 n 种,但由于有 $f(w)$ 的概率会因侵犯国外已有专利而被禁用,故研发部门实际能够使用和出售的有效中间产品技术种类为 $[1-f(w)]n=y$。求解式(6.7)的最优化问题可以得到自主研发的成本函数:

$$C(y)=W_R\left\{\frac{y}{A[1-f(w)]}\right\}^{\frac{1}{\rho}} \tag{6.8}$$

尽管研发部门的每项中间产品技术专利将以 p_A 的价格销售给中间产品部门，但是受知识产权保护强度的影响，中间产品厂商可能有一定机会可以盗用技术专利。由前文分析可知，这种事件发生的概率为 $[1-f(w)]$。因此，对国内研发部门和国外技术专利所有者而言，每项中间品生产技术专利销售价格的期望值为 $f(w)p_A$。因此，就国内研发部门而言，开发中间产品技术的期望利润为 $[f(w)p_A\bar{y}-C(y)]$，而这意味着研发部门利润最大化行为所决定的最优自主研发目标数量将满足：①

$$\frac{W_R}{\rho}\left\{\frac{1}{A[1-f(w)]}\right\}^{\frac{1}{\rho}}\bar{y}^{\frac{1}{\rho}-1}=f(w)p_A \tag{6.9}$$

式(6.9)有两层含义。一方面，它表示研发部门选择的自主研发目标 $\bar{y}$，应当使得研发的边际成本等于边际收益；另一方面，它反映了本国技术引进的条件：当 $y\leqslant\bar{y}$ 时，采用自主研发来实现技术进步更有效率，因为此时研发的边际成本不超过技术引进的边际成本；而当 $y>\bar{y}$ 时，研发的边际成本将超过国外技术价格，故中间产品部门会开始采用国外中间产品技术。为进一步理解这一点，可以设想研发机构是中间产品厂商下属的一个部门。② 这样，中间产品厂商有两种获取新技术的方法。第一种是由自身的研发部门创造，相应的成本函数由式(6.8)所界定；第二种则是引进技术，相应的成本函数为 $f(w)p_Az$。从这个角度来看，式(6.9)也反映了后发国家技术进步成本最小化的均衡条件：均衡时自主研发的边际成本等于技术引进的边际成本，并且 $y=\bar{y}, z=\eta(A^*-A)$。由此出发，式(6.9)实际上说明了均衡时本国技术进步在自主研发和技术引进之间的分配比重。由定义可知，自主研发项目在全部新增技术中所占的比重可以表示为 $\bar{y}/[\bar{y}+\eta(A^*-A)]$，而自主研发支出在技术进步总支出中的

① 由于 $0<\rho<1$，因此最优化的二阶条件成立。

② 正如 Romer(1990)所提到的，假设中间品生产厂商同时进行技术研发和中间品生产不会改变模型结构和结论。这是因为，当中间品生产厂商同时也进行技术研发时，它所承担的研发成本函数即等于研发部门的成本函数，而相应的收益则表现为中间品生产垄断利润的贴现和，从而其研发的最优化条件与研发部门最优决策的一阶条件完全相同。

比重则为$C(\bar{y})/[C(\bar{y})+f(w)p_A\eta(A^*-A)]$,而影响这两个比例的一个重要变量即为知识产权保护的强度w。

人力资本在最终产品部门和研发部门的分配达到均衡时要求两部门人力资本的价格相等,故在最终产品部门,人力资本报酬将满足$W_Y=\alpha H_Y^{\alpha-1}A\bar{x}^{1-\alpha}=W_R$。在此基础上,由式(6.5)、约束条件$[1-f(w)]AH_R^{\rho}=\bar{y}$以及$H_R+H_Y=H$约束条件可以将式(6.9)写为:

$$\bar{H}_R^{1-\rho}=\frac{\rho(1-\alpha)}{r}f(w)[1-f(w)][H-\bar{H}_R] \tag{6.10}$$

其中,$\bar{H}_R$为均衡时研发部门使用的人力资本。从式(6.10)可以看出,如果完全不实施专利保护,则$f(w)=f(0)=0$,从而$\bar{H}_R=0$,即研发部门不会有动力进行技术的开发投入。因此知识产权保护制度的建设是促进本国创新的前提条件。但是,注意到式(6.10)等号右边有$f(w)$的二次项,故知识产权保护强度的提高对$\bar{H}_R$的影响并不是总是具有促进作用的,而是呈现出一种倒"U"型效应。命题6.1证明了这一推断。

命题6.1:当$f(w)\leqslant 1/2$时,$\partial H_R/\partial w\geqslant 0$;当$f(w)>1/2$时,则有$\partial H_R/\partial w<0$。

证明:将式(6.10)两边同时对w求导,并利用式(6.10)化简可得:

$$\left[(1-\rho)+\frac{\bar{H}_R}{H-\bar{H}_R}\right]\cdot\frac{\partial\bar{H}_R}{\partial w}\cdot\frac{1}{\bar{H}_R}=\frac{f'(w)[1-2f(w)]}{f(w)[1-f(w)]} \tag{6.11}$$

由上式可知$\mathrm{sgn}(\partial H_R/\partial w)=\mathrm{sgn}[1-2f(w)]$,因此$f(w)\leqslant 1/2$时,$\partial\bar{H}_R/\partial w\geqslant 0$,$f(w)>1/2$时$\partial\bar{H}_R/\partial w<0$。

命题6.1表明,对后发国家而言,增加知识产权保护并不总能激励本国的自主研发。其原因在于,知识产权保护在维护本国研发部门利益的同时,也强化了对国外专利的保护,并增强了本国创新所面临的国外专利障碍。

式(6.10)不仅给出了研发部门使用的最优人力资本数量,实际上也包含着人力资本在最终产品部门和研发部门的配置均衡。由于y是H_R的函数,因此式(6.10)还界定了均衡时由本国研发部门所形成的可以应用的中间产品技术专利数量。除此之外,因为社会总资本表现为最终产品部门所使用的全部中间产品数量，所以均衡时社会资本存量为 $K=A\bar{x}$。需要注意的是，$\bar{x}$并不随时间变化而改变，故 K 的增长率将与 A 的增长率相同，而由式(6.1)可知，这也表明均衡时总产出 Y 的增长率与 A 的增长率相同。因此，在均衡增长路径上：

$$\frac{\dot{Y}}{Y}=\frac{\dot{K}}{K}=\frac{\dot{A}}{A}\equiv g=\frac{\bar{y}+z}{A}=[1-f(w)]\bar{H}_R^{\rho}+\eta\left(\frac{A^*}{A}-1\right) \qquad (6.12)$$

其中，g 表示本国的技术增长率。式(6.12)表明，经济增长率将最终取决于技术进步的速度。由于技术增量由国内自主研发形成的有效中间品技术和引进的国外技术决定，因此技术进步速度可以进一步分解为$\bar{y}/A$ 和 z/A 两个部分。其中，z/A 为由技术引进所决定的技术增长率，主要取决于国外的技术发展水平，从而可以视为外生决定的；$\bar{y}/A$ 则由本国研发部门的创新以及知识产权保护强度的决定。结合前文的式(6.9)和式(6.10)可以发现，知识产权保护强度可以通过影响本国自主研发比重而改变技术增长率，从而最终影响经济增长率。下文的命题6.2验证了自主研发投入比重，与技术进步速度之间的同向变动关系，并归纳了知识产权保护强度变化对自主研发投入比重和技术进步速度的影响。

命题6.2：令 θ 表示均衡时的自主研发投入比重 $C(\bar{y})/[C(\bar{y})+f(w)p_A\eta(A^*-A)]$，则 $\operatorname{sgn}(\partial\theta/\partial w)=\operatorname{sgn}(\partial g/\partial w)$，$\partial g/\partial\theta>0$，并且在区间$[0,+\infty)$内，存在唯一的$\bar{w}$，使得 $w\leqslant\bar{w}$时 $\partial\theta/\partial w\geqslant 0$，$\partial g/\partial w\geqslant 0$，$w>\bar{w}$时 $\partial\theta/\partial w<0$，$\partial g/\partial w<0$。

证明：由式(6.12)求导可得：

$$\frac{\partial g}{\partial w}=-f'(w)\bar{H}_R^{\rho}+\rho[1-f(w)]\bar{H}_R^{\rho-1}\frac{\partial\bar{H}_R}{\partial w}=[1-f(w)]\bar{H}_R^{\rho}\varphi(w) \qquad (6.13)$$

其中，$\varphi(w)\equiv -f'(w)/[1-f(w)]+(\partial\bar{H}_R/\partial w)/\bar{H}_R$。而由 θ 的定义和式(6.10)可知：

$$\frac{1}{\theta}=\frac{C(\bar{y})+f(w)p_A Z}{C(\bar{y})}=1+\frac{\eta(A^*-A)}{A\rho\bar{H}_R[1-f(w)]} \qquad (6.14)$$

求导可得：

$$-\frac{1}{\theta^2}\cdot\frac{\partial\theta}{\partial w}=\frac{-\eta(A^*-A)}{A\rho\{\bar{H}_R[1-f(w)]\}}\varphi(w)$$

因此 $\mathrm{sgn}(\partial g/\partial w)=\mathrm{sgn}(\partial\theta/\partial w)=\mathrm{sgn}(\varphi)$，而 $\partial g/\partial\theta=(\partial g/\partial w)/(\partial\theta/\partial w)$，故 $\partial g/\partial\theta>0$。同时，将式(6.11)代入式(6.13)则可以进一步得到：

$$\frac{\partial g}{\partial w}=[1-f(w)]\bar{H}_R^{\rho}\cdot\frac{f'(w)[\rho/M-(2\rho/M+1)f(w)]}{f(w)[1-f(w)]}$$

上式中，$M\equiv1-\rho+\bar{H}_R/(H-\bar{H}_R)>0$。由上式可知，$\partial g/\partial w>0$ 如要成立必须有 $\rho/M>(2\rho/M+1)f(w)$，即

$$f(w)<\frac{\rho/M}{2\rho/M+1}=\frac{1}{2+M/\rho}<\frac{1}{2} \tag{6.15}$$

令 $\hat{w}$ 满足 $f(\hat{w})=\dfrac{1}{2}$，并定义 $L(w)\equiv f(w)-1/(2+M/\rho)$。注意到当 $w\leqslant\hat{w}$ 时，$f(w)$ 和 M 均是 w 的连续单调增函数，故可以判断在区间 $[0,\hat{w}]$ 内也是 w 的连续单调增函数。此外，式(6.10)和 M 的定义式表明 $w=0$ 时，$\bar{H}_R=0$，$M=1-\rho$，故 $L(0)<0$。当 $w=\hat{w}$ 时，则有 $f(w)=1/2$，而 $1/(2+M/\rho)<1/2$。这表明 $L(\hat{w})>0$。综合以上分析可以判断，在区间 $[0,\hat{w}]$ 内一定存在某唯一的 $\bar{w}$ 使得 $L(\bar{w})=0$，并且 $w>\bar{w}$ 时 $L(w)>0$，$\partial g/\partial w<0$，$w\leqslant\bar{w}$ 时 $L(w)\leqslant0$，$\partial g/\partial w\geqslant0$。由于 $w>\hat{w}$ 时，$\partial\bar{H}_R/\partial w<0$，$\partial g/\partial w<0$（由 $\hat{w}$ 的定义以及式(6.12)和式(6.13)可直接判断），故以上证明表明在整个区间 $[0,+\infty)$ 内，存在唯一的 $\bar{w}$，使得 $w\leqslant\bar{w}$ 时 $\partial g/\partial w\geqslant0$，$w>\bar{w}$ 时 $\partial g/\partial w<0$。由于 $\partial\theta/\partial w$ 和 $\partial g/\partial w$ 有相同的符号，因此该结论对 $\partial\theta/\partial w$ 也成立。

命题6.1和命题6.2的结论有以下两个方面的意义：(1)一国的技术进步可以通过自主研发和技术引进两种方式实现，但自主研发的比重对技术进步和经济增长有重要影响；(2)自主研发的投入比重与技术进步速度均与知识产权保护强度呈现出倒“U”型关系：当 $w\leqslant\bar{w}$ 时，强化知识产权保护不仅可以提高自主研发的投入比重，还能够促进技术进步速度的提升，而当 $w>\bar{w}$ 时，继续强化知识产权保护，则会对自主研发投入比重和技术进步增长率产生负面影响。这两点表明，无论是从促进自主创新的角度来看，还是从促进技术进步和长期经济增长来看，知识产权保护的强度并不是越高越好。一方面，知识产权保护的完善可以保护研发部门

自主创新的收益,因此对自主研发有正向激励作用;另一方面,对后发国家而言,强化知识产权保护实际上也提高了对国外技术专利的保护程度,从而强化了本国自主创新所面临的专利障碍。造成这一经济机制的根本原因在于,后发国家的创新不仅要面对研发本身的技术障碍和风险,还需要面临技术先进国家已有专利的制约。给定知识产权制度对专利宽度的设定,后发国家的创新成果必须对发达国家已有专利进行较大程度的超越,才能具有专利合法性。如果后发国家的研发成果,与发达国家现有专利的差异,未超过专利宽度的基本要求,那么一方面这些研发成果不会被授予专利权,另一方面,如果使用这些研发成果,将构成专利上的侵权,而当知识产权保护的执行力度上升时,这种专利侵权行为被查处的概率也会提高。命题2也表明,从促进技术进步和经济增长的角度来看,即为最优的专利保护强度。

6.2 计量检验

在前一部分中,本书指出自主研发比重的提高能够促进技术进步,并且自主研发支出占全部技术进步支出的比重,和技术增长率均与知识产权保护强度呈现出倒“U”型关系。本节将以前文模型分析为基础,通过中国省际面板数据进行相应的计量分析和检验。

根据前文式(6.14)、式(6.12)以及命题6.2的分析结论,自主研发投入比重 θ 是技术引进数量 $\eta(A^{*}-A)$ 的减函数和本国知识存量 A 的增函数,而技术增长率 g 则是技术引进数量的增函数和知识存量的减函数,并且两者均与知识产权强度表现出倒“U”型关系。这构成了下文建立计量模型的基础。

首先,考虑以自主研发投入比重为被解释变量的计量分析。在研究此问题时,本章采取了代表性企业的视角。① 选取该视角的出发点有两个。首先,随着我国市场化改革的逐步推进,企业已经逐渐成为创新的主要微观主体,因而对自主研发投入比重的分析要与企业微观主体的最优化行为相联系。其次,受数据来源的限制,目前能够全面反映 R&D 支出以及技术引进支出的数据指标,主要来自大中型工业企业的省际统计数据,因此对自主研发投入比重的测算也只能从企业角度展开。因此在讨论自主研发投入比重的影响因素时,拟选取以下解释变量:知识产权保护强度的一次项、知识产权保护强度的二次项②、技术引进数量、技术存量、企业规模以及所有制结构。其中,前四个解释变量的选择依据来自本书模型分析的基本结论。企业规模和所有制结构则将作为控制变量进入计量模型。③

考虑以技术增长率为被解释变量的计量分析。根据前文模型分析结论,随研究出发点的不同,可以建立两个不同的计量模型。第一个计量模型可以根据式(6.12)来设立,即在分析技术增长率的影响因素时,选取的解释变量应当包括知识产权保护强度的一次项、知识产权保护强度的二次项、技术引进数量以及技术存量四项。第二个计量模型则可以根据命题 6.2 来构建。命题 6.2 表明,技术增长率是自主研发投入比重的增函数。形成这一结论的内在机制在于,给定可以引进的国外技术总量,本国研发投入的增长,一方面将提高自主研发投入在总支出中的比重;另一方面也意味着自主研发所形成的新技术数量上升,从而能够提高技术进步的速度。从这个角度来看,可以认为知识产权保护之所以会对技术增长率产生影响,是因为它能够影响自主研发的投入比重。因此,以技术进步为被解释变量的第二个计量模型可以选择自主研发投入比重、技术引

---

① 需要说明的是,基于这一视角,除自主研发投入比重等比例指标外,下文所提到的所有企业指标数据均是总量数据按企业数量平均后的结果。这样处理既符合代表性企业视角的要求,还可以避免不同地区企业数量差异对计量结果的影响。

② 引入二次项是为了检验自主研发比重与知识产权保护强度的倒"U"型关系。

③ 现有企业规模和研发关系方面已有众多研究成果,故本文没有展开讨论。这些研究的基本观点是,企业规模与 R&D 支出正相关,而国有企业的 R&D 支出倾向要低于其他经济类型。更详细的研究结论可以参见吴延兵(2007)对此问题的综述。

进数量和技术存量三个解释变量。当然,除上述变量之外,本书还将引入FDI和所有制结构作为控制变量。其中,引入FDI的目的在于控制其可能带来的技术外溢;引入所有制结构这一变量则是为了衡量不同地区的市场化程度。

为衡量知识产权保护强度,本书借鉴了韩玉雄和李怀祖(2005)在对Ginarte和Park(1997)修正基础上得到的测算方法。① 该指标分别从知识产权制度建设和法律执行情况两个方面进行了综合评价。在自主研发投入比重方面,本书以大中型工业企业相关统计数据计算。② 在《中国科技统计年鉴》中,除统计了各地区大中型工业企业R&D支出外,还在其他技术活动经费支出统计中,区分了技术改造支出、购买国内技术支出、引进国外技术支出和消化吸收支出四项。严格意义上的自主研发与技术引进支出项目为R&D、购买国内技术和引进国外技术,但是,技术改造和消化吸收也有助于企业提高自身技术水平。其中,技术改造衡量了企业对外界技术进行改造实现技术进步的支出,故可以视为在模仿基础上的研发支出,而消化吸收支出则能够提高技术引进的效果。因此,本书区分了狭义的自主研发投入比重和广义的自主研发投入比重:狭义自主研发

① 在韩玉雄和李怀祖(2005)的指标体系中,知识产权保护指标得分为知识产权制度建设与法律执行指标的乘积,前者满分为5分,后者满分为1分。由于这里的样本为中国各省,因此知识产权制度得分在各地区都是相同的,故可将其满分标准化为1。除此之外,在韩玉雄和李怀祖(2005)的指标评价中,经济发展指标以人均GDP1000美元为标准,人均GDP高于该数值则该项得分为1。但从实际情况来看,知识产权和专利保护建设的完善与社会经济的长期发展是密不可分的。即使是经过长期知识产权体系建设的西方发达国家,其完善知识产权制度的探索也仍未停止,故该衡量标准似乎过低。因此,这里改为以人均GDP20000美元为标准,这大致相当于2008年世界银行划分的高收入发达国家的平均GDP水平。

② 直接采用企业微观数据进行估计会更为理想。但是,中国工业企业数据库虽然提供了所有规模以上工业企业的研发支出数据,却没有技术引进支出的相关数据,因此这里只能以各地区企业的总体统计数据为基础进行分析。《中国科技统计年鉴》详细报告了我国各地区工业企业的技术活动支出总额,但其样本范围只涵盖了大中型工业企业和规模以上工业企业,并且规模以上企业的数据仅有2004年和2008年。为构建时间跨度更长的分析样本,这里的研究选取了大中型工业企业的相关统计数据。吴延兵(2008)在选取地区自主研发和技术引进数据时也采用了相同的处理方法。

投入比重 = R&D/(R&D + 购买国内技术 + 引进国外技术);而广义的自主研发投入比重 = (R&D + 技术改造支出)/(R&D + 技术改造支出 + 购买国内技术 + 引进国外技术 + 消化吸收支出)。[①] 技术引进数量、企业规模和所有制结构则分别以各地区国外技术引进合同数量、企业主营业务收入,以及国有及国有控股企业总产值占全部企业总产值的比重来衡量。其中,国外技术引进合同数量和企业主营业务收入的数据来自《中国科技统计年鉴》,国有及国有控股企业总产值比重,则根据中经网统计数据库的相关数据计算。FDI 数据则来自《中国统计年鉴》和《中国对外经济统计年鉴》。在衡量技术存量时,本书则采用了多种方法。在分析自主研发投入比重时,由于是以代表性企业为分析对象,故本书以大中型工业企业拥有的发明专利数量来度量企业的技术存量,该数据来自《中国科技统计年鉴》。在分析技术增长率时,则需要衡量地区技术存量。根据中间品内生增长模型的基本结论,社会资本和总产出均是技术存量的增函数,并且均衡技术增长率等于资本增长率和总产出增长率,故本书将分别以 GDP 和资本存量来间接衡量技术存量,并以它们的增长率来反映技术增长率。在这些分析中,资本存量的数据来自单豪杰(2008)的估算结果。[②] GDP 和就业数据则来自各年《中国统计年鉴》。

最后,在样本构建上,受数据可得性的限制,本书分析自主研发投入比重使用的是,2001 - 2008 年除西藏外的全国 30 个省、直辖市和自治区的面板数据。分析技术增长率所使用的则是 2001 - 2008 年全国 29 个省、直辖市和自治区的面板数据。其中,除西藏被排除在样本外,并对四川和重庆的数据进行了合并。以上数据均以 2000 年为基期进行了价格

---

① 由于采用省际面板数据进行分析,因此若本地企业购买本国其他地区的技术,那么也应归为技术引进,故在指标计算过程中,还考虑了购买国内技术的支出。当然,该项数据指标也有包含购买本地其他企业技术的可能。本文未对此做进一步处理,这一方面是因为缺少准确的数据,另一方面是因为购买国内技术在技术活动总支出中所占比重极小,引入该指标没有对自主研发投入比重的计算产生根本影响。

② 单豪杰(2008)的测算只到 2006 年。本书依据其测算方法增补了 2007 年和 2008 年的资本存量数据。

调整。

在进行面板数据分析之前，首先要对面板设定形式进行检验。以前文构建的分析样本为基础所进行的固定效应的 F 检验以及随机效应的 LM 均表明固定效应和随机效应显著，而 Hausman 检验则表明本书所有计量模型均应采用固定效应模型。因此，依据前文分析，本书依次构建以下三个计量模型：

$$RDP_{it} = \alpha_0 + \alpha_i + \alpha_1 IPP_{it} + \alpha_2 IPP_{it}^2 + \alpha_3 TECH_{it} + \alpha_4 TIM_{it} + \alpha_5 REV_{it} + \alpha_6 SOE_{it} + \varepsilon_{it} \tag{6.16}$$

$$TG_{it} = \lambda_0 + \lambda_i + \lambda_1 IPP_{it} + \lambda_2 IPP_{it}^2 + \lambda_3 TECH_{it} + \lambda_4 TIM_{it} + \lambda_5 SOE_{it} + \lambda_6 FDI_{it} + \mu_{it} \tag{6.17}$$

$$TG_{it} = \beta_0 + \beta_i + \beta_1 RDP_{it} + \beta_2 TECH_{it} + \beta_3 TIM_{it} + \beta_4 SOE_{it} + \beta_5 FDI_{it} + v_{it} \tag{6.18}$$

以上各式中，α_i、λ_i 以及 β_i 均为个体固定效应，下标 i 和 t 分别表示地区和时间，*RDP* 为自主研发投入比重，*IPP* 为知识产权保护强度，IPP^2 则为 *IPP* 的平方项。*TECH*、*TIM*、*REV*、*SOE*、*TG* 以及 *FDI* 则分别表示技术存量、技术引进数量、企业主营业务收入、国有及国有控股经济比重、技术增长率和外商直接投资。对以上三式依次使用不同数据样本回归所得结果归纳于表 6.1 ~6.3 中：

表 6.1　式(6.16)计量模型的估计结果

变量	狭义自主研发投入比重		广义自主研发投入比重	
	原模型结果	AR(1)修正	原模型结果	AR(1)修正
α_0	0.205 (1.534)	0.344 (1.624)	0.318** (2.812)	0.393* (2.246)
IPP	4.592** (4.440)	3.926* (2.419)	3.910** (4.199)	3.856** (2.821)
IPP^2	−5.564** (−4.785)	−4.547* (−2.201)	−4.367** (−4.022)	−4.198* (−2.468)
TECH	0.006 (0.822)	−0.008 (−0.992)	0.003 (0.344)	−0.011 (−1.430)

续表

变量	狭义自主研发投入比重		广义自主研发投入比重	
	原模型结果	AR(1)修正	原模型结果	AR(1)修正
TIM	-0.007** (-5.379)	-0.006** (-3.410)	-0.008** (-6.616)	-0.007** (-3.456)
REV	0.021** (6.990)	0.018** (3.872)	0.016** (4.050)	0.012* (1.950)
SOE	-0.156 (-1.751)	-0.251 (-1.845)	-0.218** (-2.948)	-0.340** (-3.753)
AR(1)		0.305** (3.723)		0.282** (3.039)
调整后 R^2	0.685	0.702	0.677	0.680
F 统计量	15.817	14.704	15.325	13.329

注:括号中为 t 值,“*”号表示5%置信度下显著,“**”表示1%置信度下显著。

表 6.2 式(6.17)计量模型的估计结果

变量	以 GDP 反映技术存量			以资本存量反映技术存量		
	原模型	AR(1)修正	工具变量	原模型	AR(1)修正	工具变量
λ_0	-0.027 (-0.760)	0.148** (3.020)	0.052 (1.106)	0.095 (1.300)	0.332** (4.226)	0.264** (3.091)
IPP	2.440** (6.820)	1.046** (2.819)	1.838** (4.718)	1.190 (1.735)	0.073 (0.336)	1.442** (2.635)
IPP^2	-3.701** (-10.936)	-2.374** (-6.052)	-3.100** (-6.482)	-2.646** (-4.208)	-1.922 (-1.315)	-5.666** (-2.426)
TECH	-0.070** (-8.696)	-0.06** (-6.582)	-0.042* (-2.093)	-0.028** (-2.837)	-0.099** (-6.011)	-0.118** (-6.430)
TIM	0.013** (3.976)	0.008 (1.709)	0.010** (2.963)	0.009 (1.452)	-0.009* (-2.048)	-0.008 (1.760)
SOE	-0.140** (-6.927)	-0.152** (-5.261)	-0.141** (-6.589)	-0.094** (-9.364)	0.058** (8.197)	0.049 (1.638)

续表

变量	以 GDP 反映技术存量			以资本存量反映技术存量		
	原模型	AR(1)修正	工具变量	原模型	AR(1)修正	工具变量
FDI	0.461** (3.139)	0.493* (2.038)	-0.500 (-0.676)	0.478** (2.315)	0.268 (1.132)	0.906* (2.560)
AR(1)		0.290* (2.323)			0.822** (8.681)	0.853 (11.425)
调整后 R^2	0.593	0.581	0.514	0.495	0.804	0.754
F 统计量	10.892	9.011	6.815	6.661	24.714	21.745

注:同表 6.1。

表 6.3 式(6.18)计量模型的估计结果

变量	以 GDP 反映技术存量			以资本存量反映技术存量		
	原模型	AR(1)修正	工具变量	原模型	AR(1)修正	工具变量
β_0	0.218** (16.504)	0.218** (12.485)	0.219** (16.469)	0.183** (14.602)	0.341** (4.121)	0.296** (11.412)
RDP	0.061** (8.961)	0.043** (3.377)	0.059** (5.183)	0.049** (2.822)	0.028* (2.316)	0.020* (2.226)
TECH	-0.037* (-2.271)	-0.058** (-3.915)	-0.028 (-1.046)	-0.028* (-1.991)	-0.141** (-5.301)	-0.143** (11.268)
TIM	0.010* (2.364)	0.007 (1.371)	0.008* (2.001)	0.007 (1.082)	-0.012** (-2.733)	-0.010* (-2.159)
SOE	-0.227** (-8.412)	-0.166** (-4.693)	-0.191** (-8.321)	-0.117** (-3.725)	0.019 (0.556)	0.008 (0.396)
FDI	0.329* (2.304)	0.435 (1.768)	-0.626 (-0.865)	0.218 (1.240)	0.337 (1.255)	1.904 (6.506)
AR(1)		0.255* (2.480)			0.841** (10.598)	0.811 (11.894)
调整后 R^2	0.599	0.610	0.559	0.455	0.765	0.744
F 统计量	11.470	10.274	9.492	6.853	20.366	21.978

注:同表 6.1。

表6.1中,对式(6.16)的估计分别使用了狭义的自主研发投入比重,和广义的自主研发投入比重来作为被解释变量。表6.2和表6.3的估计则分别以GDP和资本存量,来衡量和计算技术存量及其增长率。表6.1~6.3还展示了一阶自回归修正结果,以便在消除可能存在的误差基础上对原估计结果进行稳健性检验。此外,在式(6.17)和式(6.18)中,被解释变量为GDP和资本存量增长率,而经济增长和全社会基础设施投资可能会反过来影响FDI,从而引起内生性问题。因此,表6.2和表6.3还进一步引入工具变量来进行稳健性检验。在工具变量的选择上,这里的分析采用了美国的实际利率数据,因为它可以作为世界利率的代理变量,进而影响我国的FDI。① 将该变量加入式(6.17)和式(6.18)进行估计,其系数不显著,这说明该利率变量不能直接影响式(6.17)和式(6.18)的被解释变量。但是,在控制其他外生变量后,该实际利率变量却能够显著地解释我国各地区FDI的变化。因此,该变量满足工具变量的基本要求。而在估计方法上,则采用了两阶段最小二乘法。比较表6.1~表6.3的各项估计结果可知,关键变量(如IPP、IPP^2以及RDP)的系数估计值符号和显著性均具有较好的稳健性。

表6.1~表6.3的回归结果,基本证明了前文模型分析的结论。由以上估计结果归纳可知,知识产权保护强度对自主研发投入比重和技术进步率均有显著影响,并且自主研发投入比重和技术进步率,均是知识产权保护强度的倒"U"型曲线。由表6.1可知,无论是采用广义研发投入比重还是狭义研发投入比重,变量IPP和IPP^2的系数均显著,并且IPP的系数为正,IPP^2的系数为负,从而使估计结果具备了基本的倒"U"型曲线性质。而表6.2的回归结果也反映出了技术进步率和知识产权保护强度之间的倒"U"型关系。

我们还可以进一步找到自主研发投入比重和技术进步速度关于知识产权保护的极值点。以表6.1中采用狭义研发投入比重数据的AR(1)修正结果和表6.2中采用GDP数据所得的IV估计结果为例。由式

① 数据来源于世界银行网站http://data.worldbank.org.cn/indicator/FR.INR.RINR。

(6.16)和式(6.17)可知,$dRDP/dIPP = \beta_1 + \beta_2 IPP$,$dTG/dIPP = \lambda_1 + \lambda_2 IPP$。代入相应系数的估计结果不难解得当 $IPP = 0.86$ 时 RDP 取得最大值,而当 $IPP = 0.59$ 时,TG 取得最大值。从前文测算的结果来看,我国目前的专利保护强度距此最优水平还有较大差距。但是,由于本章节知识产权保护强度指标最大取值为1,这一计算结果也表明就我国目前所处阶段而言,知识产权保护强度并不是越高越好。

需要注意的是,以上结论并不是说我国始终不应建立起完善的知识产权保护体系。正如前文分析所指出的,自主研发投入比重以及技术增长率,与知识产权保护强度呈倒"U"型关系的根本原因在于,受技术发展阶段的限制,后发国家的技术水平与发达国家有较大差异。当知识产权制度建立并完善时,这些国家自主研发所面临的国外专利的阻碍程度便会上升。因此,上文所讨论的倒"U"型关系是与特定技术发展阶段相对应的。随着我国自主研发活动的不断深入,以及自主创新能力的逐步提高,不仅整体技术水平有可能逐步赶超西方发达国家,而且知识产权保护对我国自主创新的负面作用也会逐渐减弱。届时,建立完善的知识产权保护体系就可以推动自主研发的进一步展开,同时也会有利于技术增长率的提高。但是,当我国整体技术水平较差时,上文所讨论的倒"U"型关系便会出现。

同时,前文计量结果(表6.3)还表明,自主研发比重对技术进步速度有显著的正面影响。从前文模型分析来看,形成这一结论的经济机制在于,当后发国家技术存量和国外技术水平给定时,这些国家所能引进的国外技术数量是有限的,而这限制了它们通过引进国外技术所能实现的技术进步幅度。在此前提下,如果本国能够通过自主研发获取更多的技术成果,那么将能够实现更大幅度的技术水平的提升,而这必然要求自主研发投入的上升。当技术引进数量给定时,这种研发投入的上升就等同于自主研发投入比重的提高。与此同时,正是由于自主研发投入比重可以影响技术进步速度,技术进步速度才会与知识产权保护强度呈现出倒"U"型关系。从根本上来说,知识产权保护强度的变化影响的是研发部门的自主研发动力,但由于技术进步速度是自主研发投入比重的增函数,因此它也与知识产权保护呈现出倒"U"型关系。

此外,前文计量分析还表明自主研发投入比重是技术引进的减函数;而技术进步速度则是技术存量的减函数,技术引进的增函数。该估计结果是对前文模型分析所得到的式(6.12)和式(6.14)的进一步验证。形成以上结果的机制在于,给定世界技术进步的速度,在任意特定时期,本国所能引进的国外技术总量都是本国技术存量的减函数:本国技术存量越高,那么国内外技术差距就越小,从而可以引进的国外技术数量就越少,而这会降低本国通过引进国外技术实现技术进步的可能,并进而减缓技术进步速度。技术引进变化的效果则正好相反。一方面,技术引进的增加本身会提高技术进步总支出中的技术引进支出,并降低自主研发投入比重;另一方面,技术引进的上升也意味着新增技术数量的提高,从而也可以提高技术进步速度。

最后,从控制变量系数的部分回归结果来看,企业规模对自主研发投入比重有正向促进作用,而由国有及国有控股经济比重所反映的企业治理结构,则对自主研发投入比重和技术进步率有负面影响。此外,就各地区技术进步速度而言,FDI 的正向外溢作用也得到了一定程度的验证。

6.3　总结

本章在拓展中间品内生增长模型的基础上,讨论了后发国家技术进步模式的决定机制及其对技术进步的影响,以及知识产权保护在其中的影响作用。模型分析和计量检验均表明,自主研发投入比重的上升对技术进步有显著的正面影响,并且该投入比重及技术增长率均与知识产权保护强度呈现出倒"U"型关系。

以上结论表明,对中国这样的后发国家而言,建立一定的知识产权保护是必要的,但是由于受技术水平和研发能力的限制,持续增加知识产权保护强度不仅无法促进技术进步和经济增长,反而会产生负面影响。形成这一结果的根本原因在于,后发国家知识产权保护的加强,强化了对发达国家先进技术专利的保护,从而增强了后发国家自主创新所面临的专利障碍。这意味着,完善知识产权保护需要根据中国所处的技术水平和发展阶段来逐步实施。就目前我国技术水平而言,更重要的是在借鉴国外先进技术的基础上,不断提高自身的自主创新能力与技术水平,而为实现这一目标,则需要将知识产权保护强度维持在适当的水平。只有在我国技术水平和自主研发能力提升至较高水平之后,建立完善的知识产权保护制度,才有可能对技术进步和经济增长,产生稳定的正面促进作用。

第七章

我国创新能力积累的主要途径

在新古典增长理论与内生增长理论中,推动经济持续稳定增长的最根本动力,均可以归结为技术进步。对于技术后发国家而言,实现技术进步的方式除了直接的 R&D 与技术创新外,还可以表现为对国外先进技术的引进与模仿,以及外商直接投资过程中所产生的技术外溢。

Teece(1977)、Mansfiled、Schwartz 和 Wagner(1981)以及 Barro 和 Sala - i Martin(1997)等人均强调了技术引进与模仿在推动后发国家经济增长中的作用。他们认为,对技术后发国家而言,对国外技术的引进与模仿可以节约技术进步成本,并能促进各国经济增长的收敛。我国学者林毅夫(2002)、赵兰香和穆荣平(2003)、宋晓梅(2005)以及林毅夫和张鹏飞(2005)等人也认识到了技术引进的成本优势,并认为技术引进及其所造成的外溢效应,能够在较短时间内缩短后发国家与发达国家的技术差距。这一判断也被许多经验研究所证实。例如,Hu 等(2005)、张海洋(2005)、冼国明和严兵(2005)、朱平芳和李磊(2006)以及吴延兵(2008)使用我国大中型工业企业面板数据和省际面板数据的研究,均表明引进国外技术以及 FDI 对生产率和地区经济增长有正向的促进作用,而李光泗和徐翔(2008)的研究表明,技术引进不仅对经济增长有正向作用,还能推动地区经济收敛。此外,亓朋等(2008)、蒋殿春和张宇(2008)以及陈继勇和雷欣(2009)等也发现 FDI 的知识与技术外溢,对外资流入国家创新能力的提升有显著的推动作用。

技术引进对推进技术后发国家技术进步的作用机制是显而易见的:

由于技术后发国家的创新能力较差,单纯依靠自主研发将使其面临技术瓶颈,而技术引进则可以以较低的成本,在短期内为后发国家带来大量先进技术。然而,也有许多学者指出,尽管通过技术引进实现技术进步有其合理性,但是其在实现技术赶超和经济增长收敛中的作用值得怀疑。例如,丁云龙和远德玉(2001)、卢文鹏(2003)以及陶冶和齐中英(2005)等人认为,技术进步有路径依赖效应,如不能在引进技术的同时提高创新能力,则技术进步路径将被固化在技术引进上,因此国内的企业要想实现技术赶超,必须选择自主研发。高粱(2005)和杨克泉(2005)则认为,技术引进只能实现设备上的升级,却不能提升企业的组织和创新能力,因此科技进步战略应当以自主研发为核心。孙建等(2009)则指出我国工业企业自主创新与技术引进之间互补关系较弱,从而肯定了坚持自主创新的重要性。卢宁等(2010)的研究则表明,自主研发资源的投入是推动区域经济增长的关键因素。

由上文可知,尽管技术引进和 FDI 对生产率和经济增长的正向促进作用,已被许多经验研究所证实,但人们对于技术引进是否可以作为后发国家技术进步的主要手段尚存疑虑,而其中的主要问题在于,单纯的技术引进是否能够在实现技术进步的同时提高我国的创新能力,从而实现经济的可持续增长。由此可以进一步引申的问题是,我国创新能力积累的主要途径是什么?目前,对这些问题还鲜有直接的经验分析。因此,本章节采用中国省际面板数据分析,和比较了自主研发、引进国外技术、购买国内技术以及 FDI 技术外溢,在促进我国创新能力积累方面的作用,并讨论了所有制结构和地区差异,对这四种因素在创新能力积累过程中作用效果的影响。

7.1 计量模型

创新能力作为本章讨论的核心概念,在具体的经验分析中往往难以找到直接的测度指标。从现有研究来看,衡量创新能力的方法主要有两种。第一种是构建指标体系来计算创新能力指标分值,这些指标体系往往从创新的投入与产出等多个角度对创新能力进行综合评价(如张华胜(2006))。第二种则是寻找创新能力的代理指标。例如,Hu 和 Jefferson (2001)以及冼国明和严兵(2005)在研究 FDI 对我国创新能力溢出效应的过程中,分别使用了新产品销售收入和专利申请量两项产出指标来体现创新能力。

但是,以上两种方法所得到的测算结果与创新能力的内涵仍然存在一定的偏差。创新能力反映了企业在任意给定的创新投入基础之上实现创新成果的能力。从投入与产出的角度来考虑,它体现了企业在创新活动中所使用的"生产技术",即如果用一个生产函数来联系企业创新活动的投入与产出,那么创新能力的内涵将更接近于该生产函数中的全要素生产率。因此,创新能力虽与研发活动的投入及产出紧密联系,但并不适合直接用这两种指标来反映。

鉴于以上分析,本章选择从构建企业创新活动的生产函数出发来考虑各种技术进步活动对创新能力积累的影响。沿用冼国明和严兵(2005)的处理方法,这里以专利申请数量来体现创新活动的产出,并构建如下生产函数:①

$$TPA_{it} = F(A_{it}, RDE_{it}, L_{it}) \tag{7.1}$$

式(7.1)中,TPA 为专利申请总量,RDE 为 R&D 支出,L 为 R&D 人员全时当量,它们分别体现了创新活动的产出与投入。A_{it} 为研发活动的全要素生产率,它可以用来反映创新能力。随着企业技术进步活动的展开,其创新能力往往能逐步提升。例如,基于"干中学",企业可以在 R&D 活动中积累自主研发经验,提高研发效率;技术引进以及外商直接投资对于

① 这里没有采用新产品销售收入作为创新的产出指标。这是因为本章想要分析的是企业各项技术进步行为对自主创新能力的影响,而新产品销售收入既可能来自于企业自主研发所实现的技术进步,也可能产生于企业对国外先进技术的引进或模仿。此外,新产品销售收入所包含的创新成果部分也只能体现企业的"产品创新"活动,无法衡量"过程创新"。因此,新产品销售收入并不适合作为自主创新的产出指标。

企业创新能力的培养,可能也会存在一定的外溢效应。因此,可以进一步将A_{it}界定为:

$$A_{it} = ae^{f(RDS_{it-1}, TIFS_{it-1}, TIHS_{it-1}, FDIS_{it-1}, SOE_{it}, SCA_{it}) + b_i} \tag{7.2}$$

其中,b_i 为个体效应,*RDS* 为 R&D 支出存量,*TIFS* 为引进国外技术的支出存量,*TIHS* 为购买国内技术支出存量,*FDIS* 为外商直接投资存量,*SOE* 和 *SCA* 则分别为所有制结构和企业规模。由于企业技术活动支出以及 FDI 在提升创新能力方面往往有长期效应,因此这里采用的是各项技术活动支出和 FDI 的存量。此外,企业当期的创新能力是受之前各种技术活动和 FDI 外溢效应影响的,故式(7.2)中,t 期的企业创新能力是第 $t-1$ 期企业各项技术活动支出存量和 FDI 存量的函数。所有制结构和企业规模则分别用来反映治理结构和规模差异对创新能力积累的影响。

假定生产函数具有柯布—道格拉斯形式,且 f 为对数函数,则由式(7.1)和式(7.2)可以进一步得到:

$$\ln TPA_{it} = b_0 + b_i + \gamma_1 \ln RDS_{it-1} + \gamma_2 \ln TIFS_{it-1} + \gamma_3 \ln TIHS_{it-1} + \gamma_4 \ln FDIS_{it-1} + \gamma_5 \ln SOE_{it} + \gamma_6 \ln SCA_{it} + \alpha \ln RDE_{it} + \beta \ln L_{it} + \varepsilon_{it} \tag{7.3}$$

其中,$b_0 = \ln a$ 为常数项,b_i 反映了个体效应。需要注意的是,式(7.3)虽然是基于生产函数构建的,但是函数 f 包含在创新能力 A_{it} 中,因此参数 γ_1、γ_2、γ_3 和 γ_4 分别体现了创新能力对 R&D 支出存量、引进国外技术支出存量、购买国内技术支出存量以及 FDI 存量的弹性。γ_5 和 γ_6 则反映了所有制结构和企业规模这两个控制变量对创新能力积累的影响。参数 α 和 β 则分别为创新产出对 R&D 支出的弹性和对科技人员投入的弹性。

7.2 分析样本与数据来源

为展开计量分析,本章根据 1999 - 2008 年中国 27 个省、直辖市和自治区的面板数据构建分析样本。① 专利申请量、R&D 支出、技术引进支出、购买国内技术支出指标均以《中国科技统计年鉴》各地区大中型工业企业的相关数据来衡量。所有制结构则以国有及国有控股企业主营业务收入,占全部企业主营业务收入比重来体现,企业规模则用各地区大中型工业企业主营业务收入的绝对量来体现。以上数据同样来自《中国科技统计年鉴》。FDI 则以实际利用外资额来体现,相关数据来自《中国统计年鉴》和《中国对外经济贸易年鉴》。

由于企业各项技术活动支出对创新能力的积累往往具有长期效应,因此前文构建的模型使用了各项技术活动支出的存量。这些支出存量可以采用永续盘存法来估算。以 R&D 支出存量为例,如果 R&D 存量的折旧率为 δ,那么:

$$RDS_{it} = RDE_{it} + (1-\delta) RDS_{it-1}$$

使用永续盘存法进行估算的关键,在于确定初期的存量以及折旧率。给定样本期之前支出额的年均增长率 g 和折旧率 δ,则初始存量 RDS_{i0} 和初始支出 RDE_{i0} 之间的关系为:

$$RDS_{i0} = RDE_{i0}(1+g)/(g+\delta)$$

吴延兵(2008)估算过我国的 R&D 支出存量、引进国外技术支出存量和购买国内技术支出存量。在进行测算时,他假设样本之前所有时期的各项技术活动支出年均增长率均为 5%,并设定技术折旧率为 15%。这样,初始存量就等于当期支出增量的 5.25 倍。本章借鉴了他的计算方法,并由此测算了各项企业技术活动的支出存量。需要指出的是,这里采用的折旧率反映的是技术上的折旧,而非产品生产过程中的资本折旧。因此,本章的 FDI 存量并不是指产品生产中实际资本存量,而是在创新过程中可以发挥作用的资本存量。有鉴于此,FDI 存量的计算同样使用了

① 我国对 R&D 数据的统计较晚,故只能获得 1998 年之后的 R&D 支出数据,这使得我们只能将分析样本选定在 1998 年之后。同时,由于式(7.3)中企业各项技术活动支出存量均滞后一期,因此实际的分析样本在时间序列上为 1999－2008 年。在横截面上,由于西藏、海南和青海的部分数据缺失,所以被排除在样本外;重庆的数据则被合并至四川省中。

15%的技术折旧率，FDI 在样本期之前的年均增长率则被设定为21.5%。①

以上数据中，企业各项技术活动支出存量以及FDI存量的计算，均使用了固定资产投资价格指数以1998年为基期进行了调整，主营业务收入则以工业产品出厂价格指数以1998年为基期进行了调整。此外，为使式(7.3)中企业各项技术活动支出存量以及FDI存量的系数估计值具有可比性，这些存量均采用了相同的单位“万元”。

最后一个需要考虑的问题是，本章使用国有经济比重来反映所有制结构，而该指标小于1。这意味着如果直接取其对数，那么相应的数值将为负，从而产生系数符号上的问题。为避免这种情况的出现，本章以该比重乘以100来进行数值调整，而这不会改变式(7.3)的模型结构。调整之后的模型可以写为：

$$\ln TPA_{it} = c + b_i + \gamma_1 \ln RDS_{it-1} + \gamma_2 \ln TIFS_{it-1} + \gamma_3 \ln TIHS_{it-1} + \gamma_4 \ln FDIS_{it-1} + \gamma_5 \ln SOEA_{it} + \gamma_6 \ln SCA_{it} + \alpha \ln RDE_{it} + \beta \ln L_{it} + \varepsilon_{it} \tag{7.4}$$

其中，$SOEA = SOE \times 100$，$c \equiv b_0 - \gamma_5 \ln 100$。

7.3 变量的选取

式(7.4)确定了本章计量模型的基本形式，但由该式直接回归可能产生的问题是，企业规模、所有制结构这些变量与研发过程中的人员投入，以及企业各项技术进步活动可能存在一定的相关性，企业技术进步各项支出之间也可能是相关的。由此产生的多重共线性问题会降低变量系数通过显著性检验的可能，并使得系数估计值不能准确反映解释变量变化对被解释变量的影响。

面板估计一定程度上可以缓解多重共线性的不利影响，但是，在正式的计量估计开始前，还是应从式(7.4)所确定的基本模型出发，对一些关

① 在1985-1998年之间，我国FDI的年均增长率约为21.5%。

键解释变量的显著性进行考察。① 此过程中的一些主要估计结果如表7.1所示。

表7.1　依据式(7.4)选择某些解释变量进行回归所得主要结果②

变量	回归1(fe)	回归2(fe)	回归3(fe)	回归4(fe)	回归5(fe)	回归6(fe)
c	-7.79* (-19.86)	-18.06* (-10.84)	-19.47* (-12.81)	-19.15* (-11.23)	-17.86* (-11.94)	-21.00* (-12.44)
lnRDS			0.27* (2.41)			
lnTIFS				0.11* (2.05)		
lnTIHS					0.05 (1.05)	
lnFDIS						0.24* (7.52)
lnSOEA		0.43* (2.60)	0.57* (3.29)	0.49* (2.78)	0.41* (2.57)	0.51* (3.07)
lnSCA		1.13* (14.50)	1.02 * (11.26)	1.09 * (11.94)	1.09 * (14.44)	1.11 * (15.74)
lnRDE	1.05 * (23.39)	0.29 * (4.06)	0.22 * (4.30)	0.30 * (4.72)	0.29 * (4.99)	0.25 * (5.18)
lnL	0.17 * (2.37)	-2.24E-5 (-0.00)				
调整后 R^2	0.92	0.94	0.94	0.94	0.94	0.94
Prob. F	0.00	0.00	0.00	0.00	0.00	0.00

比较表7.1中回归1和回归2的估计结果可以看出，虽然R&D支出

① 从变量显著性角度来看，最常用的回避共线性问题的方法是逐步回归法。但该方法的问题在于，如果单纯根据变量显著性和解释能力来添加解释变量，将会削弱模型本身的经济含义。因此，这里的分析既考虑到了变量的显著性，也兼顾了式(7.4)模型本身的经济含义。表7.1的估计结果可以视为对下文估计结果(表7.2)的稳定性分析。

② 表中"fe"表示固定效应模型，括号中为t值；"＊"号表示在5%置信度下显著。下文的表格也使用了相同的符号标识。

和 R&D 人员全时当量是主要的创新投入变量，但在引入企业规模和所有制结构两个控制变量后，R&D 人员全时当量的系数估计值不再显著。造成这一结果的可能的经济解释在于，规模较大的企业通常有更多的科技人才储备，因此企业规模与 R&D 人员全时当量这两个变量之间高度相关。① 鉴于这一估计结果，在之后的回归中，可以考虑剔除 R&D 人员全时当量这一变量。在回归 3 至回归 6 中，本章又依次加入了企业 R&D 支出存量、技术引进支出存量、购买国内技术支出存量和 FDI 存量。结果表明，只有购买国内技术支出存量的系数估计值显著性较差。

基于以上分析结果，在式(7.4)中剔除掉不显著的变量后得到如下回归模型：

$$\ln TPA_{it} = c + b_i + \gamma_1 \ln RDS_{it} + \gamma_2 \ln TIFS_{it} + \gamma_2 \ln TIHS_{it} + \gamma_4 \ln FDIS_{it} + \gamma_5 \ln SOEA_{it} + \gamma_6 \ln SCA_{it} + \alpha \ln RDE_{it} + \varepsilon_{it} \tag{7.5}$$

尽管变量 *TIHS* 的系数不显著，但式(7.5)中仍加入了这一变量，因为就本章分析目的而言，企业各项技术活动支出存量均有重要的经济意义。对式(7.5)的估计结果如表 7.2 所示。

表 7.2　依据式(7.5)所得的计量结果

变量	式(7.5)回归结果(fe)		稳定性检验 1(fe)		稳定性检验 2(fe)	
	系数估计值	P 值	系数	P 值	系数	P 值
c	-23.36 (-13.35)	0.00	-23.26 (-14.52)	0.00	-23.20 (-12.05)	0.00
lnRDS	0.25 (2.01)	0.05	0.24 (2.17)	0.03	0.26 (1.89	0.06
lnTIFS	0.14 (3.45)	0.00	0.14 (3.40)	0.00	0.13 (2.61)	0.01

① 当仅引入企业规模这一变量时，*lnL* 的系数估计值便不再显著。由于篇幅的限制，相应的结果未在表 7.1 中展示。

续表

变量	式(7.5)回归结果(fe)		稳定性检验1(fe)		稳定性检验2(fe)	
	系数估计值	P值	系数	P值	系数	P值
lnTIHS	-0.01 (-0.17)	0.86			0.003 (0.07)	0.94
lnFDIS	0.21 (5.60)	0.00	0.21 (5.64)	0.00	0.20 (5.10)	0.00
lnSOEA	0.70 (3.66)	0.00	0.69 (3.93)	0.00	0.70 (3.69)	0.00
lnSCA	0.99 (12.34)	0.00	0.98 (11.69)	0.00	0.99 (13.00)	0.00
lnRDE	0.17 (4.03)	0.00	0.17 (3.99)	0.00	0.17 (3.38)	0.00
lnL					-0.04 (-0.48)	0.63
调整后 R^2	0.97		0.97		0.97	
F统计量	0.00		0.00		0.00	

从式(7.5)的估计结果可以看出，除 ln*TIHS* 外，其余变量的系数估计值均较为显著。结合 ln*RDS*、ln*TIFS* 以及 ln*FDIS* 的系数估计值可知，R&D 支出存量对企业创新能力积累的影响作用最大，其次为 FDI 存量，再次为引进国外技术支出存量。购买国内技术支出对于创新能力的积累则没有明显效果。这可能是因为国内技术引进的规模相对较小，而且由于国内企业间技术差距相对不大，国内技术引进在提高技术创新能力和水平上的空间较小。在式(7.5)基础上删除不显著变量 ln*TIHS* 或者加入变量 ln*L* 也没有对各系数估计值的符号、显著性与数值大小产生根本影响。

以上估计结果表明，自主研发是我国企业积累创新能力的最主要途径。根据式(7.5)的估计结果，创新能力积累对 R&D 支出存量的弹性为 0.25，超过其对引进国外技术支出存量的弹性 0.14。这一估计结果符合

“干中学”基础上的先验判断:由于 R&D 过程中企业可以直接积累研发经验和研发人员的人力资本,提高研发效率,因此 R&D 是企业积累创新能力的最直接途径。

需要指出的是,引进国外技术支出存量的系数估计值显著,且符号为正。这表明引进国外技术对于促进我国企业增强自主创新能力有显著的正效应。该计量结果的经济含义在于,尽管引进国外技术对创新能力的培养小于直接的 R&D,但是技术引进并不会固化我国的创新水平和技术能力。因此,在肯定 R&D 在创新能力积累上的主导地位的前提下,还应当重视技术引进对技术进步和创新能力培养的显著正效应。

此外,创新能力对 FDI 存量的弹性为 0.21,这不仅说明 FDI 对创新能力积累有显著的正效应,而且表明 FDI 对创新能力积累的效果超过引进国外技术。造成这种现象的原因可能在于,与单纯的国外技术引进不同的是,FDI 在实现先进技术输入的同时,还引入了国外先进的管理与创新模式,并能够通过技术外溢效应对我国企业的创新能力积累产生正面的推动作用。除此之外,FDI 中除外商独资外,还包含了合资与合作的形式,从而使得我国企业可以直接地学习和借鉴西方先进的管理经验以及创新流程。这些都是单纯的技术引进所不具备的。

7.4 所有制结构与创新能力的转化

前文计量分析(表 7.2)还表明,国有企业比重与企业创新能力呈现出显著的正相关关系,这与冯根福、刘军虎和徐志霖(2006)关于所有制和工业部门研发效率的经验分析结论相一致。此外,所有制结构也可能对企业技术活动支出向创新能力的转化产生影响。根据 Jefferson 等(2004)以及安同良、施浩和 Alcorta(2006)的研究,就 R&D 支出倾向而言,国有企业要低于其他经济类型的企业。这一结论暗示着,所有制结构上的差异可能造成 R&D 支出与技术引进支出向创新能力转化上的差异:

如果非国有经济更侧重于 R&D 支出，那么它们有可能会更善于从持续的研发活动中积累自主创新经验。

为分析所有制结构对企业创新能力转化的影响，以式(7.5)的基本计量模型为基础，通过引入企业各项技术活动支出存量与所有制结构的交叉项，可构建如下计量模型：

$$\ln TPA_{it} = c_1 + f_i + \lambda_1 \ln RDS_{it} + \lambda_2 \ln TIFS_{it} + \lambda_3 \ln TIHS_{it} + \lambda_4 \ln FDIS_{it} + \lambda_5 \ln RDS_{it} \cdot \ln SOE_{it} + \lambda_6 \ln TIFS_{it} \cdot \ln SOE_{it} + \lambda_7 \ln TIHS_{it} \cdot \ln SOE_{it} + \lambda_8 \ln FDIS_{it} \cdot \ln SOE_{it} + \lambda_9 \ln SCA_{it} + \alpha \ln RDE_{it} + \mu_{it} \quad (7.6)$$

式(7.6)中，c_1 为常数，f_i 为个体效应，μ_{it}为随机项。与式(7.5)相类似，对变量 *SOE* 进行调整可将式(7.6)写为：

$$\ln TPA_{it} = c_2 + f_i + \varphi_1 \ln RDS_{it} + \varphi_2 \ln TIFS_{it} + \varphi_3 \ln TIHS_{it} + \varphi_4 \ln FDIS_{it} + \varphi_5 \ln RDS_{it} \cdot \ln SOEA_{it} + \varphi_6 \ln TIFS_{it} \cdot \ln SOEA_{it} + \varphi_7 \ln TIHS_{it} \cdot \ln SOEA_{it} + \varphi_8 \ln FDIS_{it} \cdot \ln SOEA_{it} + \varphi_9 \ln SOEA_{it} + \varphi_{10} \ln SCA_{it} + \alpha \ln RDE_{it} + \mu_{it} \quad (7.7)$$

由于式(7.6)包含了与 *SOE* 有关的交叉项，因此对 *SOE* 的调整不仅会影响常数项，而且会改变变量系数的大小。具体而言，式(7.7)中 $c_2 \equiv c_1 - \varphi_7 \ln 100$，$\varphi_1 \equiv \lambda_1 - \varphi_5 \ln 100$，$\varphi_2 \equiv \lambda_2 - \varphi_6 \ln 100$，$\varphi_3 \equiv \lambda_3 - \varphi_7 \ln 100$，$\varphi_4 \equiv \lambda_4 - \varphi_8 \ln 100$。对式(7.7)的估计结果如表 7.3 所示。

表 7.3　基于式(7.7)计量模型的估计结果

变量	式(7.7)回归结果(fe)	调整 1(fe)	调整 2(fe)
c_2	-18.27 * (-6.89)	-21.28 * (-8.08)	-19.33 * (-19.17)
lnRDS	1.32 * (4.75)	0.82 * (2.88)	0.89 * (3.05)
lnTIFS	-0.19 (-0.77)	-0.40 (-1.82)	-0.53 * (-3.18)
lnTIHS	-0.33 (-1.17)	-0.33 (-1.09)	-0.41 (-1.34)

续表

变量	式(7.7)回归结果(fe)	调整1(fe)	调整2(fe)
c_2	-18.27 * (-6.89)	-21.28 * (-8.08)	-19.33 * (-19.17)
lnFDIS	-0.58 * (-2.12)	0.20 * (4.35)	0.19 * (4.23)
lnSOEA	-0.26 (0.56)	0.39 (0.86)	
lnSCA	1.03 * (12.36)	1.05 * (12.61)	1.07 * (13.47)
lnRDE	0.19 * (4.82)	0.18 * (4.48)	0.17 * (4.65)
lnRDS · lnSOEA	-0.30 * (-4.45)	-0.18 * (-2.22)	-0.19 * (-2.47)
lnTIFS · lnSOEA	0.09 (1.38)	0.13 * (2.40)	0.16 * (3.88)
lnTIHS · lnSOEA	0.08 (1.13)	0.08 (1.05)	0.10 (1.25)
lnFDIS · lnSOEA	0.19 * (2.91)		
调整后 R^2	0.97	0.97	0.97
Prob. F	0.00	0.00	0.00

表7.3表明，在式(7.7)的估计结果中，ln*TIFS*、ln*TIHS*、ln*SOEA*、ln*TIFS* · ln*SOEA* 以及 ln*TIHS* · ln*SOEA* 的系数估计值均不显著。结合前文表7.2的估计结果可知，ln*TIHS* 和 ln*TIHS* · ln*SOEA* 系数不显著很可能是由于引进国内技术对企业创新能力没有显著的影响作用。

其他变量不显著的原因则可能在于交互项的引入所造成的多重共线性。在表7.3的调整1和调整2中，本章逐步剔除了交互项 ln*FDIS* · ln*SOEA* 以及不显著的变量 ln*SOEA*，结果表明，ln*TIFS* 和 ln*TIFS* 和 ln*SOEA*

的系数估计值可以通过5%置信度下的显著性检验，并且除 ln*FDIS* 外，其他各解释变量系数估计值的符号均没有改变。引起 ln*FDIS* 系数估计值符号改变的原因在于，在式(7.7)中，由于包含交叉项 ln*FDIS* · ln*SOEA*，因而 ln*FDIS* 对应的系数为 $\varphi_4 \equiv \lambda_4 - \varphi_8 \ln 100$，而剔除交叉项 ln*FDIS* · ln*SOEA* 的稳定性检验中，ln*FDIS* 对应的系数实际上是 λ_4。根据表7.3中式(7)的估计结果，不难解得 $\lambda_4 \approx 0.29$，因此剔除 ln*FDIS* · ln*SOEA* 也没有对变量 ln*FDIS* 的系数符号产生根本影响。

总结以上分析可知，由式(7.7)估计结果可以得到以下两个基本结论：

(1)所有制结构对企业 R&D 支出以及技术引进支出向创新能力转化的影响是有显著差异的。由表7.3估计结果可知，国有经济比重对 R&D 支出存量向创新能力的转化有负面影响，而对技术引进支出存量和 FDI 存量向创新能力的转化则有显著的正效应。

(2)随着市场化改革的不断深入，国有经济比重呈现出下降趋势，这意味着 R&D 支出存量、技术引进存量以及 FDI 存量，对企业创新能力的影响作用将呈现出不同的变化趋势。在1998—2007年间，大中型工业企业中国有及国有控股企业主营业务收入占全部企业主营业务收入比重，从最初的58.4%逐渐下降至40.7%。① 由于国有经济比重与 R&D 支出存量向创新能力的效果负相关，而与技术引进支出存量和 FDI 存量向创新能力的转化程度正相关，因此随着我国市场化改革的不断深化，企业 R&D 活动对于创新能力培养的重要性将逐渐提高，而技术引进和 FDI 在促进我国企业创新能力积累上的效应将逐步减弱。

7.5　创新能力转化的地区差异

我国东中西部在经济发展水平和技术水平上存在极大的差异，因此

① 即使将分析口径扩展至规模以上企业，也可以观察到相同的变化趋势。

企业各项技术活动以及FDI对创新能力的影响,在各个地区也可能存在不同的特征。为了对这些地区差异进行分析,将分析样本进一步细分为东中西三个子样本,并以式(7.5)的基本模型为基础得到表7.4的估计结果:

表7.4 东中西部地区创新能力转化的计量结果①

变量	东部地区(fe)		中部地区(fe)		西部地区(fe)	
	系数估计值	P值	系数	P值	系数	P值
c	-20.20 (-11.59)	0.00	-20.81 (-4.49)	0.00	-20.15 (-5.64)	0.00
lnRDS	0.35 (2.18)	0.03	0.50 (2.04)	0.05	-0.20 (-0.93)	0.35
lnTIFS			0.17 (2.28)	0.03	0.22 (2.48)	0.02
lnTIHS			-0.02 (-0.38)	0.70	0.11 (1.46)	0.15
lnFDIS			0.19 (1.17)	0.24	0.15 (1.98)	0.05
lnSOEA	0.83 (0.00)	0.00	0.54 (1.21)	0.23	0.31 (0.57)	0.57
lnSCA	0.83 (5.04)	0.00	0.70 (8.42)	0.00	1.21 (7.70)	0.00
lnRDE	0.39 (2.51)	0.01	0.16 (1.86)	0.07	0.07 (0.73)	0.46
调整后 R^2	0.97		0.94		0.89	
F统计量	0.00		0.00		0.00	

① 在对东部地区的分析中,控制所有制结构和企业规模后依次加入R&D支出存量、引进国外技术支出存量、购买国内技术支出存量和FDI存量,结果表明只有R&D支出存量系数显著。但按照式(7.5)进行回归时,以上四项存量的系数均不显著。这可能是因为减少样本数后,各支出存量间的共线性程度上升造成的结果,因此,在对东部地区进行分析时,只保留了显著性较高的变量。

从表 7.4 的估计结果可知，与使用全国样本的结果相同，购买国内技术支出对各个地区创新能力的积累均没有显著影响。R&D 支出、引进国外技术和 FDI，对创新能力积累的效应在各个地区则呈现出了较大差异。就东部地区而言，引进国外技术和 FDI，对创新能力的积累均没有显著效应，只有 R&D 活动对创新能力积累有显著的正效应；在中部地区，创新能力积累则主要受 R&D 和引进国外技术的正面影响，FDI 未表现出对创新能力积累的显著影响；在西部地区，引进国外技术和 FDI 对创新能力积累有显著正效应，而 R&D 对创新能力积累没有影响。

造成上述地区差异的主要原因在于，东部和中部地区的技术水平、经济发展水平和开放程度，都要显著高于西部地区。这不仅使得东中部地区的企业更善于通过自主研发积累创新经验，而且由于东部地区和国外技术差距相对较小，这也限制了国外技术引进对我国东部企业创新能力积累的作用空间。除此之外，东中部的较高的技术水平和开放程度，也限制了国外企业转移先进技术的动力①，从而使得东、中、西三个地区在引进国外技术和 FDI 的作用效果上表现出较大的差异。由于西部地区技术与国外技术差距较大，自主研发能力也较薄弱，因此国内外技术存在着较大的互补性，从而使得西部地区的企业在技术引进和 FDI 中有更广阔的学习空间。

7.6　总结

本章通过省际大中型工业企业面板数据，分析了企业各种技术活动以及 FDI 对创新能力积累的影响效应。结果表明，R&D、引进国外技术和 FDI 对企业创新能力的积累均有显著的正效应，而购买国内技术对企业

---

① 例如，吴延兵(2008)认为，由于东部地区技术水平较高，FDI 较为密集，因此不仅国内外企业技术替代性更强，而且 FDI 之间的竞争程度也更高，因此国外企业出于竞争的考虑不会将先进的核心技术向东部和中部地区转移。

创新能力则没有显著影响，并且R&D对创新能力的影响要显著超过引进国外技术和FDI。对所有制结构的分析则表明，国有经济比重对R&D支出向创新能力的转化呈负面影响，与引进国外技术支出和FDI向创新能力的转化则呈现出正相关关系。这些研究结果表明，引进国外技术对我国创新能力的积累有显著的正面影响，但R&D在我国企业创新能力积累中占主导地位，而且，随着我国市场化改革的逐步深入，这种主导地位还会进一步强化。因此，为我国企业的自主创新和研发提供良好的外部环境，通过强化知识产权保护，增加科研活动资助等方式进一步强化企业的研发动力，对提高我国创新能力和技术水平具有重要意义。此外，在激励企业进行自主研发的同时，也应该关注技术引进的作用。技术引进不仅是推动我国技术进步的重要手段，而且对于我国企业创新能力的积累也有显著的正效应。自主研发与技术引进应该相互结合，以便在推动技术进步的同时，充实和拓展自身的创新与发展能力，保证经济的持续增长。

在推进我国创新能力建设的过程中，应当注意到我国的地区差异。本章分析表明，东部地区依靠引进国外技术和FDI所能实现的创新能力转化效果并不显著，中部地区FDI的外溢效应并不明显，而西部地区由于技术水平薄弱，R&D对创新能力的积累作用有限。因此，在现阶段，应当激励中东部地区通过自主研发实现技术进步，提升创新能力。在西部，则应当立足于技术引进和FDI外溢效应向创新能力转化的正面效应，在逐步提升自主创新能力的基础上实现技术升级和向自主创新型技术进步模式的转变。

第八章

我国的偏向型技术进步

自20世纪70年代起,西方发达国家出现了技能型劳动和非技能劳动的需求分化与收入分化(或称“技能溢价”)。许多研究将这种双重分化现象同技能偏向型技术进步(Skill-Biased Technological Change,SBTC)联系在一起。例如,Bound 和 Johnson(1992)、Berman、Bound 和 Griliches(1994)、Katz 和 Murphy(1999)以及 Bratti, M. and N. Matteucci(2004)等均认为,技能偏向型技术进步使得高技能劳动生产效率的增长快于低技能劳动生产效率的增长,从而造成高技能劳动对低技能劳动的替代。这一方面使得高技能劳动在就业人口中所占比重不断上升,另一方面也形成了技能溢价。

在技能偏向型技术进步的产生上,Bartel 和 Lichtenberg(1987)与 Krueger(1993)认为,新技术的应用本身就会产生技能偏向:高技能劳动更易适应新技术的应用,从而随着技术进步的深入,高技能劳动的需求会增长更快,工资差距也会扩大。Stocky(1996)和 Krusell 等(2000)则指出,根据资本—技能互补假说,资本设备与高技能劳动间的替代弹性通常小于其与低技能劳动之间的替代弹性。这样,随着机器设备使用数量的上升,劳动市场上便会出现高技能需求比重的上升和技能溢价现象。Acemoglu(1998)则明确提出,技术进步方向的决定不应主要由外生因素来解释,而应当是企业在利润最大化行为中主动选择的结果。基于该逻辑,他进一步指出,高技能劳动力供给的持续增加将激励厂商在技术方向选择中,更快地提高高技能劳动的生产效率;从技能溢价角度来看,高技能劳动供给的增加最初会通过替代效应降低技能溢价,但会在诱使企业选择技能偏向型技术进步后提高技能溢价幅度。

对我国劳动市场的经验研究也证实了劳动需求分化、技能溢价以及技能偏向型技术进步现象的存在。根据 Xu 和 Li(2008)的测算,1995—2000 年之间,我国高技能劳动和低技能劳动之间的工资比从 1.17 迅速上升至 1.64,工资差距的年均增长速度达 8%。宋冬林、王林辉和董直庆(2010)则以我国 1978-2007 年的时间序列数据证明了我国技能偏向型技术进步的存在性,并讨论了该技术进步偏向对劳动市场收入结构变化和技能溢价的影响。这些研究为理解我国技术进步偏向和劳动工资差异提供了有益视角。

不过,在理解我国技术进步偏向和要素收入分配问题上,有两个问题值得进一步研究。首先,从技术进步方向的选择上来看,技能偏向型技术进步似乎与我国的要素禀赋不相匹配。在一个低技能劳动供给更为充裕,且要素价格较低的要素禀赋下,企业会主动选择技能偏向型的技术进步方向吗?这一问题的提出意味着,我国技能偏向型技术进步的产生可能不是技术选择的结果,而是由其他因素被动地引致的。① 其次,从国民收入初次分配和要素投入的整体变化趋势来看,不仅劳动要素之间存在着收入差距扩大的趋势,劳动要素收入占 GDP 的比重也呈现出下降趋势(白重恩、钱震杰和武康平,2008;黄先海和徐圣,2009;李稻葵、刘霖林和王红领,2009),而资本要素收入所占比重和资本—劳动比则呈现出较快的上升趋势(张军,2002;苗文龙和万杰,2005;Zheng 和 Bigstern,2008)。这意味着,在我国的技术进步过程中,存在着技能偏向型技术进步与资本偏向型技术进步并存的现象。

上述两个问题构成了本章研究的基本出发点。如果技能偏向型技术进步不是我国主动选择的技术进步方向,那么探究引致技能偏向的深层次原因对于解释我国劳动工资分化就有着重要的理论和现实意义。资本偏向型技术进步与技能偏向型技术进步并存这一现象所能给予的启示在于,根据资本要素和高技能劳动的互补性假说,我国的技能偏向型技术进

① 潘士远(2007)注意到了一个相类似的问题,即国际贸易的要素价格均等化理论与我国的技能溢价现象存在矛盾。在解释这一现象时,他认为我国工资差异的产生来自于贸易自由化过程中有偏的学习效应所引致的技能偏向型技术进步。

步很有可能是由资本偏向型技术进步所引致的。① 如果这一猜测能够得以证实，那么就可以构建解释我国资本要素与劳动要素收入分化，以及劳动市场内部工资分化现象的统一分析框架。

8.1　技术进步方向选择的模型分析

为分析技术进步方向的选择，考虑如下最终产品的生产函数：②

$$Y = \{[(a_K K)^\alpha + (a_H H)^\alpha]^{\frac{\beta}{\alpha}} + (a_L L)^\beta\}^{\frac{1}{\beta}} \tag{8.1}$$

其中，K、H 和 L 分别表示资本投入、高技能劳动投入和低技能劳动投入。参数 α 和 β 则满足 $0<\alpha<1, 0<\beta<1$，并且 $\alpha<\beta$。这不仅保证了生产函数的严格凹性，还意味着资本和低技能劳动间的替代性大于资本和高技能劳动之间的替代程度。③ 参数 a_K、a_H 和 a_L 则用来体现技术进步选择上的偏向。例如，当 $a_K = a_L = a_H = A$ 时，可以观察到幅度为 A 的中性技术进步；当 $a_K = a_L = A$，而 $a_H > A$ 时，技术进步就表现出技能偏向型特征。

对式(8.1)可做如下理解：最终产品生产需要使用到低技能劳动要素和某种中间品 X，并且 X 的生产函数为 $X = [(a_K K)^\alpha + (a_H H)^\alpha]^{1/\alpha}$。因此，如果代表性厂商同时生产中间产品和最终产品，那么生产中间品 X 的边际成本便构成了最终产品生产环节中要素 X 的价格。基于以上分析，可以解得在任意给定的产出目标下，最终产品生产的平均成本为：

$$AC_Y = \left\{\left[\left(\frac{r}{a_K}\right)^{\frac{\alpha}{\alpha-1}} + \left(\frac{w_H}{\alpha_H}\right)^{\frac{\alpha}{\alpha-1}}\right]^{\frac{(\alpha-1)\beta}{\alpha(\beta-1)}} + \left(\frac{w_L}{\alpha_L}\right)^{\frac{\beta}{\beta-1}}\right\}^{\frac{\beta-1}{\beta}} \tag{8.2}$$

---

① 问题在于，资本—技能互补假说还意味着如果技能偏向型技术进步首先发生，那么它也能引致资本偏向型的技术进步。因此，从我国技能偏向型技术进步和资本偏向型技术进步并存这一表象并不足以说明技术进步中的技能偏向是由资本偏向所引致的。对此问题的检验构成了本章经验分析的主要问题之一。

② 该函数的基本形态也被称为双层嵌套的 CES 函数。对该函数形式的设定可以进一步参见 Caselli 和 Coleman(2000)以及 Duffy、Papageorgiou 和 Perez－Sebastian(2004)。

③ 形成这种替代特性的原因在于资本—技能假说，即资本的使用可能需要一定的技能劳动要素的配合。这种现象最早被 Griliches(1969)发现，并被 Greenwood、Hercowitz 和 Krusell(1997)等进一步验证。

上式中，r、w_H 和 w_L 分别为资本、高技能劳动和低技能劳动的要素价格。从我国目前要素价格格局来看，高技能劳动工资显著超过低技能劳动要素的价格，并且这一差距还在不断扩大，因此这里可以假设 $w_H > w_L$。

考虑代表性厂商的技术进步选择问题。假设厂商的技术进步努力可以带来两种可行的技术进步结果。在第一种技术进步下 $\alpha_K = \alpha_L = A, \alpha_H = \delta A$；而在第二种技术进步下 $\alpha_K = \alpha_H = A, \alpha_L = \delta A$。假设 $\delta > 1$，那么，第一种技术进步就具有技能偏向型趋向，而第二种技术进步则倾向于更快地提高低技能劳动的生产效率。为表述的方便，令企业选择第一种技术进步和第二种技术进步后最终产品的平均成本分别为 AC_Y^H 和 AC_Y^L。

如果 $AC_Y^H > AC_Y^L$，那么代表性企业显然不会选择技能偏向型技术进步。由式(8.2)可知，如果条件 $AC_Y^H > AC_Y^L$ 成立，那么将有：

$$w_L^{\frac{\beta}{\beta-1}}\left[\left(\frac{1}{\delta}\right)^{\frac{\beta}{\beta-1}} - 1\right] > \left[r^{\frac{\alpha}{\alpha-1}} + \left(\frac{w_H}{\delta}\right)^{\frac{\alpha}{\alpha-1}}\right]^{\frac{(\alpha-1)\beta}{\alpha(\beta-1)}} - (r^{\frac{\alpha}{\alpha-1}} + w_H^{\frac{\alpha}{\alpha-1}})^{\frac{(\alpha-1)\beta}{\alpha(\beta-1)}} \equiv M \qquad (8.3)$$

由于通常而言 $w_H > w_L$，因此：

$$w^{\frac{\beta}{\beta-1}L}\left[\left(\frac{1}{\delta}\right)^{\frac{\beta}{\beta-1}} - 1\right] > w_H^{\frac{\beta}{\beta-1}}\left[\left(\frac{1}{\delta}\right)^{\frac{\beta}{\beta-1}} - 1\right]$$

故要证明式(8.3)成立，只需证明：

$$w_H^{\frac{\beta}{\beta-1}}\left(\frac{1}{\delta}\right)^{\frac{\beta}{\beta-1}} - w_H^{\frac{\beta}{\beta-1}} > M$$

注意到当 $r=0$ 时 $w_H^{\beta/(\beta-1)}(1/\delta)^{\beta/(\beta-1)} - w_H^{\beta/(\beta-1)} = M$，并且当 $\alpha < 1, \beta < 1, \alpha < \beta$ 时：

$$\frac{\partial M}{\partial r} = \frac{\beta r^{\frac{1}{\alpha-1}}}{\beta-1}\left\{\left[r^{\frac{\alpha}{\alpha-1}} + (\frac{w_H}{\delta})^{\frac{\alpha}{\alpha-1}}\right]^{\frac{(\alpha-1)(\alpha-\beta)}{\alpha(\beta-1)(\alpha-1)}} - (r^{\frac{\alpha}{\alpha-1}} + w_H^{\frac{\alpha}{\alpha-1}})^{\frac{(\alpha-1)(\alpha-\beta)}{\alpha(\beta-1)(\alpha-1)}}\right\} < 0$$

以上分析表明，只要 $w_H > w_L, r > 0$，那么式(8.3)一定成立，即企业不会选择技能偏向型技术进步。① 这意味着我国技能偏向型技术进步的出现并不是技术选择的结果，而很有可能是由其他因素所引致的。

---

① 从我国实际贷款利率来看，某些时期实际利率甚至为负。在这种情况下，企业显然会有动力使用资本要素替代劳动要素，并选择资本偏向型的技术进步。此时，技能偏向型技术进步同样不是最佳选择。

从资本—技能互补假说来看,如果企业选择了资本偏向型的技术进步,那么这会进一步引致技能偏向型技术进步。为说明这一点,注意到在成本最小化下有:

$$\frac{K}{H}=\left(\frac{w_H}{r}\right)^{\frac{1}{1-\alpha}}\cdot\left(\frac{a_K}{a_H}\right)^{\frac{\alpha}{1-\alpha}} \tag{8.4}$$

$$\frac{L}{H}=\left(\frac{w_H}{w_L}\right)^{\frac{1}{\alpha}}\left(\frac{a_L}{a_H}\right)^{\frac{\beta}{\alpha}}\left[\left(\frac{a_K}{a_H}\right)^{\frac{\alpha}{1-\alpha}}\left(\frac{w_H}{r}\right)^{\frac{\alpha}{1-\alpha}}+1\right]^{\frac{\alpha-\beta}{\alpha^2}} \tag{8.5}$$

固定 a_H 和 a_L 不变,当 a_K 增大时,技术进步便呈现出资本偏向特征。而式(8.5)表明,由于 $\alpha<\beta$,随着 a_K 的上升,L/H 将减小。这意味着资本偏向型技术进步会引起劳动投入中高技能劳动需求比重的上升。此外,计算高技能劳动与低技能劳动边际产出之比可知:

$$\frac{MP_H}{MP_L}=\frac{a_H[(a_KK)^{\alpha}+(a_HH)^{\alpha}]^{\frac{\beta}{\alpha}-1}(a_HH)^{\alpha-1}}{a_L(a_LL)^{\beta-1}}$$

上式中,由于 $\alpha<\beta$,如果 α_H 和 α_L 保持不变,而 α_K 增大,那么高技能劳动边际产出与低技能劳动边际产出之比将上升。这意味着资本偏向型技术进步会产生技能溢价的趋势。因此,资本偏向型技术进步的产生可以进一步引致技能偏向型技术进步的现象,而造成这种关联的根本原因在于,资本对低技能劳动的替代弹性高于资本与高技能劳动的替代弹性。

基于以上模型分析,可归纳出如下结论和猜想:

结论:在我国现阶段要素禀赋和工资差异下,技能偏向型技术进步不是我国技术进步过程中主动选择的结果。这一结论暗示着,技能偏向型技术进步可能是其他因素所引致的,由此可进一步提出猜想 1 和猜想 2。

猜想 1:我国的技能偏向型技术进步是由资本偏向型技术进步引致的。

猜想 2:资本偏向型技术进步才是我国技术选择的结果,而造成这种现象的主要因素是资本要素价格的扭曲。

在以上归纳中,结论部分已经得到了前文模型分析的证明,而两个猜想则只能从模型中获得部分支持。就猜想 1 而言,从式(8.5)可以看出,如果资本偏向型技术进步首先发生,那么它将进一步引致技能偏向型技术进步,这构成了猜想 1 提出的基本出发点。但是,由于资本与高技能劳动之间的替代弹性也小于高技能劳动与低技能劳动之间的替代弹性,所以相反的情况也可能出现,即如果技能偏向型技术进步首先发生,那么它有可能进一步引致资本偏向型技术进步。因此,尽管我国现阶段的确存在资本偏向型技术进步和技能偏向型技术进步并存的现象,但是为了证明猜想 1,还必须就两者之间的关系做进一步的研究。猜想 2 的提出则来自于如下推断:与前文分析技能偏向型的技术选择一样,如果资本要素的价格较高,那么资本偏向型技术进步就不会是技术进步选择的结果。从这个意义上来说,猜想 2 包含了两个有待进一步证明的问题:首先,尽管资本要素价格低估事实上存在,但它能否解释资本偏向型的技术进步还有待检验;其次,资本偏向型技术进步是我国主动选择的技术进步方向,还是来自于某种外生性因素(如技术引进)也有待验证。下文的 8.2 节和 8.3 节将分别对猜想 1 和猜想 2 做进一步的经验论证。

8.2 资本偏向型技术进步与技能偏向型技术进步的相互关系

前文的模型分析表明,我国的技能偏向型技术进步不会是技术进步选择的结果,因此,对技能偏向型技术进步的解释需要借助其他因素。从现实情形来看,我国存在着资本偏向型技术进步,与技能偏向型技术进步并存的现象。在此前提下,本章提出了猜想 1。但是,由于技能偏向型技术进步也可以引起资本偏向型技术进步。因此,进一步的研究需要分析我国资本偏向型技术进步与技能偏向型技术进步之间的相互关系。如果检验结果表明,当前我国的技能偏向型技术进步,无法解释资本偏向型技术进步的变化,而资本偏向型技术进步,可以解释技能偏向型技术进步的变化,那么便可以进一步结合前文的式(8.5)推断,我国的技能偏向型技术进步是由资本偏向型技术进步所引致的。

8.2－1　面板单位根检验与协整

为分析我国资本偏向型技术进步，与技能偏向型技术进步之间的关系，以1996—2008年间我国29个省、直辖市和自治区的数据构建面板分析样本。① 资本偏向型技术进步以资本—劳动比，即实际资本存量和就业人数的比值（令其为 k）来体现。② 其中，资本的数据来自单豪杰（2008）对我国各省实际资本存量的测算结果，就业数据则来自《中国统计年鉴》。技能偏向型技术进步则以各地区就业人员中，具有本科和大专以上受教育程度的人员比重（令其为 h，单位%）来体现，数据则来自《中国劳动统计年鉴》。③ 在本章分析中，以上数据均用自然对数进行了处理。

在检验资本偏向型技术进步与技能偏向型技术进步的因果关系之前，需要首先对数据进行单位根检验。如果检验表明相关数据均是平稳的，那么可以直接构建VAR模型来实现格兰杰因果检验；如果相关数据是非平稳的，但存在协整关系，那么可以通过构建VECM模型来实现格兰杰因果检验。表8.1给出了面板单位根检验的具体结果。

表8.1　面板单位根检验

变量	LLC	IPS	ADF－Fisher	PP－Fisher	
$\ln k$	截距	－0.71 （0.24）	7.98 （1.00）	54.20 （0.62）	91.82 （0.00）
	截距和趋势	－4.00 （0.00）	0.90 （0.82）	64.05 （0.27）	46.20 （0.87）

① 由于数据的缺失，西藏被排除在样本之外。此外，重庆的数据被合并至四川省中。

② 由前文式（8.4）和式（8.5）可以推断，当资本偏向型技术进步出现时，资本要素投入量对高技能劳动和低技能劳动要素使用量的比值均会上升，从而会提高资本—劳动比。

③ 2000年数据缺失，该年数据由插值法得到。除此之外，1999年和2001年只能获得分性别的受教育程度构成数据。本文对这些数据使用就业人员中男女比重进行加权平均来反映当年就业人员受教育程度的整体情况。

续表

变量	LLC	IPS	ADF - Fisher	PP - Fisher	
$\Delta\ln k$	截距	-6.30 (0.00)	-3.86 (0.00)	105.97 (0.00)	101.58 (0.00)
	截距和趋势	-8.64 (0.00)	-3.63 (0.00)	104.69 (0.00)	86.39 (0.01)
$\ln h$	截距	-3.92 (0.00)	0.26 (0.60)	44.65 (0.90)	88.04 (0.01)
	截距和趋势	-2.30 (0.01)	1.27 (0.90)	44.11 (0.11)	120.53 (0.00)
$\Delta\ln h$	截距	-20.64 (0.00)	-14.63 (0.00)	268.30 (0.00)	338.26 (0.00)
	截距和趋势	-16.36 (0.00)	-9.40 (0.00)	184.81 (0.00)	323.82 (0.00)

注:(1)符号"Δ"表示一阶差分;(2)括号中为P值;(3)四种检验的零假设均为存在单位根。

表8.1分别存在截距项和截距与趋势项的设定下,对lnk和ln$h$及其一阶差分进行了四种面板单位根检验。从以上检验结果可以看出,对于变量ln$k$和ln$h$,均不能拒绝存在单位根的原假设,因此ln$k$和ln$h$是非平稳的。但是,对ln$k$和ln$h$进行一阶差分后,则可以以1%的显著性拒绝单位根的存在。在此基础上,可以进一步对ln$k$和ln$h$进行协整检验。由于前文推测技能偏向型技术进步的产生是由资本偏向型技术进步引致的,因此如果ln$k$和ln$h$之间存在协整关系,则可以建立如下计量模型:

$$\ln h_{it} = \alpha_i + \beta_i \ln k_{it} + \varepsilon_{it} \tag{8.6}$$

式(8.6)中,α_i为个体效应,β_i为协整系数,ε_{it}为随机误差项;下标"i"和"t"分别表示地区和时间。

在对式(8.6)进行估计之前,需要先确定ln$h$和ln$k$之间是否存在协整关系。这里选择以Pedroni(1999)提出的方法进行面板协整检验。该方法包含了基于联合组内尺度检验和基于组间尺度检验的七个统计量,且原假设为不存在协整关系。对ln$h$和ln$k$协整关系的检验结果如表

8.2 所示。

表 8.2　面板协整检验结果

变量	Panel				Group		
	V	Rho	PP	ADF	Rho	PP	ADF
统计值	1.51	-2.01	-4.10	-4.70	-0.28	-6.09	-6.47
P 值	0.07	0.02	0.00	0.00	0.39	0.00	0.00

表 8.2 的检验结果表明，在七种统计量中，有五种统计量的检验结果表明可以在 5% 的显著性下拒绝不存在协整关系的原假设。此外，根据 Pedroni(2004)的模拟结果，在时间维度小于 20 时，Group ADF 统计量的检验效果最好。因此，综合以上结果可以认为在 ln$h$ 和 ln$k$ 之间存在协整关系。

基于以上检验结果，可以对式(8.6)做进一步的估计。这一方面有助于检验资本偏向型技术进步是否对技能偏向型技术进步有正向促进作用；另一方面也为下文 VECM 的构建提供了基础。但是，如果对式(8.6)进行 OLS 估计，结果将是有偏的。为了修正估计结果，这里使用面板 FMOLS 估计方法对式(8.6)进行估计，协整系数 β_i 的估计结果见表 8.3。

表 8.3　协整系数的面板 FMOLS 估计结果

地区	系数估计值	地区	系数估计值	地区	系数估计值
北京	1.34 (3.93)	浙江	0.97 (6.05)	海南	0.75 (3.47)
天津	0.51 (7.73)	安徽	0.58 (2.15)	四川	0.43 (2.43)
河北	0.20 (0.85)	福建	0.71 (5.26)	贵州	0.20 (0.75)
山西	0.50 (4.34)	江西	0.79 (5.40)	云南	0.76 (3.72)
内蒙古	0.19 (2.65)	山东	0.81 (2.45)	陕西	0.74 (5.32)

续表

地区	系数估计值	地区	系数估计值	地区	系数估计值
辽宁	0.43 (4.74)	河南	0.56 (2.31)	甘肃	0.73 (3.10)
吉林	0.17 (2.65)	湖北	0.45 (8.33)	青海	0.78 (8.04)
黑龙江	0.24 (3.71)	湖南	0.81 (3.88)	宁夏	0.49 (3.95)
上海	1.15 (10.91)	广东	0.53 (9.48)	新疆	0.26 (1.53)
江苏	0.62 (8.27)	广西	1.29 (2.95)	全国	0.62 (24.20)

注:括号中为t值。

以上面板FMOLS估计结果中,除河北、贵州和新疆三个省份外,其余省份的协整系数估计值均有较高的显著性。表8.3的估计结果表明:(1)各省份的协整系数符号均为正,这意味着资本偏向型技术进步的出现对技能偏向型技术进步有正向促进作用;(2)由于协整系数反映了技能偏向型技术进步对资本偏向型技术进步的弹性系数,因此以上估计结果说明北京、上海和广西三个地区技能偏向型技术进步对资本偏向型技术进步的变化较为敏感,而在其余省份则表现为缺乏弹性。

8.2-2 基于面板VECM的因果检验

上文的分析表明,在我国的资本偏向型技术进步和技能偏向型之间,的确存在着某种正向的长期均衡关系。但是,正如前文模型分析所指出的,在资本—技能互补假说下,资本偏向型技术进步可以引致技能偏向型技术进步,技能偏向型技术进步也可以引致资本偏向型技术进步。因此,仅仅借助于协整分析尚不能断定我国的技能偏向型技术进步是由资本偏向型技术进步引致的。为了进一步证实这一猜想,需要对两者的因果关系做进一步的检验。

格兰杰因果检验主要用于检验某变量的前期变化,是否有助于对另一变量进行解释。如果检验结果表明,不能排除资本偏向型技术进步的前期变化对技能偏向型技术进步有显著影响,但可以确定技能偏向型技术进步的前期变化无法解释资本偏向型技术进步,那么根据前文的协整分析结果就可以推断,我国的资本偏向型技术进步引致了技能偏向型技术进步。

如果变量间存在协整关系,那么由它们的向量自回归系统可以等价地建立误差修正模型(Engle 和 Granger,1987)。因此,本章在前文对式(8.6)变量间长期关系检验和估计的基础上获得残差项(令其为 e_{it}),并构建如下面板 VECM 模型:

$$\Delta \ln h_{it} = \theta_{1i} + \eta_{1i} e_{it-1} + \sum_k \varphi_{ik} \Delta \ln h_{it-k} + \sum_k \delta_{ik} \Delta \ln k_{it-k} + \mu_{it} \quad (8.7)$$

$$\Delta \ln k_{it} = \theta_{2i} + \eta_{2i} e_{it-1} + \sum_k \lambda_{ik} \Delta \ln h_{it-k} + \sum_k \rho_{ik} \Delta \ln k_{it-k} + v_{it} \quad (8.8)$$

在式(8.7)和式(8.8)中,k 表示滞后阶数,μ_{it} 和 v_{it} 则为误差项。在滞后期的选择上,本章以 LR、AIC 和 SIC 准则确定的 VAR 模型最佳滞后期减 1 作为 k 的最大取值。由于式(8.7)和式(8.8)中各变量都是平稳的,因此可以直接使用 OLS 进行估计。在获得式(8.7)和式(8.8)估计结果后,便可以构建 F 统计量来进行参数的联合检验,以便确定变量间的格兰杰因果关系。就短期格兰杰因果检验而言,如果对于所有 i 和 k 均有 $\delta_{ik}=0$,那么资本偏向型技术进步的前期变化,无助于解释技能偏向型技术进步的出现;如果所有 i 和 k 均有 $\varphi_{ik}=0$,那么技能偏向型技术进步的前期变化无助于解释资本偏向型技术进步的出现。长期因果关系的检验结果则取决于对于任意 i,是否有 $\eta_{1i}=0$ 或 $\eta_{2i}=0$。① 具体的检验结果如表 8.4 所示。

① 以式(8.7)的参数检验为例。若附加约束 $\eta_{1i}=0$ 下式(8.7)估计结果的残差平方和为 S1,附加约束条件 $\delta_{ik}=0$ 时式(8.7)估计结果的残差平方和为 S_2,无约束条件下的残差平方和为 S_3,那么检验长期因果关系的 F 统计量为 $[(S_1-S_3)/N]/[S_3/(NT-2N-2KN)]$,检验短期因果关系的 F 统计量为 $[(S_2-S_3)/NK]/[S_3/(NT-2N-2KN)]$,其中 N 为横截面个体数量,T 为时间,K 为最大滞后期长度。

表 8.4 面板 VECM 因果关系检验结果

因变量 \ 自变量	长期因果关系	短期因果关系	
	e	$\Delta \ln h$	$\Delta \ln k$
$\Delta \ln h$	4.18 (0.00)	—	2.36 (0.00)
$\Delta \ln k$	1.40 (0.11)	0.96 (0.56)	—

注:括号中为P值。

根据表8.4检验结果的P值可知,可以在1%的显著性下拒绝 $\eta_{1i}=0$ 和 $\delta_{ik}=0$ 的原假设,而 η_{2i} 和 $\varphi_{ik}=0$ 的原假设则无法在10%的显著性下被拒绝。因此,可以认为仅存在从资本偏向型技术进步到技能偏向型技术进步的单向格兰杰原因。

以上结果表明,技术偏向型技术进步的前期变化无法很好地解释资本偏向型技术进步。由此可以推断,我国资本偏向型技术进步的出现并不是由技能偏向型技术进步引起的。相反,资本偏向型技术进步的前期变化可以解释技能偏向型技术进步。这一结果证实了本章模型部分提出的猜想:我国的技能偏向型技术进步并不是技术进步选择的结果,而是由资本偏向型技术进步所引致的。资本偏向型技术进步一方面使得资本—劳动比和资本收入占GDP的比重逐渐上升(从而降低了劳动收入占比);另一方面也使得高技能劳动在就业人口中所占比重趋于上升趋势,从而形成了技能偏向型技术进步的现象。这一结论有助于深化对国民收入初次分配问题的认识。正如引言所提到的,许多学者都注意到初次分配环节中劳动收入占比下降,以及技能劳动溢价现象的出现。本章的分析表明,形成这两种初次分配变化趋势的主要原因均可以归结为资本偏向型的技术进步。一方面,资本偏向型技术进步趋于更快地提高资本的边际产出和资本要素的使用比重,从而使得初次分配中资本收入占比上升,劳动收入占比下降;另一方面,由于资本要素对低技能劳动的替代弹性要超过其对高技能劳动的替代弹性,因此资本偏向型的技术进步引致了技能偏向型的技术进步,而这进一步导致了技能劳动溢价现象的出现。

8.3　资本偏向型技术进步的原因分析

前文的分析表明,我国的技能偏向型技术进步是由资本偏向型技术进步所引致的,因此对我国国民收入初次分配中,劳动收入占比下降以及技能劳动溢价现象的解释,均可以归结为资本偏向型技术进步。在此背景下,进一步探究我国资本偏向型技术进步的产生原因就具有重要的现实意义。与此同时,既然本章提出应当从技术进步选择角度理解我国的有偏的技术进步,那么为了使分析逻辑更为完整,也应对资本偏向型技术进步的产生原因做出解释。本章将构建面板计量模型来分析我国资本偏向型技术进步的影响因素。

前文 8.1 节的模型分析暗示着,如果资本偏向型技术进步是我国技术进步选择的结果,那么这要求资本要素的实际价格处于较低的水平。由此可以推测,造成我国选择资本偏向型技术进步的主要原因来自资本要素价格的扭曲。从现实来看,造成这种价格扭曲的主要原因有两个方面。首先,我国利率长期处于非市场化状态。尽管我国在 1996 年以后逐步扩大了贷款利率的浮动区间,并在 2004 年放开了商业银行贷款利率的上限,但实际利率仍处于较低水平(某些年份甚至为负),并与民间利率存在较大的偏离(张曙光和程炼,2010)。造成这种实际利率低估的主要原因在于,快速的资本深化过程并不符合我国的要素禀赋特征,故政府为了实现以工业化为基础的经济赶超战略,以及以投资带动经济持续高速增长的发展策略,倾向于人为压低资本要素价格(林毅夫和刘培林,2003);其次,受所有制结构的影响,国有企业所面临的资本要素价格低估程度更高。这一方面体现在经济政策的"国有偏好",使得国有企业基本不存在任何实质性的信贷约束,另一方面还表现为政府所给予的非市场性的优惠政策与补贴。① 在这些制度性扭曲下，国有企业获得资本以及使用资本的实际成本和预算约束程度均显著地低于其他类型的企业。

基于以上分析，本章将以资本偏向型技术进步为被解释变量，以资本要素价格扭曲为主要的解释变量来构建面板计量模型。与前文的经验研究一样，这里以资本—劳动比来体现资本偏向型技术进步。从省际层面来看，资本要素价格扭曲这一变量却难以直接找到分析指标。为进行计量分析，本章将采用国有经济比重和实际贷款利率作为相应的代理变量。其中，国有经济比重用于体现所有制结构所导致的资本要素价格扭曲，其数据采用的是工业行业中，规模以上国有及国有控股企业总产值占全部工业总产值的比重；实际贷款利率则用于反映利率低估对资本要素实际价格的影响，其数据由名义基准贷款利率减去通胀率计算而得。② 以上数据均由《中国统计年鉴》相关数据计算而得。

除资本要素价格扭曲外，本章还将引入 R&D 支出、技术引进支出、FDI 和对外贸易总额作为解释变量。在数据来源上，R&D 和技术引进数据来自《中国科技统计年鉴》，对外贸易（以进出口总额来反映）和 FDI 数据则来自《中国统计年鉴》和《中国对外经济统计年鉴》。这四个变量的引入，可以帮助我们分析资本偏向型技术进步的出现，是来自于我国技术方向的选择还是外生的输入性因素。具体而言，如果 R&D 支出的估计系数为负，那么这说明我国的技术进步选择存在一定的劳动偏向型特征。反之，则可以验证资本偏向型技术进步是我国主动选择的技术进步方向。此外，由于发达国家的技术成果通常与它们的资本密集型要素禀赋相适应，因此技术引进以及 FDI 和外贸过程中的技术外溢均有可能为我国输入资本偏向型的技术进步。将技术引进支出、FDI 和对外贸易纳入解释变量则可以用于检验这种输入性效应是否存在。需要说明的是，当分析集中于资本要素价格扭曲的影响时，这四个解释变量实际上也充当了研

① 例如，地方政府为维持就业稳定而给予国有企业的行政性补贴。这实际上放松了国有企业投资的预算约束，因为即使投资失败，也能够从政府那里获得补贴支持。

② 由于某些年份基准贷款出现多次调整，故对这些年份以基准利率实施的时间长度占全年时间的比重进行了加权平均。

究的控制变量。

除以上解释变量外,下文的计量分析还将引入以下控制变量:

(1)劳动要素的实际价格。由于下文的分析将采用资本—劳动比来体现资本偏向型技术进步,而该指标又受到劳动价格的影响,因此需要排除实际工资变化的影响。这里以城镇单位就业人员平均工资来反映劳动要素价格,并用 CPI 进行了价格调整,具体数据来自《中国统计年鉴》;

(2)国民经济结构和发展水平。通常而言,第二产业的资本要素密集程度要高于第一产业和第三产业。因此,随着一国经济发展水平的提高和第二产业比重的上升,资本—劳动比将会呈现一定的上升趋势。本章将以第二产业增加值占 GDP 比重来体现国民经济结构,并以实际 GDP 来体现经济发展水平。第二产业增加值比重由中经网统计数据库相关数据计算,GDP 数据则来自《中国统计年鉴》。

由于我国对 R&D 支出的统计最早只到 1998 年,因此在这里的分析中,选择的分析样本为 1998—2008 年 29 个省份的面板数据。① 基于上文选择的解释变量和控制变量,可以构建如下面板计量模型:

$$k_{it} = a_i + bt + \rho_1 soe_{it} + \rho_2 r_{it} + \rho_3 w_{it} + \rho_4 RD_{it} + \rho_5 TI_{it} + \rho_6 FDI_{it} + \rho_7 FT_{it} + \rho_8 IS_{it} + \rho_9 GDP_{it} + \tau_{it} \quad (8.9)$$

上式中,a_i 为个体效应,soe 为国有经济比重,r 和 w 分别为实际贷款利率和实际工资,RD、TI、FDI 和 FT 则分别对应于实际 R&D 支出、实际技术引进支出、实际外商直接投资和实际进出口总额,IS 则为第二产业增加值占 GDP 比重;t 为时间项,用于反映未能观察到的其他趋势性因素,τ_{it}则为误差项。

对式(8.9)直接进行回归将可能产生伪回归。前文的单位根检验已经表明,变量是非平稳的。事实上,诸如 R&D 支出、FDI 以及 GDP 等变量也都是非平稳的。为避免伪回归问题,可以考虑对式(8.9)进行一阶

① 和前文一样,西藏被排除在样本外,重庆的数据则被合并至四川省中。此外,除国有经济比重和第二产业增加值比重两个指标外,其余的变量均以 1998 年为基期进行了价格调整。

差分来构建新的计量模型。对式(8.9)中各变量一阶差分后的单位根检验结果见表8.5。

表8.5 一阶差分变量的面板单位根检验结果①

变压器量	LLC	IPS	ADF – Fisher	PP – Fisher
Δk	-6.86 (0.00)	-4.11 (0.00)	119.98 (0.00)	78.37 (0.00)
ΔSOE	-9.73 (0.00)	-5.24 (0.00)	130.67 (0.00)	124.16 (0.00)
Δr	-13.04 (0.00)	-7.66 (0.00)	175.83 (0.00)	176.48 (0.00)
Δw	-18.42 (0.00)	-3.05 (0.00)	126.62 (0.00)	133.269 (0.00)
ΔR	-4.53 (0.00)	-2.24 (0.01)	119.48 (0.00)	150.44 (0.00)
ΔTI	-15.78 (0.00)	-9.05 (0.00)	202.72 (0.00)	259.48 (0.00)
ΔFDI	-7.67 (0.00)	-3.64 (0.00)	117.30 (0.00)	161.69 (0.00)
ΔFT	-5.50 (0.00)	-1.86 (0.03)	82.03 (0.02)	101.66 (0.00)
ΔIS	-11.01 (0.00)	-5.02 (0.00)	125.27 (0.00)	138.13 (0.00)
ΔGDP	-3.58 (0.00)	0.17 (0.57)	63.61 (0.29)	87.52 (0.01)

注:括号中为P值。

表8.5的单位根检验结果表明,实际GDP的一阶差分仅能在LLC和

① 在检验过程中,根据数据的时间序列图形,Δw 和 ΔGDP 的单位根检验设定为存在截距项和趋势项,其余变量的检验则设定为存在截距项。检验的滞后期由SIC准则确定。

PP – Fisher 检验下拒绝单位根的存在,其余各变量的一阶差分则均是平稳的。此外,计算各变量一阶差分后的相关系数矩阵可以发现,实际进出口额、实际 GDP 以及实际 R&D 支出之间存在着较高的相关性。表 8.6 显示了各差分变量的相关系数矩阵。

表 8.6　差分变量的相关系数矩阵

变量	ΔSOE	Δr	Δw	ΔRD	ΔTI	ΔFDI	ΔFT	ΔIS	ΔGDP
ΔSOE	1.00								
Δr	-0.02	1.00							
Δw	0.03	0.19	1.00						
ΔRD	0.10	0.13	0.42	1.00					
ΔTI	-0.02	-0.13	0.06	0.03	1.00				
ΔFDI	-0.03	0.03	0.18	0.19	0.05	1.00			
ΔFT	0.08	-0.01	0.32	0.57	0.08	0.21	1.00		
ΔIS	-0.12	0.03	-0.13	-0.20	-0.16	0.01	-0.06	1.00	
ΔGDP	0.04	0.18	0.29	0.78	0.05	0.24	0.59	-0.02	1.00

表 8.5 的相关系数矩阵表明,差分后进出口总额、GDP 以及 R&D 之间的相关系数均在 0.5 以上。这意味着如果同时将这三个变量纳入计量模型,将可能出现多重共线性。因此,在下文分析中,将首先以(8.9)式为基础,通过剔除非平稳变量 GDP 来构建差分模型进行估计。在此基础上,将进一步引入变量 ΔGDP 来重新进行估计,并以相关结果为基础进行稳健性检验。

在式(8.9)基础上,剔除变量 GDP 后进行一阶差分可以得到如下计量模型:

$$\Delta k_{it} = b + \rho_1 \Delta soe_{it} + \rho_2 \Delta r_{it} + \rho_3 \Delta w_{it} + \rho_4 \Delta RD_{it} + \rho_5 \Delta TI_{it} + \rho_6 \Delta FDI_{it} + \rho_7 \Delta FT_{it} + \rho_8 \Delta IS_{it} + \upsilon_{it} \quad (8.10)$$

其中,υ_{it}为误差项。上式中,各变量都是平稳的,且个体效应已被消除,从而可以使用 OLS 方法进行估计。基于式(8.10)所得的各项估计结果见表 8.7。

表 8.7 基于式(8.10)进行估计所得的各项结果

变量	回归 1	回归 2	回归 3	回归 4
b	0.02 (0.00)	0.03 (0.00)	0.02 (0.00)	0.03 (0.00)
Δsoe	0.45 (0.00)	0.43 (0.00)	0.44 (0.00)	0.45 (0.00)
Δr	-0.20 (0.02)	-0.19 (0.02)	-0.23 (0.01)	-0.21 (0.01)
Δw	0.44 (0.00)	0.45 (0.00)	0.45 (0.00)	0.46 (0.00)
ΔRD	0.09 (0.86)	0.40 (0.51)	0.54 (0.03)	—
ΔTI	0.27 (0.68)	0.29 (0.68)	0.03 (0.97)	0.37 (0.60)
ΔFDI	0.05 (0.57)	0.06 (0.53)	0.04 (0.94)	0.04 (0.60)
ΔFT	0.06 (0.54)	0.08 (0.40)	—	0.06 (0.27)
ΔIS	0.26 (0.13)	0.27 (0.13)	0.20 (0.25)	0.21 (0.18)
ΔGDP	—	0.10 (0.19)	—	—
调整后拟合优度	0.21	0.21	0.23	0.24
F 值	9.66	8.63	11.89	12.52

注:括号中为 P 值。

在表 8.10 中,回归 1 为直接对式(8.10)进行估计所得到的结果;回归 2 中则进一步加入了变量 ΔGDP 来对回归 1 的结果进行稳健性检验;回归 3 和回归 4 则是在回归 1 基础上,分别剔除掉共线性变量 ΔFT 和 ΔRD 所得到的估计结果。比较表中四种估计结果可以看出,Δsoe 和 Δr 系数估计值的符号和显著性始终保持一致,从而具有较好的稳健性。在回归1和回归2中,高度相关的变量ΔRD、ΔFT以及ΔGDP的系数估计值均不显著。为了进一步区分到底是共线性导致了系数的不显著,还是变量本身对资本偏向型技术进步缺乏解释力,回归3排除了变量ΔFT和ΔGDP以检验R&D支出的影响作用,并在回归4中排除了变量ΔRD和ΔGDP以检验对外贸易的影响作用。

从表8.7的各项估计结果,可以得到如下三个基本结论:

(1)资本要素价格低估对我国资本偏向型技术进步有显著的正向推动作用。从利率扭曲来看,实际利率的系数估计值为负,且非常显著,这意味着实际利率的低估使得企业具有较强的投资需求。而从国有经济比重来看,其系数估计值为正,从而表明资本要素价格的体制性扭曲对资本偏向型技术进步的形成存在正向激励。这两个估计结果表明,正是由于资本要素价格形成机制的扭曲,才造成了有悖于我国要素禀赋特征的资本深化现象。

(2)输入性技术对我国资本偏向型技术进步缺乏解释力。从技术引进和FDI的外溢效应来看,在四次回归估计中,这两个变量的系数估计值均不显著。而就对外贸易来说,尽管回归1和回归2中ΔFT系数的不显著可能是由于多重共线性造成的,但回归4表明,即使排除了高度相关的变量ΔRD和ΔGDP,ΔFT的系数估计值仍不显著。这些估计结果表明,我国当前的资本偏向型技术进步,无法用外生的输入性因素来解释。

(3)资本偏向型技术进步是我国技术进步方向选择的结果。尽管在回归1和回归2中ΔRD的系数估计值不显著,但回归3表明,剔除变量ΔFT和ΔGDP后,ΔRD的系数为正,且有较高的显著性。这说明回归1和回归2中ΔRD系数不显著的原因,基本可以归结为多重共线性,从而可以认为R&D支出对我国资本偏向型技术进步有显著的正效应。由于在自主研发过程中,我国可以对技术进步方向进行选择和控制,因此这一估计结果意味着我国选择的技术进步方向具有明显的资本偏向型特征。

8.4 资本偏向型技术进步与我国实际工资的长期变化趋势

工资是劳动要素收入的主要形式。实际工资增长不仅影响到生产环节中的产业升级与结构调整,还关系到国民收入的初次分配,以及社会有效消费需求的形成。然而,在我国经济取得迅速增长的同时,劳动的实际工资虽得到了显著提高,但增长速度却显著地低于经济增长速度。在1995—2006年之间,劳动报酬占GDP的比重由最初的61%下降至2006年的47%。在此背景下,探讨决定实际工资长期变化趋势的主要影响因素,就有着重要的理论和现实意义。

对工资长期变化趋势的分析,应当将经济增长与收入分配相结合,从劳动的边际产出变化入手,而我国技术进步的资本偏向特征将显著地影响劳动与资本的产出贡献。现有的对实际工资变化的研究,则主要侧重于二元结构下国际竞争中比较优势与实际工资的关系(钟寒笑,2005)、FDI对实际工资的影响(杨泽文和杨全发,2004)以及劳动力市场供求逆转(王诚,2005)等角度。这些研究为分析实际工资的变化提供了有益的视角,但大多侧重于短期因素。刘丽和任保平(2008)考虑到了技术进步对实际工资的影响,但并未联系劳动边际产出进行讨论。因此,为了对我国实际工资的长期变化趋势及其影响因素进行完整分析,本小节从劳动边际产出增长率的分解着手,讨论了影响我国实际工资长期变化趋势的主要因素。

8.4-1 劳动边际产出对实际工资的影响

Lewis(1954)的二元经济模型指出,当经济中传统的非资本主义部门和现代化的资本主义部门并存时,传统部门的大量的剩余劳动力将使得工业部门面临无限的劳动供给。因此,即使资本主义部门的劳动边际产出持续增长,实际工资也会始终保持在保留工资水平。显然,在这种情境下,劳动边际产出对实际工资的变化没有解释力。

然而,以上分析并不适用于讨论我国实际工资的长期增长趋势。在我国的劳动市场中,不仅存在着传统部门与现代部门的分隔,还存在着区域、行业以及不同劳动市场间的分隔。在我国,以户籍制度为基础的劳动力市场是历时最长的一种市场分隔形式。在这种市场分隔中,农村劳动力进入城市劳动力市场的成本通常与城市的行政等级成正比。当然,随着我国户籍制度改革的推进,户籍政策壁垒在劳动市场分隔中的影响日益递减。但是,随之呈现的则是正规劳动市场与从属劳动市场间的分隔。前者主要存在于城市正规企、事业单位中,劳动者享有完善的社会保障;后者的实际工资水平则极低,而且劳动者基本无法获得社会保障。与这种劳动市场分隔相对应的是劳动技能的分化:由于劳动分隔的存在,从属劳动市场中的劳动者很难进入正规劳动市场,而这会抑制这些劳动者的人力资本投资,进而衍生出熟练技能劳动市场和低技能劳动市场的分隔,并造成劳动市场上的结构性短缺。因此,劳动市场分隔意味着劳动供给不可能是具有无限弹性的,即劳动供给曲线必然向上倾斜。在这种情形下,劳动边际产出的变化将会对实际工资的长期变化产生重要影响。在均衡时,实际工资增长率将与劳动边际产出的增长率保持一致。

8.4-2　要素投入、技术进步与劳动边际产出

依据 Berman(2000)的研究,一个能够反映出技术进步要素偏向特征的柯布—道格拉斯生产函数可以定义为:

$$Y(t)=F(K,L,t)=A(t)K(t)^{\alpha(t)}L(t)^{\beta(t)} \tag{8.11}$$

式(8.11)中,$A(t)$、$K(t)$和$L(t)$分别表示t时点的全要素生产率、资本投入和劳动投入;$\alpha(t)$和$\beta(t)$则分别表示产出$Y(t)$对资本投入和劳动投入的弹性。这一生产函数的特点在于,技术进步不仅表现为全要素生产率的提高,还可以反映在$\alpha(t)$和$\beta(t)$的变化上。根据该生产函数,均衡时的实际工资w满足:

$$w=\frac{\partial Y}{\partial L}\equiv Y_L=\beta(t)A(t)K(t)^{\alpha(t)}L(t)^{\beta(t)-1}$$

由上式进一步求导可知,劳动边际产出的增长率为:

$$\frac{d(\partial Y/\partial L)}{dt}=g_w=\alpha(t)g_K+[\beta(t)-1]\cdot n_L+\frac{1}{Y_L}\cdot\frac{\partial Y_L}{\partial t}=\alpha(t)(g_K-g_L)+\frac{1}{Y_L}\cdot\frac{\partial Y_L}{\partial t} \tag{8.12}$$

其中,g_w 为实际工资增长率,g_K 和 g_L 分别为资本投入增长率和劳动投入增长率,$(\partial Y_L/\partial t)/Y_L$ 则反映了技术进步对劳动边际产出的影响。根据 Hicks(1932)的定义,如果$(\partial Y_L/\partial t)/Y_L<(\partial Y_K/\partial t)/Y_K$,那么技术进步为资本偏向型的。计算可知:

$$\frac{1}{Y_L}\cdot\frac{\partial Y_L}{\partial t}=g_A+g_\beta+\dot{\alpha}(t)\ln K+\dot{\beta}(t)\ln L=g_A+g_\beta+\dot{\alpha}(t)\ln\frac{K}{L} \tag{8.13}$$

$$\frac{1}{Y_K}\cdot\frac{\partial Y_K}{\partial t}=g_A+g_\alpha+\dot{\alpha}(t)\ln K+\dot{\beta}(t)\ln L=g_A+g_\alpha+\dot{\alpha}(t)\ln\frac{K}{L} \tag{8.14}$$

其中,g_A、g_α 和 g_β 分别为 TFP 增长率、α 的增长率和 β 的增长率。由式(8.13)和式(8.14)可解得:

$$\frac{1}{Y_K}\cdot\frac{\partial Y_K}{\partial t}-\frac{1}{Y_L}\cdot\frac{\partial Y_L}{\partial t}=g_\alpha-g_\beta=\frac{\dot{\alpha}}{\alpha}-\frac{\dot{\beta}}{\beta} \tag{8.15}$$

如果生产函数满足规模报酬不变性质,那么 $\alpha(t)+\beta(t)=1$,进而 $\dot{\alpha}(t)=-\dot{\beta}(t)$。[①] 这表明当 $\dot{\alpha}(t)>0$ 时,技术进步为资本偏向型的。

根据以上计算结果,还可以进一步将式(8.15)写为:

$$\begin{aligned} g_w &=\frac{\dot{A}(t)}{A(t)}+\frac{\dot{\beta}(t)}{\beta(t)}+\dot{a}(t)\ln\frac{K(t)}{L(t)}+\alpha(t)\frac{\dot{K}(t)}{K(t)}+[\beta(t)-1]\frac{\dot{L}(t)}{L(t)} \\ &=g_A+g_B+\dot{\alpha}(t)\ln k(t)+\alpha(t)g_k-\alpha(t)g_L \end{aligned} \tag{8.16}$$

式(8.16)中,$k(t)\equiv K(t)/L(t)$。式(8.16)表明,劳动边际产出变化率可以分为五个组成部分。这五个构成要素分别为:(1)全要素生产率的变化率 $\dot{A}/A$;(2)产出对劳动投入弹性的变化率 $\dot{\beta}/\beta$;(3)产出对资本投入弹性变化所引起的均衡工资变化率 $\alpha'(t)\ln k$;(4)资本投入变化率对均衡工资

① 根据赵志耘等人(2006)的检验,1978 年至 2004 年之间我国的总量生产函数具有规模报酬不变性质。因此,这里的分析假设采用了这一结论。

的影响 $\alpha \cdot \dot{K}/K$;(5)劳动投入变化率对均衡工资的影响 $(\beta-1)\cdot \dot{L}/L$。其中,前三项之和构成了技术进步对实际工资增长率的整体影响,后两项则对应于要素投入变化对均衡工资的影响。

8.4-3　我国劳动边际产出增长率的构成

8.4-3-1 测算方法与数据来源

从前文分析可知,分析技术进步的要素偏向特征,以及测算劳动边际产出[参见(式8.16)]的关键环节,在于确定产出对资本投入和劳动投入的弹性 α 和 β。当规模报酬不变时,β 还反映了劳动报酬占 GDP 的比重,从而在反映国民收入初次分配结果上也有重要意义。

在 GDP 收入法核算中,劳动要素的收入为劳动报酬和部分生产税净额,资本要素收入则为固定资产折旧、营业盈余和部分生产税净额。当式(8.11)生产函数满足规模报酬不变性质时,产出对劳动投入的弹性 β 即为劳动报酬占 GDP 的比重,而根据叶裕民(2002)提出的计算方法有:

$$\beta=\frac{\text{劳动报酬}}{\text{劳动报酬}+\text{固定资产折旧}+\text{营业盈余}} \tag{8.17}$$

因此,在式(8.17)基础上,根据《中国统计年鉴》中提供的 GDP 收入法核算中各项构成要素数据可以直接解得 β 的数值。在规模报酬不变条件下,还可以根据 $\alpha=1-\beta$ 计算出资本报酬占 GDP 的比重。而各年的 GDP 总量、资本存量和劳动投入量都是可以从统计数据中获得的。因此在知道各年 α 和 β 的数值后,通过式(8.11)便可直接解得各年的全要素生产率 A。由此便可以进一步计算各变量的增长率,从而在式(8.17)的基础上对劳动边际产出的增长率进行分解。此外,根据收入法 GDP 构成项目和就业人数,还可以直接计算出工资,即工资等于劳动报酬总额除以就业总人数。

下文将分别从全国以及省际角度对劳动边际产出增长率进行测算和分解。在此过程中,全国数据为 1995—2006 年的时间序列数据,省际数据则为1995—2007年29个省、直辖市和自治区的面板数据。① 在数据来源上,GDP收入法构成项目数据来自国泰安经济金融研究数据库;劳动投入数据采用就业人员合计这一统计指标,各年数据来自《中国统计年鉴》;资本存量的数据则采用了单豪杰(2008)的测算结果。为剔除价格因素的影响,本章以1995年为基期,分别采用GDP缩减指数和固定资产投资价格指数对GDP收入法项目构成数据和资本存量的数据进行了调整。

8.4-3-2 对我国劳动边际产出增长率的分解

在式(8.17)的基础上,可以采用前文提出的测算方法对我国劳动边际产出的增长率进行分解。为此,本章首先对劳动产出弹性β进行了测算,相应的变化趋势如图8.1所示。

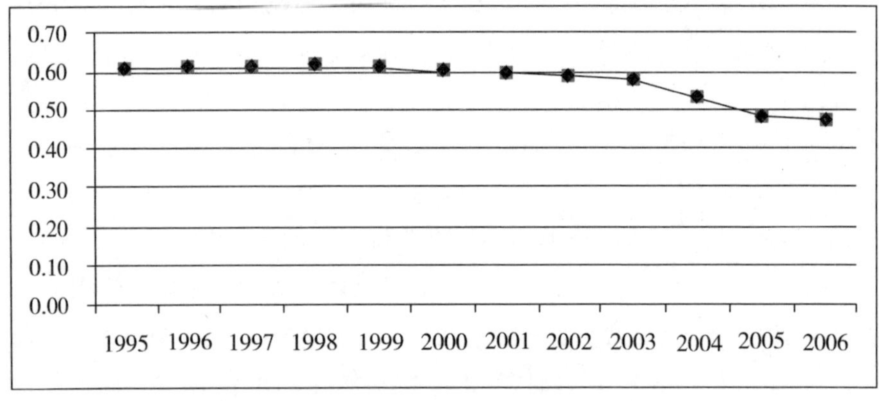

图8.1 我国的劳动产出弹性

图8.1表明,我国GDP对劳动投入的产出弹性呈现出显著的递减趋势,从1995年的0.61递减至2006年的0.47。正如前文所指出的,该产出弹性不仅等价于劳动报酬占GDP的比重,其变化还能够直接反映技术进步的要素偏向特征。因此,图8.1所描述的变化趋势表明:一方面,在国民收入初次分配中,劳动报酬占GDP比重呈下降趋势,即实际工资的增长率低

① 由于数据限制,全国GDP收入法最新数据只到2006年,而各地区最新数据只到2007年。此外,由于2004年的数据缺失,故本文使用插值法填补了该年数据。在面板数据中,西藏由于数据缺失被排除在样本外,重庆的数据则合并至四川省中。

于 GDP 增长率;另一方面,我国技术进步具有明显的资本偏向特征。

在测算产出弹性的基础上,可进一步对劳动边际产出增长率进行分解。表 8.8 和表 8.9 分别反映了对全国和省际劳动边际产出增长率分解的结果。

表 8.8 全国劳动边际产出增长率分解 (单位:%)

	g_w	g_A	g_β	$\dot{\alpha}\ln k$	αg_K	$-\alpha g_L$
1996	10.27	4.93	0.73	-0.15	5.27	-0.51
1997	7.52	3.71	-0.38	0.10	4.61	-0.49
1998	7.62	2.99	1.00	-0.33	4.49	-0.46
1999	4.96	2.17	-1.41	0.56	4.10	-0.41
2000	6.06	3.01	-1.21	0.54	4.12	-0.38
2001	6.95	3.24	0.05	-0.02	4.24	-0.52
2002	6.89	3.16	-1.07	0.58	4.61	-0.39
2003	6.50	2.44	-2.27	1.36	5.37	-0.38
2004	0.14	-2.21	-8.27	5.38	5.68	-0.43
2005	0.48	-2.62	-9.23	6.08	6.66	-0.39
2006	9.26	3.37	-1.87	1.23	7.43	-0.39

表 8.9 省际劳动边际产出年均增长率分解 (单位:%)

	g_w	g_A	g_β	$\dot{\alpha}\ln k$	αg_K	$-\alpha g_L$
北 京	6.94	3.86	-0.34	0.67	4.88	-2.24
天 津	11.65	3.98	-2.35	3.48	6.14	0.32
河 北	8.14	2.89	-2.52	1.50	6.58	-0.24
山 西	7.98	3.49	-3.15	1.94	6.08	-0.28
内蒙古	10.36	2.25	-3.41	3.95	8.19	-0.25
辽 宁	9.72	4.01	-0.80	0.80	5.78	-0.15
吉 林	9.46	3.82	-2.69	2.58	5.42	0.34
黑龙江	8.12	3.49	-1.22	1.31	4.83	-0.27
上 海	11.05	4.56	0.03	0.25	6.71	-0.66
江 苏	9.52	3.00	-1.82	1.96	6.91	-0.49

续表

	g_w	g_A	g_β	$\alpha \dot{\ln} k$	αg_K	$-\alpha g_L$
浙　江	8.41	2.53	-1.17	1.12	7.33	-1.22
安　徽	8.89	4.06	-0.69	0.63	5.28	-0.39
福　建	8.98	3.32	-1.20	0.97	6.93	-0.95
江　西	7.21	3.84	-2.80	0.86	5.65	-0.30
山　东	9.13	2.92	-1.81	1.39	7.33	-0.55
河　南	5.86	2.97	-3.28	1.39	5.43	-0.57
湖　北	9.30	3.09	-1.09	2.20	5.28	-0.15
湖　南	7.42	4.62	-2.41	1.29	4.13	-0.22
广　东	7.37	2.72	-1.71	1.67	6.36	-1.53
广　西	6.04	3.38	-2.73	1.17	4.66	-0.37
海　南	5.05	3.19	-2.55	2.73	2.61	-0.73
四　川	8.42	5.07	-1.86	0.97	4.36	-0.16
贵　州	5.45	4.09	-2.72	0.51	4.10	-0.53
云　南	7.60	2.67	-0.17	0.34	5.46	-0.60
陕　西	7.28	3.52	-3.44	2.18	5.32	-0.25
甘　肃	7.98	3.40	-1.01	0.63	5.52	-0.54
青　海	7.45	2.67	-1.40	1.83	5.07	-0.62
宁　夏	7.58	2.89	-0.76	1.44	4.73	-0.70
新　疆	6.47	2.03	-1.03	1.40	4.90	-0.69

在以上结果中，表8.8是根据全国各年数据依次计算所得，而表8.9则反映了1995—2007年之间各地区数据指标的年均增长率。在以上两个表格中，第一列数据为实际工资增长率，其余五列数据则分别反映了TFP、劳动产出弹性的变化、资本产出弹性的变化、资本投入以及劳动投入变动对劳动边际产出的影响，它们的总和即为劳动边际产出的增长率。表8.8和表8.9的数据表明，我国实际工资保持了较高的增长速度。但是，前文的图8.1表明，劳动报酬占GDP的比重呈现出显著的下降趋势。这说明，当前我国劳动收入的长期变化趋势具有实际工资增长和劳动收入占比递减（或者说，实际工资增速小于GDP增速）双重特征。此外，从

表 8. 8 和表 8. 9 的计算结果还可以得到以下基本结论：

(1)将表 8. 8 和表 8. 9 的后五列数据加总可以得到劳动边际产出的增长率，而这一增长率与实际工资的增长率基本一致。形成这一现象的原因在于，在长期均衡时的实际工资将等于劳动的边际产出。

(2)技术进步对劳动边际产出同时存在正面影响和负面影响。全要素生产率的变化是中性的技术进步，即它能够同时提高资本和劳动的产出效率，因而对劳动边际产出增长有正面的促进作用。但是，除中性技术进步外，我国的技术进步还包含了资本偏向性的部分。这种技术进步中的资本偏向特征，在提高资本要素使用效率的同时降低了劳动要素的生产效率，即它同时表现为劳动产出弹性的下降和资本产出弹性的上升。前者倾向于降低劳动的边际产出，而后者则能够促进劳动边际产出的增长。

(3)资本投入的增长对劳动边际产出有正效应，而劳动投入增长对劳动边际产出则具有负面效应。造成这两个现象的原因在于，当劳动投入不变时，资本投入的提高增加了单位劳动所能使用的资本要素，从而提高了劳动的生产效率；而劳动投入本身的增加则受到边际产出递减规律的影响，从而劳动投入与劳动边际产出之间呈负相关关系。

(4)以上分析表明，技术进步及其资本偏向特征和资本投入，是决定我国劳动边际产出变化特点的最关键的两个因素，也决定了我国当前实际工资的变化趋势：一方面，持续的技术进步以及资本投入的迅速增长，使得我国劳动边际产出在总体上不断提高，并使得实际工资呈现出长期的增长趋势；但是另一方面，技术进步的资本偏向型特征也制约了劳动边际产出的上升，从而使得实际工资的增长率小于 GDP 的增长速度，并直接导致劳动报酬占 GDP 的比重不断下降。

8. 4 -4　实际工资长期变化趋势的内在影响因素

前文分析表明，我国现有的实际工资已经增长，但增速低于经济增长率的变化趋势主要受到资本偏向性技术进步和资本要素积累的影响。因此,为讨论该变化趋势的内在形成机制,就有必要讨论造成我国技术进步资本偏向型特征和高速资本投入趋势的深层次原因。其中的主要原因包括:

(1)从宏观经济增长模式来看,随着全要素生产率变化对经济增长贡献率的下降,资本投入逐渐成为中国经济增长的主要推动力。尽管在20世纪90年代,我国TFP增长率保持了较高的增长速度,但是之后其年均增长率及其对GDP增长的贡献率均出现了较大幅度的下降。根据Zheng和Bigsten(2008)的测算,在1978—1995年之间,我国TFP的年均增长率约为3.72%,对GDP增长的贡献率达到37%。但在1995—2005年之间,TFP的年均增长率则下降至1.77%,对GDP增长的贡献率则下降至19%。与TFP变化相对应的,是要素投入结构的改变。在1978—1995年间,中国GDP年均增长率约为10.11%,而资本存量年均增长率则为9.19%,低于GDP的平均增长速度。但在1995—2005年之间,GDP年均增长率约为9.25%,而资本存量的年均增长率则达到12.38%,高于GDP增长速度3.13%,资本增长对GDP的贡献率也由1978—1995年间的45%上升为1995—2005年间的67%。这种资本要素投入的快速增长不仅受到上文所提到的资本偏向型技术进步的影响,也是我国工业化和内需不足背景下政府以投资推动经济增长战略的直接体现。资本要素的快速积累大致抵消了TFP增长率下降对GDP增长的影响,并推动了劳动边际报酬和实际工资的上升。但是,资本投入的增加也强化了我国技术进步的资本偏向特征,从而使得劳动收入占比呈现下降趋势。

(2)从微观层面来看,要素市场的扭曲也强化了我国企业在要素使用和技术进步上的资本偏向特征。从劳动要素市场来看,正如前文所提到的,正规劳动市场和从属劳动市场的分隔,抑制了从属劳动力的人力资本投资,从而造成了熟练劳动市场的结构性短缺。这种市场分隔不仅限制了低技能劳动向熟练技能劳动的转变过程中劳动平均收入的提高,也限制了企业技术进步的劳动偏向选择,因为该种技术进步的实现,往往需要与劳动者人力资本的提升相匹配。从资本市场角度来看,受大规模政府投资、资本市场不完善以及利率等因素的影响，我国资本要素的价格被人为压低(苗文龙和万杰，2005)，而这显然会促使企业在生产过程中使用更多的资本要素，从而产生了我国较快的资本深化倾向。而在此背景下，企业必然也倾向于选择与要素投入相适应的技术进步方向，即资本偏向型技术进步。

以上提到的各因素之间实际上是相互影响的。首先，资本价格的低估不仅会促使企业使用更多的资本要素，也会产生企业以廉价要素投入代替自主研发的倾向，进而使得企业的技术进步过多地依赖于对国外技术的模仿和引进，而这些都会导致技术进步的资本偏向特征。其次，资本偏向型技术进步又反过来要求企业增加资本要素的投入，加快我国的资本深化进程。尽管资本深化对于推动我国工业化进程有显著意义，但由此产生的对实际工资增长和收入分配的负面影响也是现阶段我国经济增长中的重要问题。

参考文献

1. 安同良、施浩和 Alcorta:《中国制造业企业 R&D 行为模式的观测与实证——基于江苏省制造业企业问卷调查的实证分析》,《经济研究》,2006 年第 2 期。

2. 白重恩、钱震杰、武康平:《中国工业部门要素分配份额决定因素研究》,《经济研究》,2008 年第 8 期。

3. 陈继勇、雷欣:《基于知识溢出的外商直接投资在中国地区非均衡分布研究》,《经济管理》,2009 年第 6 期。

4. 丁树桁:《技术进步路径选择:理论及中国的经验研究》,《工业技术经济》,2005 年第 4 期。

5. 丁云龙、远德玉:《试析演化观中的技术创新问题》,《中国软件学》,2001 年第 9 期。

6. 董雪兵、史晋川:《累积创新框架下的知识产权保护研究》,《经济研究》,2006 年第 5 期。

7. 冯根福、刘军虎和徐志霖:《中国工业部门研发效率及其影响因素实证分析》,《中国工业经济》,2006 年第 11 期。

8. 高梁:《只有自主创新才是立国之本》,《中国社会科学院研究生院学报》,2005 年第 2 期。

9. 龚毅、李垣、姜黎辉:《内部自主研发与购买技术关系研究》,《科学学与科学技术管理》,2004 年第 8 期。

10. 韩玉雄、李怀祖:《关于中国知识产权保护水平的定量分析》,《科学学研究》,2005 年第 3 期。

11. 郝枫、赵慧卿:《中国市场价格扭曲测度:1952 ~ 2005》,《统计研究》,2010 年第 6 期。

12. 黄先海、徐圣:《中国劳动收入比重下降成因分析》,《经济研究》,2009 年第 7 期。

13. 蒋殿春、张宇:《经济转型与外商直接投资技术溢出效应》,《经济研究》,2008 年第 7 期。

14. 寇宗来:《专利保护宽度和累积性创新竞赛中的信息披露》,《经济学(季刊)》,2004 年第 3 期。

15. 寇宗来、张剑:《累积创新中的内生许可证》,《世界经济文汇》,2006 年第 6 期。

16. 李斌、王文韬:《中国的技术"黑洞"和技术依赖》,《中国社会导刊》,2003 年 1 月。

17. 李稻葵、刘霖林、王红领:《GDP 中劳动份额演变的 U 型规律》,《经济研究》,2009 年第 1 期。

18. 李光泗、徐翔:《技术引进与地区经济收敛》,《经济学(季刊)》,2008 年第 3 期。

19. 林毅夫、刘培林:《中国的经济发展战略与地区收入差距》,《经济研究》,2003 年第 3 期。

20. 林毅夫:《发展战略、自生能力和经济收敛》,《经济学(季刊)》,2002 年第 1 期。

21. 林毅夫、张鹏飞:《后发优势、技术引进和落后国家的经济增长》,《经济学(季刊)》,2005 年第 1 期。

22. 林毅夫:《技术创新、发展阶段和战略选择》,《山东经济发展战略》,2003 年第 9 期。

23. 刘丽、任保平:《工业化进程中实际工资的变化:技术进步偏向视角的分析》》,《经济评论》,2008 年第 4 期,第 29 ~ 34 页。

24. 刘丽、任保平:《工业化进程中实际工资的变化:技术进步偏向视角的分析》,《经济评论》,2008 年第 4 期。

25. 卢宁、李国平、刘光岭:《中国自主创新与区域经济增长》,《数量经济技术经济研究》,2010 年第 1 期。

26. 卢文鹏:《学习、路径依赖与后发优势:中国经济发展战略的调整》,《经济评论》,2003 年第 1 期。

27. 苗文龙、万杰:《经济运行中的技术进步与选择——基于中国技术发展路径与经济增长、就业关系的实证分析》,《经济评论》,2005 年第 3 期。

28. 潘士远:《贸易自由化、有偏的学习效应与发展中国家的工资差异》,《经济研究》,2007 年第 6 期。

29. 亓朋、许和连、艾洪山:《外商直接投资对内资企业的溢出效应:对中国制造业企业的实证研究》,《管理世界》,2008 年第 4 期。

30. 单豪杰:《中国资本存量 K 的再估算:1952 ~ 2006 年》,《数量经济与技术经济研究》,2008 年第 10 期。

31. 史晋川、赵自芳:《所有制约束与要素价格扭曲》,《统计研究》,2007 年第 6 期。

32. 沈国兵:《知识产权保护与中国省级经济增长:经验研究》,《世界经济情况》,2009 年第 10 期。

33. 宋冬林、王林辉、董直庆:《技能偏向型技术进步存在吗?》,《经济研究》,2010 年第 5 期。

34. 宋晓梅等:《合作创新还是自主创新?》,《科学管理研究》,2005 年第 5 期。

35. 孙建、吴利萍、齐建国,2009:《技术引进与自主创新:替代或互补》,《科学学研究》第 1 期。

36. 陶冶、齐中英:《提高技术创新能力是新型工业化的关键》,《生产力研究》,2005 年第 10 期。

37. 王诚:《劳动力供求“拐点”与中国二元经济转型》,《中国人口科学》,2005 年第 6 期。

38. 吴延兵:《R&D与生产率:基于中国制造业的实证研究》,《经济研究》,2006年第11期。

39. 吴延兵:《自主研发、技术引进与生产率》,《经济研究》,2008年第8期。

40. 吴延兵:《企业规模,市场力量与创新:一个文献综述》,《经济研究》,2007年第5期。

41. 冼国明,严兵:《FDI对中国创新能力的溢出效应》,《世界经济》,2005年第10期。

42. 杨克泉等:《跨国公司技术转移与中国技术进步的战略选择》,《国际经济评论》,2005年,第4期。

43. 杨泽文、杨全发:《FDI对中国实际工资水平的影响》,《世界经济》,2004年第12期。

44. 叶裕民:《全国及各省区市全要素生产率的计算和分析》,《经济学家》,2002年第3期。

45. 易先忠、张亚斌:《技术差距、知识产权保护与后发国家技术进步》,《数量经济技术经济研究》,2006年第10期。

46. 易先忠、张亚斌、刘智勇:《自主创新、国外模仿和后发国知识产权保护》,《世界经济》,2007年第3期。

47. 张军(2002):《增长、资本形成与技术选择:解释中国经济增长下降的长期因素》,《经济学(季刊)》第2期。

48. 张曙光、程炼(2010):《中国经济转轨过程中的要素价格扭曲与财富转移》,《世界经济》第10期。

49. 张亚斌、易先忠、刘智勇:《后发国家知识产权保护与技术赶超》,《中国软科学》,2006年第7期。

50. 张海洋:《R&D两面性、外资活动与中国工业生产率增长》,《经济研究》,2005年第5期。

51. 张华胜:《中国制造业技术创新能力分析》,《中国软科学》,2006年第4期。

52. 赵兰香、穆荣平:《技术创新发展阶段对技术发展战略选择的约束》,《科学学研究》,2003 年第 6 期。

53. 赵志耘等:《中国要素产出弹性估计》,《经济理论与经济管理》,2006 年第 6 期。

54. 钟笑寒:《改革时期中国各地区工资演变》,《清华大学学报(哲社版)》,2005 年第 3 期。

55. 朱平芳、李磊:《两种技术引进方式的直接效应研究——上海市大中型工业企业的微观实证》,《经济研究》,2006 年第 3 期。

56. Acemoglu, D. "Why Do New Technologies Complement Skills? Directed Technical Change and Wage Inequality", *Quarterly Journal of Economics*, Vol. 113, 1055 ~ 1089.

57. Acemoglu, D. , and F. Zilibotti "Productivity Differences", NBER Working Paper 6879, 1999.

58. Aghion, P. , and P. Howitt "A Model of Growth through Creative Destruction", *Econometrica*, 1992, Vol. 60, 323 ~ 351.

59. Anand, B. N. and T. Khanna "The Structure of Licensing Contracts", *Journal of Industrial Economics*, 2000, Vol. 48, 103 ~ 134.

60. Arrow, K. "The Economic Implications of Learning by Doing", *The Review of Economic Studies*, 1962, Vol. 29, 155 ~ 173.

61. Atkinson A. and J. Stiglitz, "A New View of Technological Change", *Economic Journal*, 1969, Vol. 79, 573 ~ 578.

62. Barro, R. J. , and X. Salai Martin "Technological Diffusion, Convergence and Growth", *Journal of Economic Growth*, 1997, Vol. 2, 1 ~ 26.

63. Bartel, A. P. and F. Lichtenberg "The Comparative Advantage of Educated Workers in Implementing New Technology", *Review of Economics and Statistics*, 1987, Vol. 69, 1 ~ 11.

64. Barzel, Y. "Optimal Timing of Innovations", *The Review of Economics and Statistics*, 1968, Vol. 50, 348 ~ 355.

65. Basu, A. , and D. N. Weil "Appropriate Technology and Growth", *Quarterly Journal of Economics*, 1998, 113, 1025 ~ 1054.

66. Berman, E. "Does Factor-Biased Technological Change Stifle International Convergence? Evidence from Manufacturing", NBER Working Paper No. W7964, 2000.

67. Berman, E. , J. Bound, and Z. , Griliches "Changes in the Demand for Skilled Labor within U. S. Manufacturing, Evidence from the Annual Survey of Manufactures", *Quarterly Journal of Economics*, 1994, Vol. 109, 367 ~ 397.

68. Bessen, J. and E. Maskin "Sequential Innovation, Patents, and Imitation", SSRN Working Paper 00 ~ 01, 2000.

Bhattacharya, S. , and D. Mookherjee, D. "Portfolio Choice in Research and Development", The RAND Journal of Economics, 1986, Vol. 17, 594 ~ 605.

69. Bhattacharya, S. and J. R. Ritter "Innovation and Communication: Signalling with Partial Disclosure", *The Review of Economic Studies*, 1983, Vol. 50, 331 ~ 346.

70. Bound, J. and G. Johnson "Changes in the Structure of Wage in the 1980s, An Evaluation of Alternative Explanations", *American Economic Review*, 1992, Vol. 82, 371 ~ 392.

71. Bratti, M. and N. Matteucci "Is There Skill-Biased Technological Change in Italian Manufacturing? Evidence from Firm Level Data", the Employment Prospects in the Knowledge Economy (EPKE) Project, Working Paper No. 202.

72. Caselli, F. and W. J. Coleman "The World Technology Frontier." NBER Working Paper, 2000, No. W7904.

73. Chang, H. "Patent Scope, Antitrust Policy, and Cumulative Innovation", *Rand Journal of Economics*, 1995, Vol. 26, 34 ~ 57.

74. Choi, J. P. "Dynamic R&D Competition under "Hazard Rate" Un-

certainty", The Rand Journal of Economics, 1991, Vol. 22, 595 ~610.

75. Dasgupta, P., and E. Maskin "The Simple Economics of Research Portfolios", The Economic Journal, 1987, Vol. 97, 581 ~595.

76. Dasgupta, P., and J. Stiglitz "Uncertainty, Industrial Structure, and the Speed of R&D", Bell Journal of Economics, 1980, Vol. 11, 1 ~28.

77. Dinopoulos, E., and C. Syropoulos "Innovation and Rent Protection in the Theory of Schumpeterian Growth", Working Paper, Department of Economics, University of Florida, 2003.

78. Dixit, A. K. *Optimization in Economic Theory*, Oxford University Press, USA, 1990.

79. Duffy, F., C. Papageorgiou and F. Perez-Sebastian "Capital-Skill Complementarity? Evidence from a Panel of Countries." Review of Economics and Statistics, 2004, Vol. 86, 327 ~344

80. Engle, R. F. and C. W. J. Granger "Cointegration and Error Correction, Representation, Estimation and Testing." *Econommetrica*, 1987, Vol. 55, 251 ~276.

81. Fudenberg, D., R. Gilbert, J. Stiglitz, and J. Tirole "Preemption, Leapfrogging, and Competition in Patent Race", *European Economic Review*, 1983, Vol. 22, 3 ~31.

82. Futia, C. A. "Schumpeterian Competition", *The Quaterly Journal of Economics*, 1980, Vol. 94, 675 ~695.

83. Gallini, N. T. "Deterrence Market Sharing", *American Economic Review*, 1984, Vol. 74, 931 ~941.

84. Gallini, N. T. "Patent Policy and Costly Imitation", *Rand Journal of Economics*, 1992, Vol. 23, 52 ~63.

85. Gallini, N. T., and R. Winter "Licensing in the Theory of Innovation", *Rand Journal of Economics*, 1985, Vol. 16, 237 ~252.

86. Gallini, N. T., and Wright, D. "Technology Transfer under Asym-

metric Information", *The Rand Journal of Economics*, 1990, Vol. 21, 147 ~ 160.

87. Ginarte, J. C. and W. G. Park "Determinants of Patent Right, A Cross-national Study", *Research Policy*, 1997, 26, pp. 283 ~ 301.

88. Green, J. and S. Scotchmer "On the Division of Profit in Sequantial Innovation", *Rand Journal of Economics*, 1995, Vol. 26, 20 ~ 33.

89. Greenwood, J., Z. Hercowitz and P. Krusell "Long-Run Implications of Investment Specific Technological Change", *American Economic Review*, 1997, Vol. 87, 342 ~ 362.

90. Greiner, A., and W. Semmler "Externalities of Investment, Education and Economic Growth", *Economic Modelling*, 2002, Vol. 19. 709 ~ 724.

91. Griliches, Z. "Capital-Skill Complementarity", *Review of Economics and Statistics*, 1969, Vol. 51, 465 ~ 469.

92. Grossman G. M. and C. Shapiro "Optimal Dynamic R&D Programs", *The Rand Journal of Economics*, 1986, Vol. 17, 581 ~ 593.

93. Grossman, G. M. and C. Shapiro "Dynamic R&D Competition", *The Economic Journal*, 1987, Vol. 97, 372 ~ 387.

94. Harris, C., and J. Vickers "Perfect Equilibrium in a Model of a Race", *The Review of Economic Studies*, 1985, Vol. 52, 193 ~ 209.

95. Harris, C., and J. Vickers "Racing with Uncertainty", The Review of Economic Studies, 1987, Vol. 54, 1 ~ 22.

96. Heller, M. A. "The Tragedy of the Anticommons, Property in the Transition from Marx to Markets", *Harvard Law Review*, 1998, Vol. 111, 621 ~ 688.

97. Heller, M. A., and R. S. Eisenberg "Can Patents Deter innovation? The anticommons in Biomedical Research", *Science*, 1998, Vol. 280, 698 ~ 701.

98. Hicks, J. R. *The Theory of Wages*, Macmillan, London, 1932.

99. Horowitz, A. W. and E. L. C. Lai, "Patent Length and the Rate of Innovation", *International Economic Review*, 1996, Vol. 37, 785 ~ 801.

100. Hu A. G. Z. "Ownership, Government R&D, Private R&D, and Productivity in Chinese Industry", *Journal of Comparative Economics*, 2001, Vol. 29, 136 ~ 157.

101. Hu, A. G. Z., and G. H. Jefferson "FDI, Technological Innovation, and Spillover, Evidence from Large and Medium Size Chinese Enterprises.", 2001, Mimeo, Brandeis University, Waltham, MA.

102. Hu, A. G. Z., Jefferson, G. H., and Qian Jinchang "R&D and Technology Transfer, Firm Level Evidence from Chinese Industry", *Review of Economics and Statistics*, 2005, Vol. 87, 780 ~ 786.

103. Jerferson, G. H., Bai Huamao, Guan Xiaojing, and Yu Xiaoyun "R&D Performance in Chinese Industry." *Economics of Innovation and New Technology*, 2004, Vol. 15, 345 ~ 366.

104. Judd, K. "Closed-loop Equilibrium in a Multi-stage Innovation Race", *Economic Theory*, 2003, Vol. 21, 673 ~ 695.

105. Kamien, M. and N. Schwartz "Timing of Innovations under Rivalry", *Econometrica*, 1972, Vol. 40, 43 ~ 60.

106. Kamien, M. and N. Schwartz "On the Degree of Rivalry for Maximum Innovation Activity", *The Quarterly Journal of Economics*, 1976, Vol. 90, 245 ~ 260.

107. Kamien, M., and Y. Tauman "Fees versus Royalties and the Private Value of a Patent", *The Quarterly Journal of Economics*, 1986, Vol. 101, 471 ~ 492.

108. Kanwar, S. and S. Evenson "Does Intellectual Property Protection Spur Technological Change?", *Oxford Economic Papers*, 2003, Vol. 55, 235 ~ 264.

109. Katz, L. and K. Murphy "Changes in Relative Wages, 1967 ~ 1987, Supply and Demand Factors." *Quarterly Journal of Economics*, 1992, Vol. 107, 35 ~ 78.

110. Katz, M. L., and C. Shapiro "On the Licensing of Innovations", *The Rand Journal of Economics*, 1985, Vol. 16, 504 ~ 520.

111. Katz, M. L., and C. Shapiro "How to Licensing Intangible Property", *The Quarterly Journal of Economics*, 1986, Vol. 101, 567 ~ 590.

112. Klemperer, P. "How Broad Should the Scope of Patent Protection Be?", *Rand Journal of Economics*, 1990, Vol. 21, 113 ~ 130.

113. Klette, T., and D. de Meza "Is the Market Biased against R&D", *The Rand Journal of Economics*, 1986, Vol. 17, 133 ~ 139.

114. Krueger, A. "How Computers Have Changed the Wage Structure, Evidence from Micro-data, 1984 ~ 1989." *Quarterly Journal of Economics*, 1993, Vol. 108, 33 ~ 60.

115. Krusell, P., L. E. Ohanian, R. J. Victor and G. L. Violante "Capital-Skill Complementarity and Inequality: A Macroeconomics Analysis." *Econommetrica*, 2000, Vol. 68, 1029 ~ 1053.

116. Lee, T. and L., Wilde "Market Structure and Innovation, A Reformulation", *Quarterly Journal of Economics*, 1980, Vol. 94, 429 ~ 436.

117. Lerner, J. and J. Tirole "Efficient Patent Pools", *American Economic Review*, 2004, Vol. 94, 691 ~ 711.

118. Lerner, J. and J. Tirole "Public Policy towards Patent Pools", *Innovation Policy and the Economy*, 2007, Vol. 8, 157 ~ 186.

119. Lewis, W. A. "Economic Development with Unlimited Supplies of Labor", *The Manchester School of Economics and Social Studies*, 1954, Vol. 22, 139 ~ 191.

120. Lin, P. "Fixed-Fee Licensing of Innovations and Collusion", *The Journal of Industrial Economics*, 1996, Vol. 44, 443 ~ 449.

121. Lippman, S. A. , and McCardle, K. F. "Dropout Behavior in R&D Races with Learning", *Rand Journal of Economics*, 1987, Vol. 18, 287 ~295.

122. Llanes, G. , and S. Trento "Patent Policy, Patent Pools, and the Accumulation of Claims in Sequential Innovation", SSRN Working Paper 10 ~005, 2009.

123. Loury, G. "Market Structure and Innovation", *Quarterly Journal of Economics*, 1979, Vol. 93, 395 ~410.

124. Lucas, R. E. , "Making a Miracle", *Econometrica*, 1993, Vol. 61, 251 ~272.

125. Mansfield, E. , M. Schwartz, and S. Wagner "Imitation Costs and Patents, An Empirical Study", *Economical Journal*, 1981, Vol. 91, 907 ~918.

126. Pedroni, P. "Critical Values for Cointegration Tests in Heterogeneous Panels with Multiple Regressors." *Oxford Bulletin of Economics and Statistics*, 1999, Vol. 61, 653 ~670.

127. Pedroni, P. "Panel Cointegration, Asymptotic and Finite Sample Properties of Pooled Time Series Tests with an Application to the PPP Hypothesis." *Econometric Theory*, 2004, Vol. 20, 597 ~624.

128. Reinganum, J. F. "On the Diffusion of a New Technology: A Game-Theoretic Approach", *The Review of Economic Studies*, 1981a, Vol. 48, 395 ~ 405.

129. Reinganum, J. F. "Market Structure and The Diffution of New Technology", *Bell Journal of Economics*, 1981b, Vol. 12, 618 ~624.

130. Reinganum, J. F. "A Dynamic Game of R and D, Patent Protection and Competitive Behavior", *Econometrica*, 1982, Vol. 50, 671 ~688.

131. Reinganum, J. F. "Uncertainty Innovation and the Persistence of Monopoly", *American Economic Review*, 1983a, Vol. 73, 741 ~748.

132. Reinganum, J. F. "Technology Adoption under Imperfect Informa-

tion", *Bell Journal of Economics*, 1983b, Vol. 14, 57 ~69.

133. Reinganum, J. F. "Practical Implications of Game Theoretic Models of R&D", *American Economic Review*, *Papers and Proceedings*, 1984, Vol. 74, 61 ~66.

134. Reinganum, J. F. "Innovation and Industrial Evolution", *The Quarterly Journal of Economics*, 1985, Vol. 100, 81 ~99.

135. Rockett, K. E. "Choosing the Competition and Patent Licensing", *The Rand Journal of Economics*, 1990, Vol. 21, 161 ~171.

136. Romer, P. M. "Increasing Returns and Long-run Growth", *The Journal of Political Economy*, 1986, Vol. 94, 1002 ~1037.

137. Romer, P. "Endogenous Technological Change", Journal of Political Economy, 1990, Vol. 98, 71 ~102.

138. Sang-Seung Yi "Whom to License Patented Technology", *Managerial and Decision Economics*, 1998, Vol. 19, 189 ~195.

139. Sappington, D. "Optimal Regulation of Research and Development under Imperfect Information", *Bell Journal of Economics*, 1982, Vol. 13, 354 ~368.

140. Scherer, F. M. "Research and Development Resource Allocation under Rivalry", *The Quarterly Journal of Economics*, 1967, Vol. 81, 359 ~394.

141. Scherer, F. M., "Nordhaus's Theory of Optimal Patent Life, A Geometric Reinterpretation", *The American Economic Reivew*, 1972, Vol. 62, 422 ~427.

142. Schmalensee, R. "A Model of Promotional Competition in Oligopoly", *Review of Economic Studies*, 1976, Vol. 43, 493 ~507.

143. Schneider, P. H. "International Trade, Economic Growth and Intellectual Property Rights, A Panel Data Study of Developed and Developing Countries", *Journal of Development Economics*, 2005, Vol. 78, 529 ~547.

144. Schumpeter, J. *Theory of Economic Development*, London: Oxford University Press, 1934.

145. Scotchmer, S. "Standing on the Shoulders of Giants, Cumulative Research and the Patent Law", *Journal of Economic Perspectives*, 1991, Vol. 5, 29 ~ 41.

146. Shapiro, C. "Patent Licensing and R&D Rivalry", *The American Economic Reiwew*, 1985, Vol. 75, 25 ~ 30.

147. Shapiro, C. "Navigating the Patent Thicket, Cross Licenses, Patent Pools, and Standard-Setting", *Innovation Policy and the Economy*, 2001, Vol. 1, 119 ~ 150.

148. Solow, R. M. *Learning from "Learning-by-doing"*, MIT Press, 1997.

149. Stokey, N. L. "Free Trade, Factor Returns, and Factor Accumulation", *Journal of Economic Growth*, 1996, Vol. 1, 421 ~ 447.

150. Takeo Nakao "Product Quality and Market Structure", *The Bell Journal of Economics*, 1982, Vol. 13, 133 ~ 142.

151. Teece, D. "Technological Transfer by Multinational Firms, The Resource Cost of Transferring Technological Know-How", *Economic Journal*, 1977, Vol. 87, 242 ~ 261.

152. Wright, B. D. "The Economics of Invention Incentives: Patents, Prizes, and Research Contracts", *The American Economic Review*, 1983, Vol. 73, 691 ~ 707.

153. Zheng, Jinghai and A. Bigsten "Can China's Growth be Sustained? A Productivity Perspective." *World Development*, 2008, Vol. 37, 874 ~ 888.

后 记

本书自立意至成文,历时近两年时间。由于技术进步是经济增长的动力源泉,因而对此问题的讨论始终是经济学的重要主题之一。然而,虽然现有理论尝试从宏观和微观等各个角度刻画技术进步过程,但是始终缺少一个完整描述微观主体技术进步决策的分析框架。这形成了本书的基本写作动因。

本书基本上完整地反映了我对微观主体技术进步决策机制的认识。遗憾的是,由于分析方法上的复杂性以及我自身能力的局限,其中的分析不可避免地采用了一些较强的假设。不过,我相信本书在描述企业最优技术进步路径问题上是一项有益的尝试。

在此,我要特别感谢我的博士导师左大培。本书的顺利成稿与他的悉心指导与严格要求是密不可分的。在写作期间,他对本书的结构和主要内容提出了大量的指导意见。我还要感谢我的硕士导师赵农。本书写作意图的最初确立得益于硕士期间他为我提供的理论指导和学术交流机会。此外,杨春学和刘霞辉也对本书的写作思路提供了许多宝贵意见,谨此致谢!当然,本书的全部错误与责任,由我本人自负。

刘小鲁

2016 年 8 月 27 日